PSICANÁLISE: BION

Blucher

PSICANÁLISE: BION

Transformações e desdobramentos

2ª edição

Organizadores

Evelise de Souza Marra

Cecil José Rezze

Marta Petricciani

Psicanálise: Bion: transformações e desdobramentos, 2ª edição
© 2020 Evelise de Souza Marra, Cecil José Rezze, Marta Petricciani (organizadores)
Editora Edgard Blücher Ltda.
1ª edição de 2008 – Casa do Psicólogo

Imagem da capa: iStockphoto

Blucher

Rua Pedroso Alvarenga, 1245, 4º andar
04531-934 – São Paulo – SP – Brasil
Tel.: 55 11 3078-5366
contato@blucher.com.br
www.blucher.com.br

Segundo o Novo Acordo Ortográfico, conforme
5. ed. do *Vocabulário Ortográfico da Língua
Portuguesa*, Academia Brasileira de Letras,
março de 2009.

É proibida a reprodução total ou parcial por
quaisquer meios sem autorização escrita da
editora.

Todos os direitos reservados pela Editora Edgard
Blücher Ltda.

Dados Internacionais de Catalogação
na Publicação (CIP)
Angélica Ilacqua CRB-8/7057

Psicanálise : Bion : transformações e desdobramentos / organizado por Evelise de Souza Marra ;
Cecil José Rezze ; Marta Petricciani. – 2. ed. – São
Paulo : Blucher, 2020.
322 p. il.

Bibliografia

ISBN 978-85-212-1940-8 (impresso)

ISBN 978-85-212-1941-5 (eletrônico)

1. Psicanálise I. Título. II. Marra, Evelise de
Souza. III. Rezze, Cecil José. IV. Petricciani, Marta.

20-0273   CDD 150.195

Índice para catálogo sistemático:
1. Psicanálise

Apresentação

Wilfred R. Bion (1897-1979) é certamente um dos psicanalistas mais importantes do século XX, especialmente por sua criatividade. Revolucionou a maneira de conceber a psicanálise tanto na teoria como na clínica, oferecendo aos psicanalistas novidade após novidade a partir do livro *Aprender da experiência* (1962) até a *Trilogia*, obra final de sua vida.

Bion esteve em São Paulo para conferências e seminários clínicos em 1973, 1974 e 1978. Marcou-nos profundamente com sua vigorosa presença, resultando disso transformações e desdobramentos infindáveis. Para cristalizar e consolidar essas influências, tivemos a realização de um encontro internacional, intitulado Bion 2004 – São Paulo, nas dependências do Colégio Santa Cruz, onde houve oportunidade de um encontro, fundo e emocionante, com psicanalistas de várias partes do mundo interessados na obra de Bion.

Quatro anos após, em 2008, a Sociedade Brasileira de Psicanálise de São Paulo (SBPSP) organiza, sob a coordenação de Evelise de Souza Marra e colaboradores, uma jornada de um fim de semana, na qual concentramos as apresentações na produção de psicanalistas de São Paulo. A jornada foi uma oportunidade ímpar para apreciarmos um conjunto de trabalhos e discuti-los, utilizando para isso um método de apresentação por meio de estímulos, metodologia que estamos refinando e aperfeiçoando desde o encontro Bion 2004– São Paulo. Julgamos que, dada a qualidade dos trabalhos, eles poderiam ser reunidos em publicação, que agora aparece. Os artigos abordam uma nova concepção de pensamento e de pensar, que é resultado da vida emocional. Formas de pensamento e pensar que simulam atividade simbólica ou representativa são apresentadas partindo desses conhecimentos psicanalíticos. Os estudos dessas formas são ferramentas essenciais para a compreensão e a abordagem clínica de modos de sofrimento que se mascaram de atividades racionais e objetivas.

Recomendamos sua leitura, vivamente, a todos psicanalistas e psicoterapeutas e a interessados que, em seu trabalho e em suas vidas, lidam com as pessoas. Há uma conferência inicial de Cecil José Rezze, seguida de um estímulo sobre clínica psicanalítica de Antonio Carlos Eva, que serviram para o trabalho em pequenos grupos durante a jornada. Seguem-se os trabalhos teórico-clínicos, como desdobramentos e repercussões da obra de Bion, aqui em São Paulo. Constitui um conjunto de grande utilidade para a compreensão do vértice bioniano de aproximação à mente humana.

A presente publicação é, pois, um dos resultados das influências de Bion, entre nós, desde 1973-1974, bem como dos desdobramentos e das transformações que o grupo de psicanalistas de São Paulo, vem produzindo e que agora apresenta.

Antonio Carlos Eva

Prefácio à primeira edição

Em abril de 1973, Dr. Wilfred Bion, a convite de Frank Philips e Laertes Moura Ferrão, fez sua primeira visita à Sociedade Brasileira de Psicanálise de São Paulo (SBPSP). Constitui prática comum termos visitantes que, muitas vezes, mobilizam as sociedades locais. Mas este, com sua originalidade impactante, comunicação insaturada e linguagem mais poética que conceitual, tirou o sono de muitos psicanalistas; voltou em 1974 e 1978, dando continuidade à *turbulência* introduzida junto com a surpresa inquietante, o encantamento e a curiosidade. Esteve também no Rio de Janeiro e Brasília, em diferentes datas.

Tal *turbulência*, vivida de início intrapsiquicamente pelos que tiveram a oportunidade da experiência, iria se refletir na vida societária de várias formas nos anos seguintes.

Formalmente desde 1972, os seminários de Bion fazem parte do currículo de formação, somados aos de Freud e Melanie Klein.

Isso dá origem a vários grupos de estudos que vão dos seminários obrigatórios da formação oficial aos grupos de trabalho independentes da formação, geralmente de longa duração, com desdobramentos nas universidades e centros de fora da Sociedade. Esse movimento se dá também em outras sociedades (Rio de Janeiro, Porto Alegre, Brasília), ainda que menos intensamente.

Consequentemente, em 1996, ou seja, vinte anos após os primeiros contatos, a SBPSP realiza o simpósio "Bion em São Paulo – Ressonâncias", organizado por Leopold Nosek, Luiz Carlos Junqueira Filho e Maria Olympia Ferreira França, com a presença de vários convidados estrangeiros, entre eles Parthenope Bion. Maria Olympia organizou a publicação de mesmo nome.

Em 1999, como preparação para o encontro internacional do ano 2000 em Buenos Aires, realizamos o ciclo de trabalhos "Seminários Paulistas: Transformações-Invariâncias", também publicado pelas organizadoras Maria Olympia Ferreira França, Magaly da Costa Ignácio Thomé e Marta Petricciani.

Para todos os encontros internacionais, Paulo Sandler, participante ativo deles, organizou jornadas preparatórias e, em 2004, realizamos em São Paulo o encontro internacional "Bion 2004", que contou com ampla participação dos brasileiros.

Na vida societária, a turbulência se fez presente, por vezes dolorosamente, ao nível relacional. Na psicanálise, teoria, método e personalidade formam um precipitado indissolúvel, com enormes desdobramentos no casamento institucional. Penso também que diferenças na prática, na ação, antecederam a possibilidade de uma teorização mais elaborada, pelo menos na minha experiência; ou seja, as teorias, embora subjacentes à prática, levam muito mais tempo para serem pensadas, conceituadas e relacionadas.

Em certo momento, as "diferenças" percebidas, ainda que nebulosamente, nas nossas práticas foram nomeadas por meio do par: *Psicanálise real* (voltada para a atualidade da experiência) *x*

Psicanálise clássica (identificadora das estruturas inconscientes), em outro momento: *Psicanálise sem raízes* (voltada para a imediatez da experiência) x *Psicanálise com raízes* (apoiada na força organizacional da história), *Psicanálise intuitiva* x *Psicanálise alicerçada nas teorias*, e assim por diante. Em uma instituição, as polarizações facilmente ganham conotações de superioridade-inferioridade, novo-superado, evoluído-retrógrado, enfim, ressonâncias mais valorativas do que descritivas, o que, apesar da falsidade da questão, gera muita confusão e mal-entendidos.

Apresentamos aqui alguns desenvolvimentos do nosso contato e *Transformações* dos estudos de Bion. Ideias e questões com as quais nos temos envolvido e que considero uma espécie de instantâneo ou radiografia científica da SBPSP. Não fizemos jus a todos os colegas que teriam o que apresentar, por isso chamo de instantâneo – mas o que se apresenta é sem dúvida resultado do convívio e participação de todos: dos adeptos e dos críticos, dos fervorosos e dos descrentes, dos que se manifestam e dos que silenciam. São nossas Transformações e Desdobramentos de um longo contato que tem como pano de fundo muito trabalho e *Turbulências*.

As questões que foram se apresentando de modo parcial e desorganizado, hoje, passados quase quarenta anos, começam a ser identificadas, podendo ser pensadas teoricamente por nós. Com isso fazemos a passagem da turbulência intrapsíquica e relacional para a identificação da *turbulência nas teorias*, tema escolhido por nós e abordado pelo Dr. Cecil Rezze na conferência inicial. Antonio Carlos Eva faz a contraparte na clínica, tratando, em linguagem quase coloquial, dos fundamentos do encontro psicanalítico. Temos aí dois textos abrangentes no que diz respeito à teoria e bastante condensados na sua expressão. A *turbulência* teórico-clínica tem sido considerada por nós a partir dos modelos presentes em Freud, Klein e Bion.

Os outros trabalhos são recortes pessoais evolvidos na experiência, interesse e estilo dos vários autores. Temos aproximações mais clínicas, outras mais teóricas, trabalhos mais curtos e indagativos, voltados para a discussão, outros mais expositivos, mas todos eles de psicanalistas praticantes e familiarizados com a obra de Bion.

A Psicanálise é uma disciplina exercida basicamente por meio das palavras, ainda que se reconheça a enorme limitação destas para expressar o que se passa tanto na experiência emocional da pessoa consigo mesma como com um outro que não ela mesma.

A linguagem verbal é também o recurso principal na comunicação entre psicanalistas na busca de desenvolvimento científico.

Mas como expressar o indizível, o inefável, sempre em trânsito e originário de vivências particulares?

Os psicanalistas vivem imersos na polarização clínica-teoria. Isto é, estudam teorias (sistemas abstratos) que serão aproximadas às realizações clínicas (experiências concretas). Temos teorias bastante sofisticadas, Identificação Projetiva, Édipo e seus correlatos, Transferência, Contratransferência, Transformações, recomendações quanto ao *setting*... E um analisando que chega e diz: *Tudo bem? Cortou o cabelo?* e começa a falar ou não do que emerge no encontro.

É necessário, então, uma "linguagem de êxito", ou seja, linguagem de "realização" para expressar os "fatos psicanalíticos". A linguagem de realização para Bion inclui a linguagem que é, além de prelúdio para ação, uma ação em si mesma, sendo o encontro analítico um exemplo dela.

Assistimos a uma proliferação de congressos, simpósios, encontros, jornadas, publicações sem fim, mas o que realmente nos é útil? O que não só informa, mas alimenta, desenvolve, forma?

Como aprender com essas experiências? O que é essencial e invariante, e o que é periférico e casual?

Além da dificuldade em transmitir nossas ideias, realizações ou experiências clínicas, esbarramos ainda nas questões éticas. Como desnudar perante colegas ou em publicações a intimidade da nossa clínica e, consequentemente, a nós mesmos?

Temos procurado criar formas de encontro que minimizem tais dificuldades. Uma forma experimentada por nós tem sido trabalhar com pequenas unidades expositivas e privilegiar, nos grupos, a conversa e discussão entre os participantes em situação de simetria, objetivando um encontro propício ao "aprender da experiência". Foi esta a forma usada na jornada da qual esta publicação é o desdobramento.

Agradeço a Maria Olympia Ferreira França, Plínio Montagna e Luis Carlos Menezes por cada um, a seu tempo e, desde seu lugar, propiciarem as condições para a realização do encontro. Agradeço, em meu próprio nome e no da comissão organizadora, particularmente a todos os que participaram respondendo ao nosso convite individual para, a partir do seu lugar e experiência, contribuir nesta jornada sem fim, empreendida por todos nós ao tentarmos fazer psicanálise e, mais ainda, nos *tornarmos* psicanalistas.

No que se refere à publicação, agradeço às colegas Célia Maria Blini de Lima pelo apoio e à Marta Petricciani pelo estímulo e também pelo eficientíssimo e dedicado trabalho na organização. Somos especialmente gratos à Casa do Psicólogo, por sua pronta receptividade.

À Sociedade Brasileira de Psicanálise de São Paulo, com sua estrutura científica e administrativa, agradecemos as condições disponibilizadas para nossas realizações.

12   PREFÁCIO À PRIMEIRA EDIÇÃO

Lidamos com uma disciplina na qual, por mais que nos dediquemos, apenas arranhamos a superfície, e disso temos plena consciência. Talvez venha daí a necessidade de interlocução. Espero que o leitor usufrua deste desdobramento-publicação na mesma medida que nós, participantes do encontro.

Evelise de Souza Marra

30 de novembro de 2008

Prefácio à segunda edição

Passados doze anos da primeira edição que inaugurou as Jornadas "Psicanálise: Bion", realizadas anualmente na Sociedade Brasileira de Psicanálise de São Paulo (SBPSP), queremos celebrar e agradecer a todos que têm participado desses grupos de trabalho. Temos também, no computo da evolução nestes anos, outras quatro publicações: *Psicanálise: Bion clínica* ←→ *teoria, Afinal o que é experiência emocional em psicanálise?, Bion: transferência transformações: encontro estético, Bion: a décima face: novos desdobramentos.* Nossas indagações têm se ampliado bem como o interesse e a paixão pela obra aberta de Wilfred R. Bion.

Agradecemos a todos que têm sustentado o interesse e a reflexão pelo que temos proposto, que é o estudo e a junção das nossas teorias com a prática clínica. Agradecemos especialmente às várias diretorias da SBPSP que têm dado pleno apoio bem como estrutura física e administrativa para que tudo isso aconteça.

Os artigos continuam atuais e as questões envolvidas continuam em andamento, por isso esperamos que o leitor aproveite o que publicamos aqui no seu e no nosso constante exercício de vir-a-ser psicanalista.

Evelise de Souza Marra

Conteúdo

1. Turbulências. Do aprender com a experiência emocional ao pensamento selvagem   19
   Cecil José Rezze

2. Eu e o outro na sala de análise   39
   Antonio Carlos Eva

3. Contribuições do pensamento de Bion à teoria e à técnica da psicanálise contemporânea   43
   Alicia Beatriz Dorado de Lisondo

4. Função α: ansiedade catastrófica – pânico – continente com *rêverie*   63
   Antonio Sapienza

5. Aprender com a experiência emocional e grade: teoria e prática   73
   Cecil José Rezze

6. Bion e Tustin. O referencial de Bion e os fenômenos
autísticos: uma proposta de aproximação   85
   Célia Fix Korbivcher

7. Édipo e Dioniso na Torre de Babel. Um ensaio sobre
psicanálise, mitos e realidade psíquica   105
   Celso Antonio Vieira de Camargo

8. Questões relativas à "cura", à "melhora", à normalidade e à
anormalidade: psicanálise e psicoterapias   135
   Claudio Castelo Filho

9. Função α ←→ psicanálise: processo de investigação (a
respeito da *Qualidade de Presença* na sessão: modelos)   163
   Cícero José Campos Brasiliano

10. Transferência-Transformações   177
    Evelise de Souza Marra

11. A complementaridade e a clínica   185
    Isaias Kirschbaum

12. Enriquecer pelo fracasso – vicissitudes de
Transformações   197
    João Carlos Braga

13. A interpretação: limites e rupturas de um conceito e de
uma prática   215
    Julio Frochtengarten

14. A "disputa" (*prise de bec*) entre Beckett e Bion:
a "experimentação" do *insight* no resplendor
da obscuridade   229
Luiz Carlos Uchôa Junqueira Filho

15. Cesura e dor mental   255
Luiz Tenório Oliveira Lima

16. Apreendendo a psicanálise com Bion   263
Odilon de Mello Franco Filho

17. Extensões no âmbito Menos   271
Paulo Cesar Sandler

18. Da transferência e contratransferência à experiência
emocional em *Transformações*   305
Stela Maris Garcia Loureiro

1. Turbulências. Do aprender com a experiência emocional ao pensamento selvagem

Cecil José Rezze[1]

Qual o impacto que as ideias psicanalíticas causam em nossa mente? Desprezível?

Bion nos oferece um novo modelo para identificar a experiência do psíquico.

> *Inclui, além das dimensões do sensorial e do conhecer (já presentes nos modelos de Freud e de Klein), o reconhecimento das dimensões do alucinar, do ser ou tornar-se a realidade ("O") e dos pensamentos com existência autônoma para além dos mundos das coisas e das ideias (pensamentos sem pensador) (Braga, 2003).*

Creio ser esclarecedor a colocação de um ponto de virada entre a psicanálise que utiliza o modelo estrutural para aquela que

---

1 Membro efetivo e analista didata da Sociedade Brasileira de Psicanálise de São Paulo (SBPSP). Doutor em medicina pela Faculdade de Medicina da Universidade de São Paulo (USP).

usa o modelo multidimensional. Mas será que nos damos conta da perturbação que isso determina em nossas mentes? Será que, em nome do progresso de nossas ideias, nos damos conta do poder desestruturante das ideias que estamos tentando desenvolver? Será que avaliamos a necessária reação de nosso *establishment* pessoal mental a esse impacto?

Turbulência!

Meu objetivo é tentar rastrear a evolução dos conceitos emergentes no desenvolver deste trabalho e verificar a turbulência que essa ação pode causar no analista que faz a investigação. Os subtítulos abaixo são autoexplicativos.

1) Explicitação de alguns conceitos ligados à experiência emocional.

2) Passagem do conceito de aprender com a experiência emocional para o conceito de transformações.

3) Além de transformações.

I. Explicitação de alguns conceitos ligados à experiência emocional

Algo de uma sessão

A minha sala de análise tem um "hallzinho" que a precede e estou mais para dentro dela.

A porta está entreaberta.

O paciente bate e indaga: *posso entrar?*

Além da imagem de uma pessoa educada, algo indiscernível chama a atenção em sua pergunta.

Decido aparecer na porta e dizer que sim.

Entra e pergunta: *fecho a porta com a chave?*

Vem à minha mente: além de ele ser pessoa educada, eu teria que decidir por ele? Pareceu-me mais adequado dizer em tom cordial: *é como costumo fazer.*

Estes inícios já nos levam a relações pessoais significativas. Embora eu não saiba qual o significado.

Coloca o paletó no cabide.

Deita-se.

Fica alguns instantes em silêncio.

Eu estive fora esta segunda e terça-feira. A minha intenção era vir, mas é que está uma agitação no meu trabalho. Eu queria vir, mas as oportunidades estão surgindo em várias áreas e só eu posso dar atendimento e acompanhar, por enquanto não tem outra pessoa. O senhor... você... sabe como eu dou valor a este nosso trabalho, porque tem me ajudado muito. Mas eu estou vendo que no momento atual fica difícil de eu vir. Até falei para minha mulher que eu talvez parasse uns tempos e que depois, quando isto passasse, eu retornaria. Ela disse: de jeito nenhum, você não vai deixar análise nenhuma, você vai quando der, troca de horários quando for possível, mas você não vai deixar a análise (está animado e dá um tom peremptório à fala da mulher). Eu rio um pouco e ele muito, mas constrangido.

Como ele me pareceu bastante próximo, resolvi testar uma formulação para ver como ele a receberia.

Você já pensou que pode ser o contrário? Você é que se sente agitado dentro de você e então adere a essas situações intensas e variadas; você se lança nelas. Assim, fica vista no mundo uma situação que acolhe suas necessidades. Quando isto acontece, você tem oportunidade de ser criativo, participante, atuante. Quando falta, você fica em dificuldades. Assim, eu e a análise ficamos no espaço que sobra, que é possível. Talvez aconteça o mesmo com outras relações também (tenho a impressão de que a minha fala é mais próxima e informal, mas foi assim como está redigido que consegui lembrar).

Experiência emocional

O paciente, desde o início do encontro, aparece com as perguntas: "posso entrar?", "fecho a porta com a chave?", estabelece uma maneira bastante ativa e peculiar de pôr-se em contato com o analista, o que é difícil comunicar. Prossegue nos seus esclarecimentos sobre a sua ausência, o que faz com que o analista tenha a impressão de que ele possa dar fim à análise, mesmo antes que ele o declare.

Ele enfatiza a importância de seu trabalho e da sua pessoa e, da mesma forma, ressalta o valor da análise.

Essa situação é muito difícil de descrever, porque ele esclarece que o trabalho tem lhe sido favorável, porém tenho a impressão de que ele outorga o valor, não o reconhece como proveniente da experiência entre nós.

A continuidade da análise é atribuída à participação da mulher de uma maneira enfática.

Durante a sessão, pareceu-me oportuno fazer alguns comentários que pudessem aproximar algo diferente de sua vida mental. E, então, fiz a observação de como ele atribuía à mulher a responsabilidade de suas ações. A observação não visou esclarecer problemas domésticos ou pessoais, mas tentar apontar uma configuração sobre uma dimensão desconhecida de si mesmo.

Teorização do conceito de experiência emocional

Experiência emocional é algo que ocorre e é considerado na poesia, na prosa, na tragédia, no cinema, enfim, na vida. Usar a expressão experiência emocional em seu significado generalizado é algo óbvio na vida humana e, portanto, me parece de pouca utilidade. O que faz valer o termo é o *aprender* com a experiência, portanto o uso da *função α*. Isso é específico das conceituações de Bion (1962/1966).

> *A função-alfa atua sobre as impressões sensoriais, quaisquer que elas sejam, e sobre as emoções que o paciente percebe, quaisquer que sejam. Na medida em que a função-alfa tem êxito, produzem-se elementos--alfa suscetíveis de se armazenarem e de corresponderem aos requisitos de pensamentos oníricos. (Bion, 1962/1966, p. 22)*

"Para aprender com a experiência, a função-alfa deve atuar sobre a percepção da experiência emocional. A criança, que tem a experiência emocional chamada aprender a andar, é capaz de armazenar esta experiência em virtude da função-alfa" (p. 24).

Podemos usar o viés do *aprender* com a experiência emocional, no exame do exemplo clínico. Se considerarmos a função α, verificamos que as formulações do paciente denotam grande complexidade, o que indica seu uso para relações familiares, sociais, de trabalho, psicanalíticas, e assim por diante.

Mesmo supondo que ele não aprende com a experiência emocional em curso na sessão, fica a consideração de que ele tem capacidade de desenvolver o vínculo de conhecimento. Porém, dado o uso que ele faz ("posso entrar?", "fecho a porta com a chave?", "minha mulher disse", "no meu trabalho"), concluímos que ele opera sob a fantasia de expulsão de partes de si próprio. O conhecimento adquirido é usado para negar as angústias profundas que de outra forma emergiriam. Ao examinar nosso trabalho, somos mais inclinados a crer que este paciente tende a não *aprender* com a experiência emocional na análise, dado que, com suas falas, mais tenta manter inalterado o sistema que usa do que permitir mudanças.

Conclusão – Turbulência.

II. Passagem do conceito de aprender com a experiência emocional para o conceito de transformações

Inicio com o conceito de invariância porque, parece-me, o conceito de transformações encontra diversas aplicações na clínica, enquanto o de invariância amiúde fica na obscuridade, embora o conceito de transformação seja decorrente do conceito de invariância.

Antes de prosseguir, creio que seria útil considerar o conceito de invariância e exemplificá-lo.

O vinho

A fermentação da uva produz o vinho e, pela destilação, o conhaque. Diversos produtos são obtidos de forma semelhante, como o uísque, a tequila, a caninha, o rum etc.

Essas bebidas são compostos constituídos de muitas substâncias que lhes dão cor, aroma, sabor, fragrância e textura que lhes são peculiares.

Portanto, as mais variadas fontes dão origem a esses produtos. Existe uma observação de que, se eles forem ingeridos sem moderação, causarão o embebedamento. Apesar das diferentes origens e métodos de produção, ou seja, apesar de diferentes *transformações*, existe uma *invariante* que é comum a todos, que é o embebedamento (invariante descritiva), que corresponde à invariante química álcool.

Proponho explorar transformações e invariância nos elementos clínicos já fornecidos. Naturalmente, isto sendo um exercício, haverá um certo artificialismo, que espero seja tolerado.

Invariância

O paciente faltou às duas sessões anteriores e está aparentemente tratando disso com o analista. Faz referência a algo muito importante, que seria a interrupção da análise. Mas ele introduz uma narrativa dos eventos que se passaram com a mulher e aquilo ganha vida na sessão. Até rio um pouco e ele o faz intensa e constrangidamente.

Fica claro que uma experiência profunda sofreu transformação por meio da manifestação do paciente.

Já nas primeiras falas dá para conceber um modelo com o qual essa pessoa opera. O que é do seu mundo mental, espiritual, psíquico, se transforma de maneira que ele o vive em seres variados: o analista, as vicissitudes do trabalho, a mulher...

Esse modelo é semelhante ao modelo do vinho, em que o embebedar corresponde a perceber fora dele e acreditar que ali está a causa do que lhe acontece – invariante descritiva. Esta dá ensejo a algo mais sofisticado, que é a teoria da identificação projetiva (correspondente à invariante química: álcool).

Ao caminharmos na direção apontada, temos a invariância do processo, que nos leva a conceituar que as transformações em curso são aquelas que podemos grupar como transformações projetivas.

Três tipos de transformações

Em Bion, o espectro clínico se amplia com as transformações: em movimento rígido, projetivas e em alucinose.

1) "A transformação em movimento rígido implica um modelo de movimentos de sentimentos e ideias de uma esfera de aplicabilidade à outra" (Bion, 1965/1983a). Cabe aí o conceito psicanalítico de transferência, embora diversas formas de atuar do analista e do analisando obedeçam a esse conceito de transformações em movimento rígido, sem que implique o conceito de transferência, como quando o analista dá o exemplo de uma fábula para explicitar um sentimento ou ideia.

2) Transformações projetivas serão aquelas que têm por base o mecanismo da identificação projetiva, a qual podemos considerar como primórdios do pensamento, condição das comunicações iniciais e primitivas da mente humana (assim consideramos a descrição clínica).

3) Nas transformações em alucinose, consideramos também a identificação projetiva, porém no sentido evacuatório. Acrescem-se às invariantes nas transformações em alucinose: "rivalidade, inveja, e roubo, junto com uma sensação de inocência" (Bion, 1965/1983a).

As características clínicas nos três tipos se evidenciam em formas diversas, sendo que a experiência emocional é o instrumento para fazer a discriminação, como vimos na forma de trabalhar por nós apresentada.

Possibilidades de reavaliar o material clínico sob os três tipos de transformações

Utilizando os mesmos elementos clínicos, podemos refletir que outras opções teríamos se considerássemos outros referenciais de percepção e teoria.

1) A primeira possibilidade é considerarmos a teoria da transferência como uma modalidade de transformações em movimento rígido. Assim, os elementos – "posso entrar?", "fecho a porta com a chave?", "senhor... você... Cecil", "porque tem me ajudado muito" – remetem a uma autoridade a que ele se subjuga, mas também se rebela: "talvez parasse uns tempos". A vivência com o analista pode ser interpretada como uma relação que remete ao amor submisso e ódio diante da imago paterna. Aos ditos da mulher é dada grande importância e podemos conjecturar a formação das imagos parentais na imagem autoritária da mãe que se liga à do pai e aos quais deve se submeter. Creio que se configura uma situação triangular em que a proteção parental o inclui e exclui. Podemos considerar aí um fragmento do complexo de Édipo.

O que foi dito narrativamente acima parece equivaler à formulação de Freud (1920/1976) sobre transferência:

> *É obrigado (o paciente) a repetir o material reprimido como se fosse uma experiência contemporânea, em vez de, como o médico preferiria ver, recordá-lo como pertencente ao passado. Estas reproduções, que surgem com tal exatidão indesejada, sempre têm como tema*

> *alguma parte da vida sexual infantil, isto é, do complexo de Édipo e seus derivativos, que são invariavelmente atuados (acted out) na esfera da transferência, da relação do cliente com o médico.*

Considerando a teoria de transformações em movimento rígido, estaríamos trabalhando em mitos, sonhos e pensamentos oníricos (linha C da grade), portanto área simbólica da associação livre de ideias do paciente e da atenção flutuante do analista (preconcepção, linha D).

2) As transformações projetivas podem ser consideradas por meio da invariante cujo modelo é "perceber fora dele e acreditar que ali está a causa do que lhe acontece". Já discutimos isso anteriormente, salientando a identificação projetiva como a invariante.

3) Consideremos as transformações em alucinose. Podemos observar que o paciente tem personalidade conservada e possibilidade de desenvolver o conhecimento; vejamos o que isso desencadeia na experiência emocional da sessão.

O analista tenta adquirir conhecimento dos eventos da sessão por uma impressão geral, e os elementos particulares podem ir povoando a impressão geral. Esta impacta desde o início pelo fato de que o paciente constrói um local e a personagem do analista. A colocação de seu trabalho, a possibilidade de não vir, a fala da mulher vão formando um ambiente independente, com seres que passam a habitar a sala. Assim, aquele que fora um senhor, depois você, torna-se um Cecil de grande intimidade. Esses elementos, mais as falas relacionadas a aproveitar e gostar de nosso trabalho, vão sendo outorgados ao analista. Tudo isso constrói um clima emocional no qual ele resvala pelas observações do analista numa vivência fundida com ele, criando um estado produzido por ele mesmo. A experiência emocional revela um englobamento do analista que é posto à margem, porém sendo construído à medida que ele produz sua presença. A experiência dá a medida da exclusão da situação que ali se desenrola; tudo é feito por ele mesmo, bastando a si próprio.

Ao que foi descrito, atribuiríamos o mecanismo da identificação projetiva, no sentido de uma evacuação. Dada a natureza da exclusão do analista, poderíamos pensar nas invariantes de rivalidade, inveja e um sentimento de ingenuidade que permeiam as transformações em alucinose.

Conjeturamos as três transformações possíveis, descrevendo um conhecimento que seria haurido em cada uma delas, levando em conta o vértice utilizado.

Resumindo, o vértice é uma invariante e será diferente conforme as transformações. Nas de movimento rígido, considerada a transferência, a invariante é que "sentimentos e ideias passam de uma área de aplicabilidade à outra"; nas transformações projetivas, consideramos a invariante identificação projetiva, destacando os primórdios de uma comunicação; nas transformações em alucinose a invariante corresponde às identificações projetivas de caráter evacuatório, junto com a rivalidade, inveja e ingenuidade.

Vórtice de novas ideias

Com o advento de transformações, os conceitos vão entrar no vórtice de novas ideias.

Bion cria o conceito de O, quando se inspira nas investigações que abrangem a coisa em si, a realidade última, a verdade última, enfim, os fatos absolutos da sessão, os quais não são passíveis de conhecimento.

Na análise, O sofre transformações, tanto pelo analista como pelo analisando, por meio de Tα e, posteriormente, Tβ. Os fatos clínicos que narrei são uma descrição de fenômenos, portanto a transformação do analista T (analista) β da sessão. Meus processos mentais, pelos quais apreendi a descrição dos fenômenos, são representados por T (analista) α.

Na prática clínica, somente nos é dado acesso a Tβ.

Note-se a similaridade de formulação conceitual de transformação em relação à de função α. Esta opera sobre as experiências sensoriais e emoções, quaisquer que elas sejam, e as transforma em elementos α que permitem o sonho, o pensar inconsciente de vigília, o lembrar, o esquecer etc. Tem-se a evolução dos elementos β para elementos α e o crescimento para as linhas inferiores da grade.

Com a ideia criativa da função α, Bion consegue uma forma sintética e original de passar da realidade sensorial à realidade psíquica, criando um instrumento que opera o salto de uma para a outra.

"O" tem sentido mais abrangente. Inclui e expande os desenvolvimentos anteriores, criando um instrumento que permite indagar do desconhecido do ser humano, e sua evolução para dimensões apreensíveis como os fenômenos.

Os conceitos de aprender com a experiência emocional, função α e grade não desapareceram, mas foram assimilados pelo conceito de transformações.

Transformações em O

Para considerarmos as transformações em O, tomemos o exercício feito com os três tipos de transformações, portanto conseguindo três tipos diferentes de conhecimento (K). Em todas, podemos dizer, o paciente resvala nas observações do analista.

O que determina esse fato?

É possível que cada observação contenha conhecimento que traria verdade e possibilidade de entrar em contato com ela.

O que se tenta evitar é que conhecimento possa tornar-se "*ser*" o paciente.

Nas transformações em movimento rígido, no caso particular da transferência, consideramos que há resistência às tentativas de interpretação do analista.

Na hipótese das transformações projetivas, no exemplo clínico, teme tornar-se aquele que conhece a responsabilidade outorgada ao trabalho, à mulher e ao analista, passando a "**ser**" o que opera dessa forma.

Se considerarmos as transformações em alucinose, os elementos α destarte conseguidos são utilizados como elementos β, propícios à evacuação. Teríamos uma forma mais vigorosa de atuação do analisando que não permite o desenvolvimento do vínculo conhecimento (K), no que se refere à experiência emocional da sessão.

Nos três tipos figurados de transformações, podemos concluir que o paciente não *aprende* com a experiência emocional, quando as transformações em conhecimento (K) têm a potencialidade de transformações em O. TK → TO.

Em nossas hipóteses, os três casos de transformações são, supostamente, capazes de tender à verdade.

A realização, se é que se pode aplicar o termo, de transformações em O – "*ser*" – é de algo que pode ser alcançado no decorrer da sessão e da vida. Muitos duvidam de que haja algo que equivalha a isso e que seja do alcance humano.

Conclusão – Turbulência.

III. Além de transformações

Na obra de Bion, contribuições preciosas se sucedem, como: opacidade de memória e desejo culminando com a conhecida recomendação "sem memória e sem desejo", a mentira e o pensador; o místico e o grupo, mudança catastrófica; linguagem de êxito etc.

Até aqui, considero que se pode realizar essas abstrações com forte lastro em material clínico.

Alguns dos desenvolvimentos feitos por Bion a seguir parecem-me de extremo valor, porém encontro dificuldades de comunicar minhas realizações a respeito e, sobretudo, correlacioná-las com uma realização clínica minimamente adequada. Selecionei três áreas que me parecem úteis para explicitar essas ideias: Pensamento; Embriologia (cauda vestigial, fendas branquiais etc.); Glândulas Suprarrenais.

Pensamento

Pensamento e pensar são termos que têm múltiplas acepções. Vamos nos cingir àquelas que fazem sentido no campo da psicanálise.

O que Bion (1962/1966) vai desenvolver "difere de qualquer teoria que considere o pensamento como produto do pensar".

O desenvolvimento adequado dos processos mentais permite: o desenvolvimento do pensamento e o desenvolvimento do pensar que é chamado a existir por meio da imposição da pressão dos pensamentos. Isso é compatível com a consideração de que os pensamentos são epistemologicamente anteriores ao pensar.[2]

Bion (1962/1966) limitará o termo "pensamento" à conjunção de uma pré-concepção com uma frustração. O modelo proposto é o de um bebê cuja expectação de um seio entra em conjunção com a não existência de um seio para sua satisfação. Essa conjunção é sentida como um não seio ou um seio ausente dentro. "Se a capacidade para tolerar a frustração é suficiente, o 'não-seio' dentro se torna um pensamento e se desenvolve um aparelho para pensar".

O evolver dessas concepções nos leva a considerar: primeiro, que a existência de um pensamento não depende de um pensador; segundo, que o pensador, necessariamente, ao formular um pensamento, vai introduzir um elemento de falsificação inerente à sua pessoa. Estamos diante da falsificação que podemos estudar pela coluna 2 da grade; estamos postulando a ligação com a mentira.

Turbulência!

Estamos diante de parâmetros que interferem com a forma como habitualmente exercemos nossa atividade clínica e os pensamentos dela decorrentes. Usando uma linguagem coloquial, "não bastasse isto", Bion em seus últimos trabalhos (*Seminari Italiani*, 1977; *Taming Wild Thoughts*, 1977; e *Four Papers*, 1976 a 1979), por meio de "conjecturas imaginativas" e "conjecturas racionais" nos confronta com uma nova onda criativa.

---

2 Essas concepções estão de acordo com concepções filosóficas aceitas. "Para distinguir rigorosamente entre aquilo que pertence ao campo da psicologia e aquilo que pertence ao campo da lógica há que separar o pensar, por um lado, e o pensamento por outro. Este último (o pensamento) é uma entidade intemporal e inespacial: invariável e, portanto, não psíquica, pois embora o apreendamos mediante o ato de pensar, não pode confundir-se com este" (Mora, 1977).

Quanto aos pensamentos selvagens, escolhi um trecho do livro *Seminari Italiani*[3] (1983), que vem a ser uma pergunta que um dos participantes faz justamente sobre o tema. Creio que a pergunta e o que se segue permitem a realização do conceito.

> *A abertura do discurso de ontem do Dr. Bion me pareceu muito bonita como imagem; poderíamos ver os pensamentos selvagens passeando pela sala; mas depois eu me perguntei: estes pensamentos são uma emanação do Espírito Santo ou, se não, o que está nos dizendo o Dr. Bion? Esperei então que nos resolvesse o mistério do início do evangelho de São João, que nos dissesse onde estava o verbum e que nos ajudasse a entender como ele se havia feito carne; mas todo o resto do discurso não me ajudou muito nisso e, sobretudo, a longa e meticulosa investigação sobre a trabalhosa aquisição da linguagem pelo homem, a partir do grunhido, me desorientou. Pareceu-me contraditório aquele início: em suma, Deus, ou o que seja, grunhe ou fala?*

Um outro participante tenta falar, mas fica a meio, porque "há muitos ruídos na sala". Bion a seguir começa a responder e assinala algo ligado a "tanto barulho na sala".

Turbulência!

Sobre o tópico "Pensamento", portanto, a expansão alcançada é muito grande e creio que fica demonstrada a "turbulência" das ideias pela dramatização dos participantes na sala.

---

3 Tradução de Renzo Birolini.

Embriologia: cauda vestigial, fendas branquiais etc.

As indagações de Bion quando examina fatos ligados à embriologia semelha, em certos momentos, algo que ocorre em nossa experiência na sala de análise: sentimos que algo muito profundo e fora de nosso alcance está ocorrendo.

Considera se os equivalentes mentais dos restos embrionários apareceriam, mesmo quando o indivíduo exerce a função desenvolvida da fala, e se poderíamos detectá-los. "Isto é que me parece ser uma das descobertas fundamentais da psicanálise; estados de mente arcaicos, ideias e pensamentos arcaicos, primitivos padrões de comportamento são todos detectáveis nas pessoas as mais civilizadas e cultivadas" (Bion, 1997).

Glândulas suprarrenais

Nas cogitações sobre os estados mais primordiais da mente e sua conexão com os estados de desenvolvimento, Bion retroage aos primórdios do desenvolvimento físico (Embriologia, vista acima). Toma o viés dos *vestígios embrionários* da mente, algo recessivo. Parece ser outra a posição quando examina, em *A aurora do esquecimento* (1979), a conversa que os somitos estabelecem entre eles e o *self* nas diferentes idades (22 anos, 70 anos etc.), bem como quando salienta a importância das glândulas suprarrenais, da angústia talâmica, do sistema nervoso simpático e parassimpático. Aqui parece adotar uma posição prospectiva como na citação que se segue, na qual se serve das conjecturas imaginativas.

> *O mais imediato destas conjecturas imaginativas é que os corpos adrenais não pensam, mas que as estruturas circundantes desenvolvem fisicamente e em antecipa-*

ção física, o preenchimento de uma função que conhecemos como pensar e sentir. O embrião ou suas fossas ópticas, fossas auditivas, supra-renais não pensam, vêem, ouvem, lutam ou fogem, mas o corpo físico desenvolve por antecipação a providência de um aparelho para preencher as funções de pensar, ver, ouvir, fugir, e assim por diante. (Bion, 1979/1987b)

Concluindo este item, assinalamos nos últimos trabalhos de Bion uma indagação reiterada sobre a mente primordial, tentando percebê-la nos albores de seu desenvolvimento, portanto antes que uma cesura corpo-mente pudesse ser estabelecida no observador. Saliente-se a dificuldade de encontrar a realização pertinente por meio da experiência clínica.

Turbulência.

Como término

Tendo partido das teorias ligadas ao aprender com a experiência emocional, baseados na prática clínica, fomos avançando nos percalços do desenvolvimento de nossas abstrações. O primeiro foi o relativo ao desaparecimento do conceito de aprender com a experiência emocional, com o advento de transformações. Mudança *turbulenta*, porém valiosa ao nos obrigar a ideia de *assimilação*.

Novo percalço ao considerarmos o pensar e o pensamento, sendo o primeiro usado para ter acesso ao segundo. *Turbulência* se agudiza se consideramos o pensamento sem pensador e, consequentemente, a mentira como falsificação do pensamento. Mais tumulto quando se conjectura sobre os pensamentos extraviados, aqueles com e sem endereço reconhecido, e, por fim, os *pensamentos selvagens.* Destes últimos temos um exemplo frisante em um dos seminários de Bion em Roma. Um participante, ao colocar o que nos parece ser um pensamento selvagem, pelo tumulto ocorrido, dramatiza o que ocorre conosco em maior ou menor escala, com maior ou menor consciência.

Neste trabalho, partindo da abstração – aprender com a experiência emocional –, fomos entrando em situações mentais consideradas turbulentas. Sendo que sua finalidade não é apenas comunicar a turbulência por nós sentida, mas também proporcionar ao leitor a oportunidade de passar pelas mesmas agruras.

Referências[4]

Bion, W. R. (1966). O aprender com a experiência. In W. R. Bion, *Elementos de psicanálise.* Rio de Janeiro: Zahar Editores. (Trabalho original publicado em 1962).

Bion, W. R. (1972). Una teoria del pensamiento. In W. R. Bion, *Volviendo a pensar* (pp. 151-164). Buenos Aires: Ediciones Horme, S.A.E. (Trabalho original publicado em 1962).

Bion, W. R. (1973). *Atenção e interpretação.* Rio de Janeiro: Imago. (Trabalho original publicado em 1970).

Bion, W. R. (1983a). *Transformações: mudança do aprendizado ao crescimento.* Rio de Janeiro: Imago. (Trabalho original publicado em 1965).

Bion, W. R. (1983b). *Seminari italiani.* Roma: Edizioni Borla.

---

4 As citações dos textos originalmente em inglês ou espanhol foram traduzidas pelo autor.

Bion, W. R. (1987a). Four papers. In W. R. Bion, *Clinical seminars and four papers*. Abingdon: Fleetwood Press. (Trabalhos originais publicados de 1976 a 1979).

Bion, W. R. (1987b). Making the best of a bad job. In W. R. Bion, *Clinical seminars and four papers*. Abingdon: Fleetwood Press. (Trabalho original publicado em 1979).

Bion, W. R. (1996). A aurora do esquecimento. In W. R. Bion, *Memória do futuro* (Vol. III). Rio de Janeiro: Imago. (Trabalho original publicado em 1979).

Bion, W. R. (1997). 28 may 1977. In W. R. Bion, *Taming wild thoughts*. London: Karnac Books.

Braga, J. C. (2003). O Alucinatório na prática clínica: aproximando algumas questões. In *Reunião Científica da Sociedade Brasileira de Psicanálise de São Paulo*, 22 de maio de 2003.

Freud, S. (1976). Além do princípio do prazer. In S. Freud, *Edição standard brasileira das obras psicológicas completas de Sigmund Freud* (Vol. XVIII). Rio de janeiro: Imago. (Trabalho original publicado em 1920).

Mora, J. F. (1977). *Dicionário de filosofia*. Lisboa: Publicações Dom Quixote.

2. Eu e o outro na sala de análise

Antonio Carlos Eva[1]

Algumas ideias sobre o analista que procuro ser. Reflexões teóricas que alicerçam a clínica

Antes de mais nada, é preciso um local confortável, para mim e talvez para o outro. Minha sala de trabalho é organizada para cumprir esse quesito. Esse conforto começa com a parte material; de um modo superficial, sintetizado por uma poltrona que uso há vários anos. Vem também do conhecido que esse ambiente oferece para mim. O conjunto conhecido fará contraste com o outro – o novo – que chega a cada dia. Há, pois, um contraste daquilo que conheço – a sala, os móveis, eu mesmo, que espero que quase desapareça – diante do outro que chega.

Como pode o outro ser novo a cada dia para mim? E para quê?

---

1 Membro efetivo e analista didata da Sociedade Brasileira de Psicanálise de São Paulo (SBPSP).

A questão seguinte é: como posso estar presente, além de materialmente, na sala e construir uma fronteira com o outro, não só de forma material, mas também psíquica?

Quais as condições para estarmos os dois discriminados, na minha perspectiva, no mesmo espaço e tempo? Para alcançar a discriminação, certamente cuido primeiro de mim, pois sem mim não há o outro. Forma-se um todo confuso e indiscriminado. Tomo como modelo o aviso que há nos aviões para o caso de despressurização. Primeiro oxigênio (mental) para mim; a seguir, se for possível, verifico como o outro se apresenta, como está aos meus olhos.

É evidente que a linguagem verbal é de grande uso, e com ela fazemos sínteses da experiência em andamento.

Quem estiver apto, por fatores variados, usará nessa relação da expressão verbal.

Claro está que a relação inclui mais do que o verbal, que certamente influi no que é dito ou não dito.

O outro (analisando) o fará como puder, pois tem inteira liberdade, ao menos inicialmente, para se expressar.

O analista, disciplinadamente, estará voltado para o presente e, mais ainda, para o vértice que expresse conhecimento (emocional).

Esta é uma grande diferença. Há, penso eu, assimetria na relação psicanalítica, e eu procuro atrair ativamente o outro para o campo onde faço hipóteses, notações, atenções, curiosidades, investigações, ações etc. etc.

Para fazer isso, preciso estar lúcido, calmo, podendo oferecer, além disso, parte da minha atenção ao outro. Isto é, aquilo que sobra de meu bem-estar, na sala. Insisto que preciso estar, antes de mais nada, oxigenado mentalmente, o que indico com o conceito de insaturado.

Eu consigo estar lúcido, calmo, com alguma atenção a oferecer e insaturado se o outro ali presente for visto por mim como novo. Se o vejo "velho", repetido, conhecido, devo deduzir que estou sob domínio da minha memória, que me oblitera a lente para a presença nova, componente essencial para o meu trabalho analítico. Quem sabe a memória seja a realização de um desejo meu para fugir do novo.

Cabe uma enorme discussão a respeito deste estado mental que esboço.

A cada intervenção verbal e/ou não verbal, minha e/ou do outro presente na sala, cabe a tarefa de examinar se as condições que intuo do parceiro presente, no movimento feito, confirmam-se ou não, com que particularidades, segundo a minha hipótese em exame.

Direi que tanto faz confirmar ou não a hipótese por mim feita. Sempre será uma confirmação ou refutação parcial. Interessar-me-ei pelas semelhanças e diferenças nessa investigação, baseado no modelo teórico-psicanalítico que utilizo. É ele que me dará as significações que privilégio.

Formar-se-á ativamente, por interferência minha e do outro, um novo par para iniciar um novo ciclo do movimento psíquico, que procuro identificar disciplinadamente, se ou enquanto permaneço com oxigênio psíquico. Exercerei, pois, nova atração para a área que me interessa estar.

Neste novo ciclo, há, com muita frequência, perda significativa de meu contato com o outro.

Se identifico a perda, na medida de minhas possibilidades, permaneço na sala, no escuro, insaturado. Caso não possa estar nessa condição de trabalho, invento – por meio do desejo de saber/compreender – algo com que lanço luz sobre a escuridão, para ter alguma certeza calmante. Esses movimentos, fenomenologicamente, são muito semelhantes entre si. Criar luz, precipitadamente, levado por medo ou desconforto excessivos, ou estar à espera do novo a ser vivido confundem-se, igualam-se em minha mente.

O outro, dependendo do que vive comigo ou com quem inventa que sou, é de valia variada nessa travessia.

Necessito, nesta perda do desconhecido, poder avaliar o que recebo ou percebo do outro sem esquecer que isso é necessariamente variável em sua função. A variedade da função depende dos componentes que fazem parte dessa presença. Posso ser confirmado ou refutado, por meio do significado que desempenho para o outro, e não apenas pelo conteúdo verbal que possa oferecer.

Desconfio, pois, permanentemente do solo fugidio em que me encontro e no qual procuro caminhar intuitivamente.

Quero ouvi-los para prosseguir...

3. Contribuições do pensamento de Bion à teoria e à técnica da psicanálise contemporânea

Alicia Beatriz Dorado de Lisondo[1]

Introdução

Diante do desafio e da enorme oportunidade de acompanhar, com o método psicanalítico, pacientes que colocam vivamente em questão o sentido, o alcance e os limites da psicanálise, tenho encontrado no pensamento de Bion uma sólida contribuição teórica e técnica para mergulhar nas profundezas das almas envolvidas na relação: a do paciente e a minha como analista.

O Método de Observação de Bebês de Esther Bick (1964) também encontra neste mestre uma revitalização crucial justamente por suas contribuições preciosas sobre o valor da *observação* em psicanálise (Lisondo, 2008). A presença do analista gera efeitos de sentido no campo observacional.

As duas vinhetas são de pacientes adotados. Nelas, destaco as dificuldades para entrar em contato com a verdade possível e

---

1 Membro efetivo e analista didata da Sociedade Brasileira de Psicanálise de São Paulo (SBPSP).

44   CONTRIBUIÇÕES DO PENSAMENTO DE BION...

também aceitar a fratura traumática entre a vida pré-natal e pós--natal. Há uma história desconhecida que, às vezes, dificulta o enraizamento afetivo e o vínculo primordial primário entre a família adotante e o bebê adotado.

Bion na história do pensamento psicanalítico

Na história do pensamento psicanalítico há uma continuidade entre os diferentes pensadores: a aceitação do conceito de inconsciente. As mudanças e rupturas com os autores fundadores nem sempre foram reconhecidas pelos próprios analistas rebeldes. A fidelidade à transferência com o próprio analista e/ou o pavor ao exílio científico são obstáculos epistemológicos – M. Klein pregava que seu pensamento era uma continuidade do pensamento de Freud e, dessa forma, esterilizava sua originalidade. Bion, analisado por M. Klein, desenvolve a originalidade de seu pensamento a partir das contribuições de Freud e Klein.

Bléandonu (1990) divide a obra de Bion em diferentes periodos, os dois primeiros, o Grupal e o Psicótico, seguem fortemente a inspiração kleiniana. O período grupal e o psicótico (Bléandonu, 1990) seguem fortemente a inspiração kleiniana. O período epistemológico marca uma clara diferença: o lugar do Objeto Externo real na constituição do psiquismo e, analogamente, a complexidade da função analítica marcam já a divisão das águas.

Além da dor com a interrupção do tratamento de F. Tustin, o psicanalista do pensamento precisou concretamente deixar a Inglaterra, se separar e tomar distância do berço da obra kleiniana para desenvolver, no último período, na sua estadia californiana, a originalidade específica de sua obra: a trilogia fantástica, a busca da verdade última.

O caráter inefável do objeto psicanalítico não nos poupa do esforço do rigor conceitual. É preciso discriminar, especificar e precisar, tanto quanto possível, que Bion, quando se distancia do chão oferecido pela metapsicologia kleiniana, alcança um novo horizonte (Sandler, 2005).

Para Freud, a partir da segunda tópica, o Id, além de ser indeterminado, é também infinito. Para Klein, sempre a fantasia inconsciente está presente como representação do mundo instintivo, concepção que limita o alcance da psicanálise. Para Bion, a mente, concebida como um sistema aberto, contempla um inconsciente que é, como para o fundador da psicanálise, indeterminado e infinito (Lutemberg, 2007). Em Freud (1896/1976), as neuroses atuais abrem o promissor caminho do não representado, das vivências primitivas. Bion, ao conceitualizar o inconsciente como um sistema aberto, o lança ao infinito, transcendendo assim o alcance da fantasia inconsciente. Essa abertura permite uma outra concepção da clínica, oferece outro lugar ao analista e também possibilita analisar pacientes muito além e aquém do modelo neurótico e psicótico.

Pretendo, nesta oportunidade, apresentar as contribuições originais deste autor à clínica psicanalítica.

A relação analítica

A psicanálise é uma ciência de relações. Bion (1977) nos alerta sobre a importância de investigar a cesura: nem o analista, nem o analisando, nem o inconsciente, nem o consciente, nem a saúde, nem a insânia, mas a cesura, o vínculo, a sinapse, a contratransferência, o modo transitivo-intransitivo.

Esta postura epistemológica compromete o analista. Assim, por exemplo, os *critérios de analisabilidade* só podem ter como

46 CONTRIBUIÇÕES DO PENSAMENTO DE BION...

fonte e se nutrir das observações do analista sobre si mesmo e sobre o paciente (Ferro, 1998); nas entrevistas iniciais e a cada momento de cada sessão são re-instaurados para encontrar no paciente seu "melhor aliado".

Por sua vez, a *cura* em psicanálise é *pro-cura* (Rezende, 2000). Ou seja, a consciência e o auto-conhecimento de si mesmo são inacabados, relativos, imperfeitos. O auto-conhecimento só pode ser alcançado através de sucessivas mudanças catastróficas, com turbulência, dor e lutos diante do crescimento psíquico em constante evolução.

Nos seminários em São Paulo, Bion (1979) também adverte que não sabe se a função do analista é só interpretar. Se a função analítica é análoga e diferente da *rêverie* materna,[2] podemos conjeturar que a relação pode ser diagramada como um canal e que por ele há uma misteriosa circulação consciente e inconsciente de emoções, pensamentos, ideias, esperanças, concepções entre os seres envolvidos (Diagrama 1).

Assim, da personalidade do analista emana uma singular postura e uma forma própria de trabalho ao esculpir o objeto analítico. Por isso, a psicanálise é ciência e arte. O analista cria um *setting* metapsicológico (Fédida, 1988), oferece uma atenção qualificada (Meltzer, 1975) e uma disponibilidade singular (Ungar, 2000).

A escuta psicanalítica é uma escuta diferenciada, uma escuta privilegiada, porque é uma escuta da comunicação inconsciente (Freud, 1941). O analista interpreta também silenciosamente, por meio dos atos interpretativos (Ogden, 1996).

---

2 Para alcançar a precisão conceitual desejada, importa destacar que na realidade a *rêverie* materna está enraizada numa história transgeracional. Como as bonecas russas, é a *rêverie* parental que nasce na *rêverie* dos avós, numa sequência geracional. O analista não tem com seu paciente este vínculo histórico e sanguíneo. Ele oferece sua função α.

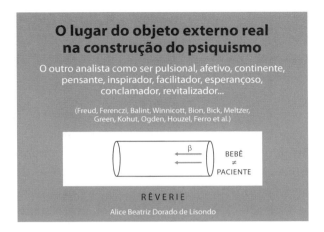

Diagrama 1

O analista é um modelo de identificação e um modelo inspirador (Laplanche, 1970). Ele, com capacidade negativa, é capaz de tolerar as dúvidas, as incertezas, o sentido de infinito para conquistar a visão binocular e não cair no perigo das cisões teóricas estáticas.

Paixão, interesse, atenção qualificada, respeito, escuta, dedicação ao trabalho são fatores fundamentais da função analítica.

Para Ferro (2008) a *rêverie* é testemunho do trabalho da mente do analista. Ela pode ser puntiforme, um *flash*, ou construída sucessivamente como um filme longa-metragem.

O uso de modelos em psicanálise

A *construção de modelos* permite ao analista dispor de ferramentas flexíveis que contrastam com o uso de teorias e de conceitos, especialmente no transcurso da sessão.

48 CONTRIBUIÇÕES DO PENSAMENTO DE BION...

Cabe aqui destacar que a *recomendação técnica "sem memória, sem desejo e sem compreensão"* nem sempre foi bem compreendida. Bion é um modelo de pensador. Não se trata de descartar a teoria e apelar para um *achismo improvisado*; a questão é o uso da teoria que se faz durante a sessão. O modelo ajuda a encontrar a correspondência entre a clínica e a teoria psicanalítica. O modelo pode ser descartado ou pode se transformar em teoria. Esse recurso é construído com elementos sensoriais e permite transitar pela ponte entre a observação clínica e a teoria de alto nível de abstração (Pistiner de Cotiñas, 2007). Na história da psicanálise, Meltzer relata que Esther Bick colava a palma de sua mão sobre a outra para falar sobre a experiência da observação com certos bebês. Esse gesto, intuição genial, evoluiu para o célebre trabalho "The Experience of the Skin in Early Objects Relations" (Bick, 1968) e inspirou o autor para avançar em *Explorations in Autism* (Meltzer, 1975), na dimensionalidade psíquica e no conceito de identificação adesiva bidimensional.

A criação de modelos permite uma aproximação viva à experiência emocional.

Aproximações à verdade e à mentira em Bion

Na personalidade que tem o hábito de mentir, encontramos uma cisão que Freud (1927/1974) descreveu no Fetichismo: uma parte da mente está em contato com a realidade e a outra a desmente. O paciente mentiroso navega por essa cisão por meio da ambiguidade.

O conflito implica contradições, vértices em desacordo; na ambiguidade não há vértices nem contradições, o que surge são diferentes máscaras de incongruência.

Para escapar da realidade é preciso atacar funções mentais.

A mentira é uma das alterações da consciência. Nela há uma rivalidade com "O" (Pistiner de Cortiñas, 2007). As preconcepções são substituídas por predeterminações e a ação substitui o pensamento.

Se, para que exista um pensamento, não é necessária a existência de um pensador, a mentira, sim, exige a presença de seu criador: o mentiroso.

A mentira transforma o desamparo humano – incerteza, ignorância, relação infinito/finito – em onipotência e onisciência, a célebre capacidade negativa em positiva certeza!

A mentira cria um vínculo parasitário entre o continente e o conteúdo, com destruição para ambos. Ela é, para a mente, uma perigosa toxina de falsidade, na medida em que ela não pode se manifestar como *verdade absoluta*.

A experiência verdadeira permite o contato com o desamparo humano.

Com humildade nos aproximamos à verdade possível. Não há uma verdade única, absoluta. Tanto a verdade que alimenta a alma humana quanto a mentira que a envenena são conjunções. A verdade permite o contato com a realidade e leva ao crescimento mental. A mentira leva à deterioração e à degeneração.

Uma mãe adotante relata, agoniada, o sofrimento do filho, nas férias em um resort espanhol, quando o time de futebol do amigo (não adotado) foi o vencedor na competição. Roberto não queria ir jantar nessa noite para evitar a festa da premiação.

(Percebo, sem comentar, ainda, sua dor diante de nossa separação – as férias, metáfora da perda da mãe biológica para R. –, ocasião em que ela interpreta que perde o controle onipotente da analista quando o time da vida privada desta "espanhola" entra em cena.

Por que Alícia não está comigo e com meu filho o tempo todo? Por que eu não sou a mãe adotante, biológica, madura, sábia?)

A seguir me diz, com tristeza, que o filho também ganhou uma premiação. Percebo um caminho a investigar: Por que a tristeza?

Quando lhe interpreto a dor diante das perdas e impotência, indago como foi essa premiação. Com os olhos marejados, relata a estratégia do filho, claro que inspirado na mãe, para entrar nos jogos dos times dos adultos e, assim, ganhar dos amigos de sua idade e conseguir seu objetivo. Este esquema perverso que tenta driblar a lei foi usado para adotar R., numa complexa trama de "segredos e mentiras".

Cabe destacar aqui que o pai adotante abandonou Roberto quando ele tinha 4 anos de idade.

Penso na fantasia de entrar na cena primária – o time dos adultos – e assim mentirosamente ganhar dos meninos por não suportar a dependência infantil e as limitações da condição humana: a perda do pai biológico e do pai adotante. Mãe e filho, em mórbida cumplicidade, driblam a experiência da dor pela frustração, as perdas e a aceitação da lei, para lustrar o brilho narcísico.

Como este menino não conseguiu, nem com essa tramoia transgressora, a premiação nas competições esportivas, um monitor comovido ante o sofrimento e a busca frenética desse hóspede promete à minha paciente um artifício que ela aplaude.

No último dia, ele subiu ao pódio para ganhar um troféu-consolo pela perseverança. Ela, aliviada, agradece o esforço do funcionário e lhe oferece uma gorjeta.

Aqui entre nós, afortunadamente, o falso ganhador joga longe a medalha enquanto berra: "Não é de verdade. Foi por pena que eu ganhei".

Ou seja, a mentira – o jeitinho – anestesia o contato com a vida emocional propulsora do crescimento e paralisa a mudança catastrófica. Esta mentira é uma atividade depredadora da atividade mental: a pena desqualifica o ser.

O grande ganho é a oportunidade de poder pensar e tomar consciência, na análise, de que a maturidade mental é uma trabalhosa conquista que não está à venda. O menino revela uma voz auspiciosa interna, que alerta e ilumina sobre os efeitos deletérios da mentira, da transgressão, das manipulações incentivadas pelas perigosas tentações maníacas personificadas na mãe e atuadas pelo monitor.

Humildade

Na supervisão n. 36, Bion (Sandler, 2018) enfatiza: *"A questão central é que possamos ser capazes de aprender".*

O analista constrói conjecturas imaginativas ou racionais. Ele precisa saber que não possui o saber acabado, a coisa em si.

A transferência significa realmente o transitório.

Não cabe ao analista dar opiniões, aprovar ou desaprovar. A interpretação psicanalítica é um vértice de observação do analista. Não pode estar saturada, cerrada como verdade absoluta. Se assim fosse seria um dogma. A mãe de Roberto tivera uma experiência analítica anterior na qual parecia estar condenada a não poder ser mãe e ressignificar as mentiras. É justamente quando ela percebe, com dor, os jogos mentirosos que ele havia armado é que pode nascer como mãe. O analista está sempre lidando com um objeto analítico *perigoso, desconhecido, imprevisível*. O analista não é nem profeta nem Deus. A análise é o prelúdio do pensamento e não pode ser o substituto do pensamento.

Como analista, não posso transformar Roberto em um falso ganhador. É só pela elaboração dos lutos e perdas que ele poderá vir a lidar com sua verdadeira realidade mental, para ser aquilo que ele é.

A relação analítica não é perfeita, nem permanente, nem sempre adequada, mas pode oferecer ao paciente um continente transformador.

Em 1975, quando Bion tenta domar pensamentos selvagens, sugere que, além dos estados Cc e Incc de mente, pode haver um outro: *um estado inacessível de mente*. É esse um nome provisório. A presença epistemológica desse estado inspira humildade e exige que a nossa postura seja aberta para contemplar a incerteza, a dúvida, o infinito. Os princípios de incerteza e de incompletude são convocados.

A paixão

> – *Quem é você?*
>
> – *Sou a compaixão. Quem é você?*
>
> – *Sou sua donzela, mas você ainda não percebeu. Abre meus olhos.*
>
> – *Não. Te enviei profetas, mas você não os ouviu. (Bion, 1975, cap. 8, p. 57, tradução livre)*[3]

A paixão, o sentido comum e o mito são as dimensões do Objeto Psicanalítico (Bion, 1963). Ela deriva da harmonia e da feliz

---

3 *Memórias del futuro* (1975). Referência da "Primeira epístola de São Paulo aos Coríntios", 13:12.

combinação entre os vínculos L, H, K. A intensidade e o calor fazem parte dela, e não a violência. A consciência da paixão não é sensorial. A paixão é a evidência de duas mentes unidas. A dimensão da paixão é um dos pré-requisitos, um termômetro que baliza o momento oportuno para a formulação da interpretação psicanalítica.

A paixão tem uma atitude respeitosa com a Realidade Última – desconhecida e incognoscível –, a Realidade de "O" na Posição D.

A realidade de "O" em evolução, no compromisso de vir a ser si mesmo, é sempre interpretável, por mais dolorosa que seja, como procuro mostrar nos exemplos clínicos de pacientes adotados.

A perseverança do analista na construção do objeto analítico emana da equação pessoal, da experiência analítica e da fé no método. A tolerância à dúvida e a capacidade de espera para aguardar uma futura realização – uma evolução para novas perspectivas de conhecimento – permite que a evidência não seja procurada só naquilo que já foi achado. A interpretação revela só uma faceta da complicada conjunção conjugada que a transferência abre na cena analítica. Essa limitação é fonte de dor. O encontro do Fato Selecionado permite possibilidades transformacionais.

Em *Cogitations*, Bion (1992) associa a compaixão à verdade, como sentidos humanos. O homem precisa buscar e encontrar a verdade para satisfazer a curiosidade. Quem pode privar o paciente de vir a saber sobre a verdade possível? Verdade e compaixão são qualidades do relacionamento que nutrem a alma, assim como a mentira e a indiferença, o desprezo e a rejeição a intoxicam.

Para Bion, a capacidade para amar e para a verdade pode faltar no ser humano. Essa carência pode ser primária ou inata, mas certas consequências dessa carência podem ser mudadas pela análise: ou seja, transformações são sempre possíveis. O paciente precisa desenvolver a compaixão por si próprio, para se sentir com direito à dignidade e ao autorrespeito. A clínica da adoção é reveladora nesse sentido.

A capacidade de compaixão é fonte de admiração, mas também desperta a inveja do analisando, rivalidade e ódio quando ele é incapaz de sentir uma madura compaixão (Bion, 1965).

Bion (1979) adverte que é necessária a capacidade para distinguir entre o bem e o mal, entre a real verdade ou compaixão e o real mal.

Em *A Memoir of the Future* (Bion, 1975), Alice indaga por que não pensar que Deus é fonte de compaixão para alimentar médicos, cirurgiões e psicanalistas. P.A. (psicanalista) responde que não seria possível tolerar um trabalho tão doloroso sem compaixão.

Como na esfinge, a falta de compaixão e de consideração leva à autodestruição. Com o enigma, ela não queria encontrar a verdade!

O surgimento da vida humana anterior ao nascimento cronológico

Bion apresenta um modelo aberto de mente. Nela há potencialidades a desenvolver quando a função α pode transformar as experiências primitivas, ancoradas nos supostos básicos do grupo primário. A dimensão pré-natal alberga os pensamentos sem pensador, as intuições selvagens, os pensamentos não digeridos. Já em *Learning from Experience* (Bion, 1962), o corajoso autor concebe o feto humano como capaz de perceber as emoções da mãe, mas sem conhecer o estímulo e a fonte. Em *A Memoir of the Future* (Bion, 1975) o autor, com sua ousada obra ficcional, revela o que está além da linguagem científica. Os diálogos imaginários entre os diferentes personagens são todos eles partes da personalidade total (Bianchedi et al., 1999). A autoanálise de Bion é revelada por meio dos personagens.

Em 1975, o psicanalista do pensamento nos apresenta um feto com sentimentos e ideias primordiais a evacuar, portanto com a capacidade primitiva de desenvolver os primórdios da I.P.: a evacuação. O líquido amniótico pode ser contaminado por mecônio; os registros dos latidos cardíacos, sons, a visões experimentadas sobre as cavidades óticas, as mudanças de pressão no fluido intrauterino constituem o reservatório do sistema protomental presente na personalidade total.

Esta contribuição é um fator importante para compreender, entre outras patologias, a clínica da orfandade mental e da adoção. Assim, por exemplo:

Mario de 12 anos é um filho adotado com 3 dias de idade. Os pais consultam porque ele é extremamente ansioso, hipercinético e desatento, apesar do diagnóstico neurológico normal.

Após medicação com Ritalina, e pelos efeitos colaterais desanimadores, os pais desistem, à procura de alívio pelo caminho orgânico.

No processo de avaliação psicanalítica, Mario desenha uma piscina, que mostra aos pais na posterior entrevista diagnóstica familiar. Essa piscina é um triângulo com um enorme buraco no meio.

Inicia o processo psicanalítico com a hipótese de Transtornos Globais no Desenvolvimento Emocional, pelas falhas de continência mental que potencializam pavores atávicos. Sua pele é cenário de sua imaturidade e precariedade: carne viva.

Os pais pedem uma entrevista quando M. chora ao folhear seu álbum à procura de uma foto da família para levar na escola. Ele

56   CONTRIBUIÇÕES DO PENSAMENTO DE BION...

já tinha escolhido, em sessão, uma foto de sua mãe adotiva quando solteira, revelando suas dúvidas sobre a possibilidade de essa menina-moça vir a adotá-lo verdadeiramente, e também sua expectativa de encontrar sua mãe biológica, uma adolescente.

Ele questiona o pai: "Por que ela engravidou se ela não me podia ter? Se não podia ter não era para engravidar". O pai lhe responde, após o trabalho nas entrevistas psicanalíticas: "Mas graças ao fato de que ela foi capaz de engravidar você nasceu e nós te curtimos aqui!".

O pai me diz que decidiu pesquisar a história porque percebeu a importância dessa origem que eles queriam esquecer. M. é o quarto filho. Os dois primeiros estão com os avós. Num mesmo ano ela teve os outros dois. M. é o último. A mãe adotante associa que, quando Mario chegou, ele chorava tanto que parecia que iria convulsionar, perdia o fôlego. Só se acalmava quando ela o acomodava sobre seu ventre. Os pais aceitam a hipótese de que sua ansiedade, irritabilidade, imaturidade podiam estar relacionadas às vivências atávicas ao se sentir "sem espaço", apertado, comprimido dentro de um útero biológico inóspito. Eles também reconhecem a própria imaturidade para poder criar um bebê tão difícil, que sempre os decepcionava, e confessam, com muita dor e culpa, a ideia de devolvê-lo. Entretanto, como analista, destaco a vitalidade deles todos em serem capazes de sobreviver e a coragem para procurar psicanálise: o caminho da verdade possível.

Nós nada sabemos sobre o que aconteceu naquele útero: o que M registrou das marcas primeiras da existência e da chegada ao novo lar? Mas podemos intuitivamente criar hipóteses imaginativas e nomear o fato selecionado de conjunções constantes que permitem a transformação, a cesura entre a vida sensorial não nomeada e a vida psíquica. Dessa forma, os terrores atávicos encontram um sentido compartilhado que transcende o nível corporal.

Quando o desafio é *construir a mente*, é preciso *construir elementos* para atravessar a cesura do mundo sensorial e tecer a rede da realidade psíquica possível – a compreensão permite a transformação dos terrores sinistros. "O", a realidade última (Grotstein, 2007), é incognocível, mas é possível estar em unicidade com "O", vir a ser "si mesmo" por meio das mudanças catastróficas nos pais que impulsionam as transformações no filho em desenvolvimento.

SER

O filho que não fiz

hoje seria homem.

Ele corre na brisa,

sem carne, sem nome.

Às vezes o encontro

num encontro de nuvem.

Apoia em meu ombro

Seu ombro nenhum.

Interrogo meu filho,

objeto de ar:

em que gruta ou concha

quedas abstrato?

Lá onde eu jazia,

responde-me o hálito

não me percebeste,

contudo chamava-te

como ainda te chamo

(além, ale do amor)

onde nada, tudo

aspira a criar-se.

O filho que não fiz

faz-se por si mesmo.

(Carlos Drumond de Andrade , 2001, p. 36)

Referências

Andrade, C. D. (2001). Ser. In C. D. de Andrade, *Claro enigma* (p. 36). Rio de Janeiro: Record.

Bick, E. (1964). Notes on infant observation in psycho-analytic training. *International Journal of Psychoanalysis, 45,* 558-566.

Bick, E. (1968). The experience of the skin in early object relations. *International Journal of Psychoanalysis, 49,* 484-486.

Bianchedi, E. T de et al. (1999). *Bion, conocido, desconocido.* Buenos Aires: Lugar Ed.

Bion, W. R. (1962). *Learning from experience*. London: Heinemann.

Bion, W. R. (1963). *Elements of psycho-analysis*. London: Heinemann Medical Books.

Bion, W. R. (1965). *Transformations*. London: Heinemann Medical Books.

Bion, W. R. (1977) *Two papers: The Grid and Caesura*. Rio de Janeiro: Imago

Bion, W. R. (1979). *Bion in New York and São Paulo*. Perthshire: Clunie Press.

Bion, W. R. (1990). The dream. In W. R. Bion, *A memoir of the future* (Book 1, pp. 1-216). London: Karnac. (Originalmente publicado em 1975).

Bion, W. R. (1992). *Cogitations* (F. Bion, ed.). London: Karnac.

Bléandonu, G. (1990). *Wilfred R. Bion 1897-1979: a vida e a obra*. Rio de Janeiro: Imago.

Fédida, P. (1988). *Clínica psicanalítica: Estudos*. São Paulo: Escuta.

Ferro, A. (1998). Os quadrantes do setting. In A. Ferro, *Na sala de análise: emoções, relatos, transformações* (M. Justum, trad., pp. 181-208). Rio de Janeiro: Imago.

Ferro, A. (2008). *Videoconferência: Evitar emoções, viver emoções*. Apresentado no VI Encontro do NPCR "Na sala de análise", Junho de 2008.

Freud, S. (1974) Fetichismo. In S. Freud, *Edição standard brasileira das obras psicológicas completas de psicanálise* (Vol. 21, pp. 179- 185). Rio de Janeiro: Imago. (Originalmente publicado em 1927).

Freud, S. (1976) Hereditariedade e etiologia das neuroses. In S. Freud, *Edição standard brasileira das obras psicológicas comple-*

tas de psicanálise (Vol. 3, pp. 165-179). Rio de Janeiro: Imago. (Originalmente publicado em 1896).

Freud, S. (1976). Psicanálise e telepatia. In S. Freud, *Edição standard brasileira das obras psicológicas completas de psicanálise* (Vol. 18, pp. 217-234). Rio de Janeiro: Imago. (Originalmente publicado em 1941).

Grotstein, J. S. (2007). *A beam of intense darkness: Wilfred Bion's legacy to psychoanalysis.* London: Karnac.

Laplanche, J. (1970). *Vida y muerte en psicoanálisis.* Buenos Aires: Amorrortu.

Lisondo, A. B. D. de (2008). *Observación de bebés: método de observación de bebés Esther Bick: Evoluciones y transformaciones con las contribuciones de W. R. Bion y Donald Meltzer al psicoanálisis contemporaneo.* Apresentado em VIII Congreso International de Observación de Lactantes: Método Esther Bick: El despertar de la vida mental en el encuentro con el mundo externo. Observaciones y Teorías, Buenos Aires, 2008.

Lutemberg, J. (2007). *El vacío mental.* Buenos Aires: PP.

Meltzer, D. (1975). *Explorations in autism.* Pertshire: Clunie Press.

Ogden, T. (1996). O conceito de ação interpretativo. In T. Ogden, *Os sujeitos da psicanálise* (pp. 103-132). São Paulo: Casa do Psicólogo.

Pistiner de Cortiñas, L. (2007). *La dimensión estética de la mente: variaciones sobre un tema de Bion.* Buenos Aires: Del Signo.

Rezende, A. M. (2000). *O paradoxo da psicanálise: uma ciência pós-paradigmática.* São Paulo: Via Lettera Ed.

Sandler, P. C. (2005). *The language of Bion: A dictionary of concepts.* London: Karnac.

Sandler, P. (2018). Comentários sobre a Supervisão A36. *In*: Org. Brito, G. M.; Levine, H.; Mattos, J. A. J. (org.) *Bion no Brasil: supervisões e comentários* (pp. 111-116). São Paulo: Blucher.

Ungar, V. (2000). *Los fundamentos teóricos en el método de observación de bebés de Mrs. Bick.* Apresentado em Clínica Pais-Bebês, Porto Alegre, out. 2000.

4. Função α: ansiedade catastrófica – pânico – continente com *rêverie*

Antonio Sapienza[1]

Inicialmente, caberia conceituar de modo breve as características da função α em sua interação com os três termos apresentados no título do texto. O texto procura mostrar de que modo a função α participa desde o momento em que a ansiedade catastrófica se instala e como se manifestam momentos de pânico que requisitam fineza nas funções do continente com *rêverie*.

Um dos mitos da Cabala muito apreciado por Bion conta que no alto de uma montanha existia um vaso de puríssimo cristal, contendo um casal humano que vivia em perfeita harmonia. Subitamente, ocorre um terremoto, o vaso se quebra, fragmentando delicados e firmes vínculos humanos, instala-se desespero, desterro, estranhezas, revolta, insatisfação e turbulência emocional.

Antonio Carlos Jobim (1927-1994), pai da bossa-nova, conclui assim sua canção "Passarim":

---

1 Membro efetivo e analista didata da Sociedade Brasileira de Psicanálise de São Paulo (SBPSP).

64 FUNÇÃO α

Passarim quis pousar, não deu, voou./ Porque o tiro fe-
riu, mas não matou./ Passarinho, me conta então, me
diz:/ Por que que eu também não fui feliz?/ Cadê meu
amor, minha canção, que iluminava o coração? / E a
luz da manhã? O dia queimou.../ Cadê o dia? Envelhe-
ceu.../ E a tarde caiu, e o sol morreu... (Jobim, 1987)

Seu filho, Paulo Hermanny Jobim, comenta: "A ideia contida nesta canção é a da perda, daquilo que escapa de nossas mãos, que some e que passa. E Tom Jobim se inspirou naquela brincadeira da criança que pergunta: *Cadê o gato? Fugiu pro mato...* Por isso canta: *Cadê a casa? O rio carregou. E o sonho? E o amor? E o lar?...*".

Tomarei esse conjunto de indagações como estímulo que propicie o encontro de fatores ligados à *recuperação de forças* para novas revoadas desse pássaro ousado, ferido e extenuado.

Na 5ª Conferência em Nova York, Bion (1977/1980) nos propõe: "A função alfa é semelhante à oferta de um ninho para que os pássaros que buscam significado consigam repouso restaurador".[2]

Nessa conferência, enfatiza o caráter embrionário de nossa capacidade de pensar e introduz o termo "genômeno" como precursor de "fenômeno", clamando aos analistas por um exercício cuidadoso da função α, comparando-a ao ofício de uma parteira psicológica (*"psychological midwife"*).

Quem sabe o poeta, novamente "emplumado",[3] voe com êxito, atravessando experiências emocionais de *mudança catastrófica* e, ao lhes dar novos significados, alcance *mudança criativa.*

---

2   *"Function alfa is similar to offer a nest for meaning birds to alight."*
3   Em poesia, o termo *fledged Poet* é empregado por Meg Harris Williams (1991, p. 115) para caracterizar o estágio final dessa passagem, quando então o poeta consegue recuperar sua capacidade para novos "voos" criativos.

Pensamentos selvagens provenientes de Realidade Desconhecida (O) bombardeiam o "bebê", e este, ao não conseguir pensá-los, fica predado por angústia de morte. Passa, então, a buscar quem os possa pensar, requerendo funcionamento competente de continente com *rêverie*.

Se considerarmos a concepção de Bion sobre as funções continente↔contido, o modelo médico de *hemodiálise* surge qual modelo analógico (Grotstein, 2007). O binômio Solidão/Dependência constitui significativa conjunção constante, que acompanha a existência humana até a morte; "a parceria analítica navega em precária jangada em um mar tempestuoso" (Bion, 1977/1985). O "bebê" usa impulsos de vida inatos e, tomado pelo medo de "viver desamparado", procurará assimilar e desenvolver recursos internos que permitam ativar seu *self*, visando existência e suportes para vir-a-ser quem é (Grotstein, 2007).

As funções de continente com *rêverie* existem como instrumento primário básico para a sanidade do "bebê". Da mesma maneira, essa atividade metabólica exigirá receptividade empática, recursos para realizar desintoxicação mental e, além disso, o fornecimento de cuidados nutritivos pelo *container* primário como funções vitalizadoras exercidas pelo psicanalista.

O "seio psicossomático pensante" (Bion, 1963), se e quando internalizado, torna-se o legislador "inconsciente" de nosso mundo interno. O escritor Shelley nos propõe: "os poetas são os não reconhecidos legisladores do mundo".[4]

Meg Harris Williams (1997) faz significativa aproximação entre a capacidade de *rêverie* materna para o bebê desamparado e a linguagem usada pelo analista na experiência emocional da sessão.

---

4 P. B. Shelley, *Defesa da poesia* (original publicado em 1821).

Visando manutenção e favorecimento da geração de vida produtiva simbólica, também para o paciente poder pensar sua vida e angústias, sugere-se a frequência assídua dos analistas na leitura de poesia. Esse hábito mental facilitará o encontro da linguagem metafórica como auxiliar valioso na função de desintoxicar nossos terrores talâmicos e subtalâmicos e, assim, colaborará no desfazimento de bloqueios mentais e encapsulamentos autísticos.

O analista usará sua capacidade de acolher as vivências terroríficas geradas na experiência emocional analítica e, por meio de inspiração vinculada ao trabalho-de-sonho α, poderá oferecer suporte e nutrição mental para o *self* desvitalizado do analisando. Usará "linguagem de consumação/realização".

Passo agora a colocar em evidência um dos fatores que acionam núcleos terroríficos nas partes psicóticas das personalidades (Bion, 1970). A articulação que se segue visa iluminar condições ambientais que dão origem ao Superego assassino do ego, que, pelo seu caráter de julgamento malignamente automático, é também denominado "Super Id" ou "Má Consciência".[5]

Essa configuração é *resultante do fracasso* nas interações projetivas e introjetivas entre mãe e bebê em face de angústias primitivas que ocorrem nos períodos iniciais da vida. Este "objeto obstrutor" está impregnado de violência moralista e visa "tudo julgar, tudo controlar e nada compreender". Está internalizado como agente destruidor da vida mental, pelos ataques ao desenvolvimento do sentir, do pensar e do verbalizar. Dessa configuração emanam forças "ocultas", que tiranicamente envenenam vivências por meio de

---

5   Leiam ao final do artigo "Attacks on Linking" (Bion, 1959, pp. 106-109). Convém destacar que o Superego Assassino do Ego deve ser diferenciado do Superego proposto por Freud e que se desenvolve como herdeiro do Complexo de Édipo.

contínua inoculação tóxica, que chega a destruir a "capacidade de sonhar".

Boa parte do bombardeio gerador de confusão mental veicula-se ao disparo de elementos β e objetos bizarros. Este "objeto obstrutor" organiza-se como tela β (Bion, 1962). Sua detecção irá nos conduzir aos refúgios e tocas em que se ocultam ansiedades traumáticas desgastantes. Assim, as defesas psicóticas usadas pelo paciente, representadas basicamente por reversões de perspectiva e movimentos evasivos governados por vínculos da grade negativa (−K, −L, −H) (Sandler, 2005), servirão de pistas subliminares com acesso a raízes traumáticas, alojando material nuclear radioativo violentamente comprimido. A reelaboração, por releitura reconfortante e compreensiva dessa violência ameaçadora, poderá permitir desarmes de intensa culpa persecutória e de compulsão-à-repetição, levando a uma refrescante revitalização.

Penso que, nas circunstâncias clínicas, exercícios da Grade realizados após sessão clínica e focalizando notações do analista poderão aguçar sua captação intuitiva quanto a pistas na direção desses esconderijos, possibilitando uma sutil agilidade ao abordar armadilhas e armações dominadas por jogos de natureza assassina e suicida. Assim sendo, na dinâmica analítica, as evidências tênues ou gritantes de tal configuração moralista poderão ser usadas para levantarmos suspeitas de aproximação a núcleos de sofrimentos traumáticos impensáveis e resíduos de catástrofes mentais. Alguns analistas usam o termo *cryptophor* (Cox & Theilgard, 1997) ou *somato-psychic débris* para designar o material emergente extraído por escavações arqueológicas desses terrenos ocultos.

Proponho que se possam considerar evidências da configuração deste Superego assassino do ego pela reativação de desastres protomentais e mentais já ocorridos; sua emergência vai requerer nova leitura em bases de ressignificação (Sapienza, 2007). Podemos

68   FUNÇÃO α

correlacionar a emanação de ansiedade catastrófica com travessias ligadas a momentos de cesuras de nascimento, casamento e morte (Bion, 1975).

O contato mais amplo da parceria analítica com mudança catastrófica requer que o analista tenha vivência pessoal com ousadas e lúcidas incursões nestas camadas emocionais mobilizadas por impactos de violência primitiva. Os talentos da parceria e graus de cooperação entrarão como fatores capazes de propiciar a transformação de mudança catastrófica em mudança criativa, geradora de crescimento mental para o par analítico (Pistiner de Cortiñas, 2007).

A personalidade, invadida e predada por ameaças de catástrofe de origem interna e/ou externa, passa a ser tomada por violenta turbulência emocional que é acompanhada de premonições ligadas a um iminente desastre,[6] intenso medo de enlouquecer, instalando-se um estado de mente progressivamente avassalado por terror-sem-nome.

O passo seguinte consistirá em destacar como se desencadeia o estado de pânico.[7] Às principais características já mencionadas somam-se vivências de estilhaçamento do *self*, perda de controle emocional e incapacidade de pensar.

Tomaremos o modelo de uma bomba atômica profundamente cravada no Inconsciente, carregada de material malignamente comprimido como resíduo de um primitivo acidente mental. A detonação da bomba se inicia no *self* e o sentido de sua violência poderá se dirigir para o mundo externo. A apreensão subjetiva é a de uma crescente descarga destrutiva, com efeitos explosivos

---

6   A etimologia de desastre consiste em "dis/áster", significando a perda do astro norteador.

7   A etimologia de pânico está ligada ao deus Pan da mitologia grega e abarca todos os medos ou fobos.

de natureza fusional e fissional. Lembraríamos aqui as descrições contidas no "caso Schreber" em suas vivências de "o fim do mundo" (Freud, 1911/1958).

Haveria ainda a possibilidade de a bomba atômica internalizada ao ser detonada vir a seguir o sentido intrapsíquico, com manifestações predominantemente implosivas e "silenciosas", acompanhadas de graus variados de morte mental, e "gritos e choros terríveis" interrompidos e frequentemente inaudíveis. Destacaríamos aqui as valiosas observações de André Green sobre as denominadas "psicoses brancas", nas quais se instalam bruscas vivências de vácuo interno, desvitalização e despersonalização (Sapienza, 2004).

> *É uma pena ver uma grande cabeça, como a de Napoleão, dedicar-se às coisas insignificantes, como são os impérios, os acontecimentos, o troar dos canhões e das vozes, e acreditar na glória, na posteridade, em César – ocupar-se das massas em agitação e da superfície dos povos. Ele não sentia, afinal, que se tratava de outra coisa? Simplesmente, conduzir o homem aonde ele jamais tenha estado.[8]*

Convido-os a um exercício reflexivo sobre o episódio delinquencial de um outro homem, em estado de mente dominado por transformações em alucinose. Em fins de setembro de 2007, os noticiários de rádio, televisão e jornais de São Paulo estarrecem a opinião pública com manchetes em torno do seguinte fato:

> *Capturado antigo paciente psiquiátrico, que, após avaliação médica, recebeu liberação da ala reservada em*

---

8 Valéry, P. (1942). *Mauvaises pensées et autres.* (p. 902).

penitenciária para prisioneiros de alta periculosidade. O preso confessou ter estuprado e assassinado dois irmãos adolescentes em uma mata próxima ao bairro da Cantareira. Alega que se exasperou pelo fato de os menores, já estuprados e amarrados em árvores, negarem a presença de feras ameaçadoras, que urravam na mata e agora os estavam cercando.

Convido-os também a pensar sobre a contínua necessidade de esperança. Oscar Wilde conta sua experiência ao sair da prisão:

Todos os julgamentos são julgamentos para a vida de alguém, assim como todas as sentenças são sentenças de morte: e por três vezes eu fui testado... A Sociedade, como nós a temos constituído, não terá lugar para mim, nada para me oferecer; mas a Natureza, cujas chuvas suaves caem sobre o justo assim como sobre o injusto, terá fendas nas rochas onde eu possa me esconder, e vales secretos em cujo silêncio eu possa chorar sem ser importunado. A Natureza suspenderá a noite com estrelas de modo que eu possa caminhar amplamente na escuridão sem tropeçar, e enviará o vento sobre minhas pegadas de modo a que ninguém possa me seguir até minhas feridas; ela me limpará em grandes águas, e com ervas amargas me tornará intacto. (Wilde, 1949/1954, tradução nossa)

Fecho o texto com rápido diálogo entre o papa Júlio II e o arquiteto, pintor e escultor Michelangelo Buonarroti, em filme (1965) extraído da novela romanceada *Agonia e êxtase* (1961), do escritor californiano Irving Stone, a propósito das magníficas pinturas da Capela Sistina:

Papa Júlio: "Quando você dará um fim a isso?".

Michelangelo: "Quando eu estiver acabado".

Referências

Bion, W. R. (1959). Attacks on linking. In W. R. Bion, *Second thoughts* (pp. 93-109). London: Karnak Books.

Bion, W. R. (1962). *Learning from experience* (pp. 60, 237). London: William Heinemann Medical Books.

Bion, W. R. (1963). *Elements of psycho-analysis*. London: William Heinemann Medical Books.

Bion, W. R. (1970). Prelude to or substitute for achievement. In W. R. Bion, *Attention and interpretation* (pp. 125-129). London: Tavistock.

Bion, W. R. (1975). *Grid and Caesura*. Rio de Janeiro: Imago.

Bion, W. R. (1980). *Bion in New York and São Paulo*. London: Clunie Press. (Originalmente publicado em 1977).

Bion, W. R. (1985). *Seminari italiani* (cap. 2, p. 33). Roma: Borla. (Originalmente publicado em 1977).

Cox, M., & Theilgard, A. (1997). Metaphor: where the meanings are. In M. Cox & A. Theilgard, *Mutative Metaphors in Psychotherapy* (cap. 4). London: Jessica Kingsley Publishers.

Freud, S. (1958). Psycho-analytic notes on an autobiographical account of a case of paranoia: dementia paranoides. In S. Freud, *The standard edition of the complete psychological works of Sig-*

mund Freud (Vol. 12, pp. 9-82). London: Hogarth Press. (Originalmente publicado em 1911).

Grotstein, J. S. (2007). *A beam of intense darkness: Wilfred Bion's legacy to psychoanalysis* (p. 45). London: Karnac.

Jobim, A. C. (1987). Passarim. In *Passarim*. Rio de Janeiro: Polygram Studios.

Pistiner de Cortiñas, L. (2007). *Dimensión estética de la mente: Variaciones sobre un tema de Bion*. Buenos Aires: Ed. del Signo.

Sandler, P. C. (2005). *The language of Bion: a dictionary of concepts* (pp. 475-498, 643, 646-649). London: Karnac Books.

Sapienza, A. (2004). Reflexões clínicas psicanalíticas sobre a memória-sonho. *Ciência e Cultura, 56*(4), 29-32.

Sapienza, A. (2007). Psicanálise e estética: ressignificação de conflitos psicóticos e reciprocidade criativa. *Funzione gamma, 20*.

Wilde, O. (1949). De Profundis. In O. Wilde, *Selected essays and poems*. London: Penguin Books. (Originalmente publicado em 1954).

Williams, M. H., & Waddell, M. (1991). *The chamber of maiden thought: literary origins of the psychoanalytic model of the mind*. London and New York: Tavistock/Routledge.

Williams, M. H. (1997). Inspiration: a psychoanalytic and aesthetic concept. *British Journal of Psychotherapy, 14*(1), 33-43.

5. Aprender com a experiência emocional e grade: teoria e prática

Cecil José Rezze[1]

O propósito deste trabalho é o desenvolvimento teórico do título e, a seguir, com a colaboração dos colegas, tentar fazer "o jogo psicanalítico", ou seja, examinar com a grade o material clínico que for apresentado.

A experiência emocional é parte integrante da vida humana e, portanto, aspecto fundamental da psicanálise examinado em suas múltiplas faces. A inovação introduzida por Bion é o aprender com a experiência emocional, o que implica o desenvolvimento da teoria das funções e, particularmente, da função α.

A investigação começa com o sonho considerado em suas múltiplas manifestações. Fiz um desenvolvimento disso em um trabalho cujo título sugere a diversidade da qualidade aí implicada: "O sonho, o quase sonho e o não sonho".

Bion considerou o sonho não só na qualidade clássica formulada por Freud – o trabalho onírico –, mas também atribuindo-lhe

---

1 Membro efetivo e analista didata da Sociedade Brasileira de Psicanálise de São Paulo (SBPSP).

determinadas qualidades englobadas sob o nome trabalho onírico α ou simplesmente α. "O trabalho onírico α é contínuo, noite e dia. Opera na recepção de estímulos mobilizados interna e externamente à psique".

O conceito anterior evolui para o de função α, que a seguir pode ser caracterizada.

> *A função-alfa atua sobre as* impressões sensoriais, *quaisquer que sejam, e sobre as* emoções *que o paciente percebe, quaisquer que sejam. Na medida em que a função-alfa tem êxito, produzem-se elementos-alfa suscetíveis de se armazenarem e de corresponderem aos requisitos de pensamentos oníricos. Se a função alfa se perturba e, por conseguinte, não atua as impressões sensoriais que o paciente percebe, e as emoções que experimenta, permanecem inalteradas. Darei a elas o nome de elementos-beta. Ao contrário dos elementos-alfa, os elementos-beta não se sentem como fenômenos, mas como coisas em si. As emoções igualmente são objetos sensoriais. (Bion, 1962-1963/1966).*

Os elementos α vão estar implicados em uma série de acontecimentos de ordem psíquica. Assim, se examinarmos um menino aprendendo a andar de bicicleta, consideramos a experiência de aprender como possível, quando os elementos α atuando permitem que o aprendido seja relegado ao inconsciente e, portanto, permitem a automatização da atividade.

O exemplo introduz a função α, a qual permite que os elementos α assim formados sejam mantidos inconscientes. Isso depende de os elementos α serem capazes de congruência, de maneira a formar o que podemos chamar de barreira de contato, que vai permitir a separação entre consciente e inconsciente. Quando essa barreira não opera, vamos observar na clínica que o paciente, não discriminando uma situação de outra, não pode dormir e também não pode manter-se acordado, gerando um quadro que se observa em alguns pacientes psicóticos.

Os elementos α permitem o surgimento do sonho por meio de imagens prevalentemente visuais, que podem, após o despertar, ser transformadas em uma narrativa consciente (conteúdo manifesto). O sonho, como Freud desenvolveu, manifesta as funções de censura e repressão. Estas, sob nova ótica, além das finalidades anteriores, vão estar relacionadas com a função de preservação do sono, por meio do sonho que, digerindo os estímulos internos, permite a manutenção da separação do inconsciente.

A barreira de contato está em processo contínuo de formação e delimita o ponto de contato e separação dos elementos conscientes e inconscientes. Assim os elementos α podem aglomerar-se, aglutinar-se, surgir como narrativa, ordenar-se lógica ou geometricamente.

Na função de separar consciente e inconsciente, a barreira de contato se relaciona com a memória.

Como qualquer função, a função α se relaciona com os fatores da função. Esta se entende como uma atividade mental que se relaciona com fatores. Estes se entendem como uma atividade mental para constituir a função. Os fatores podem ser as teorias ou as realidades que as teorias representam e só podem ser conjeturadas pela experiência. Temos um exemplo (Bion, 1962-1963/1966) em que se considera a função de andar de um homem que tem como fatores o amor por uma mulher e a inveja do amigo.

76   APRENDER COM A EXPERIÊNCIA EMOCIONAL E GRADE

Assim, podemos indagar quais fatores estão implicados na função α. Temos que considerar se o fator estará ligado ao crescimento mental ou à destruição dele.

Se considerarmos o bebê que vive uma ameaça de aniquilação, que o assoberba com angústias insuportáveis, como poderá sobreviver a tal situação? Possivelmente, se a mãe for capaz de *rêverie* (sonho acordado ou devaneio), ela poderá receber amplamente quaisquer desses elementos e, por meio da função α, transformá-los em elementos α, que agora podem permitir o desenvolvimento de elementos α trabalhados pelo bebê. Assim, o *rêverie* pode ser considerado um fator da função α. Essas considerações têm como antecedente a contribuição de Melanie Klein, que considera a criança ameaçada pelo seio mau, objetos fecais, e que projeta no seio bom materno esses elementos. Este os desintoxica, transformando-os em objetos bons que podem ser introjetados.

Ao examinar o fracasso da função α, Bion se restringe a dois fatores: a inveja e a rivalidade.

O fracasso da função α faz com que os estímulos sensoriais e as emoções primitivas não se transformem em elementos α e, consequentemente, surgem os elementos β, que não se prestam às funções descritas acima. Os elementos β se prestam à identificação projetiva como uma evacuação e, assim, à atuação.

Os elementos β são armazenáveis, mas não como memória, e sim como fatos não digeridos. Diferem da memória, que permite a operação da função α, com o consequente surgimento dos elementos α, que se prestam à memória e à possibilidade do pensamento.

Quando a barreira de contato opera, os elementos α vão permitir as funções já descritas, como o sonhar, o pensamento onírico, o pensar etc. A barreira de contato pode sofrer uma reversão de função quando o ódio e outros fatores estão operantes. Os elementos α já conseguidos vão sofrer uma fragmentação e dispersão e perdem suas características quanto à qualidade psíquica. Tornam-se os elementos β, que agora formam uma tela de elementos β. Essa modificação é um processo vivo e fugaz. A tela de elementos β é diretiva e permite, graças ao poder evacuatório das identificações projetivas, atingir o analista, tentando despertar nele fortes manifestações contratransferenciais.

Elemento β é um instrumento criado com o intuito de poder observar a mente. A realização desse conceito tem uma aproximação quando consideramos os objetos bizarros. Estes, sucedendo os elementos α destruídos, contêm traços de ego e superego.

Até o momento, o elemento β, pode-se dizer, se relaciona a relações primitivas e tem importância acentuada nos processos psicóticos. No entanto, se não esquecermos que sua origem se situa nas impressões sensoriais e emoções primitivas não tratadas pela função α, podemos considerar que o elemento β é a matriz da qual se originam todos os desenvolvimentos mentais. Vale salientar que, na obra de Bion, os elementos β são considerados nessas duas vertentes diferentes. Se isso não for levado em conta, o leitor pode ficar confuso a respeito.

A grade

A grade é uma parte de um todo ou um todo em que cabem muitas partes.

Bion se preocupa com as características da psicanálise. Quando consideramos as teorias psicanalíticas, verificamos que elas ficam distantes das experiências clínicas de onde se originaram. Por outro lado, os psicanalistas, ao descreverem os fatos clínicos, o fazem de maneira que a teoria os permeie, diminuindo a impressão de que sejam verdadeiros. Além disso, há muitas teorias que formam uma verdadeira Babel. Como lidar com esses fatos sem distorcer as teorias vigentes, mas criando um instrumento que possa examiná-los?

Bion propõe encontrar os elementos essenciais a que todas as teorias poderiam remeter e, igualmente, que fossem um instrumento para estudar a experiência clínica.

Assim, criou a ideia de elementos de psicanálise que formariam o todo: o objeto psicanalítico. Uma comparação talvez seja esclarecedora. Podemos comparar o elemento de psicanálise ao átomo e o objeto psicanalítico à molécula.

O objeto psicanalítico conterá as dimensões dos estímulos sensoriais, do mito e da paixão.

Os estímulos sensoriais provêm dos órgãos dos sentidos. Uma interpretação psicanalítica (um objeto psicanalítico) requer que algo perceptível da audição, visão, cheiro seja acessível ao paciente e ao psicanalista.

O mito refere-se ao mito pessoal. Assim, quando o paciente descreve a sua pessoa e as relações que estabelece com outros ou consigo mesmo, estamos diante do mito pessoal.

A terceira dimensão é a da paixão. Nesse contexto, Bion considera a paixão como manifestação de sentimentos que unem duas mentes estabelecendo relação intensa de afeto, mas sem resquícios de violência.

A investigação do que sejam elementos de psicanálise deverá provir da experiência e, portanto, da observação dos fenômenos, o que implica as qualidades primárias e secundárias estabelecidas por Kant.

Nesta pesquisa inicial do que sejam os elementos de psicanálise, apresentam-se como tais: continente e conteúdo, PS↔D e decisão com os componentes de isolamento e introspecção.

> *As interpretações analíticas constituem, em geral, teorias sustentadas pelo analista a respeito de modelos e das teorias que o paciente forma a respeito do analista. Creio que a introspecção mostrará à maioria dos analistas que as teorias que adotam são relativamente pouco numerosas e podem se enquadrar nas categorias que se seguem. (Bion, 1966)*

Devo acrescentar que Bion também vai apresentar o eixo de usos da grade, dando-lhe as características do mito edípico. Assim, as categorias do eixo horizontal serão representadas pelos personagens do mito. Juntarei as duas apresentações, o que, creio, facilitará a apreensão do significado.

O eixo horizontal da grade é o eixo dos usos e o eixo vertical é o eixo genético.

O eixo horizontal

1. Hipótese definitória. Acompanhando o paciente na prática psicanalítica, se o analista acredita que ele está deprimido, pode comunicar-lhe o fato. Isso será uma hipótese definitória. Esta, no mito, é o pronunciamento do oráculo. A descrição do criminoso é o que se busca, causador das desgraças que se abatem sobre Tebas.

2. y (psi). A ansiedade do analista é negada diante da situação que o expõe ao desconhecido. Sua interpretação terá esta qualidade

de negação. Tirésias representa tal situação quando procura demover Édipo da procura do criminoso.

3. Notação. Formulações representativas de situações presentes e passadas. Pode ser uma breve súmula do analista sobre fatos desta ou de outra sessão. O mito como um todo configura a notação.

4. Atenção. Função similar ao que Freud atribuiu ao termo. Visa explorar o ambiente. Também assim será a formulação do analista que visa explorar a vida mental. É afim ao *rêverie*, à pré-concepção e à discriminação. Uma de suas funções é a receptividade para o fato selecionado. No mito, a esfinge estimula a curiosidade, porém há a ameaça de morte se não for satisfeita.

5. Indagação. Teoria que se destina a investigar o desconhecido. O objetivo principal é conseguir comunicações que satisfaçam os impulsos de indagação do paciente e do analista. Édipo representa o triunfo da curiosidade resoluta sobre a intimidação. Símbolo da integridade científica.

6. Ação. Funciona como um operador. A intenção é que a comunicação ajude o paciente a encontrar as soluções de seus problemas de desenvolvimento. Para o analista, o que mais aproxima a transformação do pensamento em ação é a transição do pensamento para as formulações verbais. No entanto, também consideramos ação, na grade, como a manifestação que corresponde à evacuação de elementos β, por exemplo, em alucinações.

O eixo vertical, genético

A. Elementos β. Esta expressão representa a matriz primordial da qual, supõe-se, surjam os pensamentos. Eles partilham da característica do objeto inanimado e do objeto psíquico, sem qualquer possibilidade de distinção entre os dois. Os pensamentos são coisas e as coisas são pensamentos.

B. Elementos α são o resultado da atividade da função α sobre as impressões sensoriais e emoções primordiais. Permitem a formação e uso dos pensamentos oníricos.

C. Vale a pena a citação de Bion:

> *Não creio que haja ou possa haver a possibilidade do aparecimento de realização correspondente aos elementos β à função α ou elemento α, além dos fatos observados que não podem ser explicados sem o auxílio de tais elementos hipotéticos. . . . É diferente a situação das demais formulações. Acredita-se na possibilidade da existência dos pensamentos oníricos, das pré-concepções e do resto. (Bion, 1966)*

C. Pensamentos oníricos. Dependem de elementos β, função α e elementos α. Mantêm o *status* que lhe confere a teoria clássica do sonho.

D. Pré-concepção. Corresponde a um estado de expectação. Uma expectação primeva poderia ser a expectação que a criança tem do seio. A união da pré-concepção com a realização origina a concepção.

E. Concepção. Considera-se a concepção a variável que se pode substituir por uma constante. Se representarmos a pré-concepção como $y(psi)x(qsi)$, em que x é o elemento não saturado, então da realização a que a pré-concepção se une deriva-se o que substitui x por uma constante. O encontro da pré-concepção do seio com o encontro dele permite a realização e, consequentemente, a concepção dele.

82 APRENDER COM A EXPERIÊNCIA EMOCIONAL E GRADE

F. O conceito deriva da concepção pelo processo destinado a livrá-lo dos elementos que o impediriam de servir como instrumento de elucidação e expressão da verdade.

G. O sistema dedutivo científico. Neste contexto, indica a combinação de conceitos nas hipóteses e sistemas de hipóteses de modo a se relacionarem logicamente uns com os outros.

F. Cálculos. Representa-se o sistema dedutivo científico pelo cálculo algébrico.

	Hipóteses definidoras 1	Ψ 2	Notação 3	Atenção 4	Indagação 5	Ação 6	......n
A Elementos β	A1	A2	A3	A4	A5	A6	
B Elementos α	B1	B2	B3	B4	B5	B6	
C Pensamentos oníricos, sonhos, mitos	C1	C2	C3	C4	C5	C6	
D Pré-concepção	D1	D2	D3	D4	D5	D6	
E Concepção	E1	E2	E3	E4	E5	E6	
F Conceito	F1	F2	F3	F4	F5	F6	
G Sistema Dedutivo Científico		G2					
H Cálculo algébrico							

Figura 1. A grade

O prosseguimento do trabalho deu-se com a tentativa de aplicação dessas ideias ao material clínico que foi solicitado aos presentes.

Referências

Bion, W. R. (1966). *Os elementos da psicanálise (inclui* O aprender com a experiência*)*. Rio De Janeiro: Zahar Editores. (Originalmente publicado em 1962-1963).

Bion, W. R. (2000). *Cogitações*. Rio de Janeiro: Imago. (Originalmente publicado em 1992).

6. Bion e Tustin. O referencial de Bion e os fenômenos autísticos: uma proposta de aproximação

Célia Fix Korbivcher[1]

I

Partindo da prática clínica, tenho me interessado em investigar o modo pelo qual alguns pacientes especialmente sensíveis à experiência de separação corporal entre *self* e objeto se organizam psiquicamente. Penso que cada paciente irá se organizar dentro de um sistema defensivo próprio, conforme sua capacidade para tolerar a dor mental.

Determinados indivíduos vivenciam a separação corporal de maneira tão dolorosa que desenvolvem manobras protetoras poderosas, como uma forma de conservar a sensação de continuidade com o objeto e, assim, adquirir um estado minimamente coeso.

Para Frances Tustin (1986, 1992), a maneira como o indivíduo lidará com a consciência da separação corporal do objeto é o âmago da existência humana, e é esta experiência que determinará o

---

1 Membro efetivo e analista didata da Sociedade Brasileira de Psicanálise de São Paulo (SBPSP).

desenvolvimento de toda a sua personalidade. A autora menciona que desde o nascimento há "flutuações de estados de consciência" da separação corporal do objeto, estados esses que são a base dos estados mentais através da vida.

É nessa área que se delineia a singularidade da organização psíquica de cada indivíduo. Se pensarmos numa gradação desses modos de organização, encontraremos, num extremo, o pensar, áreas de simbolização, e, noutro, áreas de identificação projetiva, de alucinose, até áreas autísticas.

Tenho me dedicado, em meus trabalhos anteriores, a examinar os fenômenos autísticos em pacientes neuróticos, de acordo com Tustin (1986, 1992), e tentado situá-los no referencial de Bion. Em "A teoria das transformações e os estados autísticos: transformações autísticas: uma proposta" (Korbivcher, 2001), sugiro acrescentar à "Teoria das Transformações" um novo grupo de transformações, as "transformações autísticas", no qual prevalecem fenômenos autísticos. Em "A mente do analista e as transformações autísticas" (Korbivcher, 2004), proponho delimitar os parâmetros da área autística e sugiro que a área autística constitui um universo à parte, organizado por leis específicas, diferentes das da neurose e da psicose, talvez um novo paradigma na psicanálise.

No presente trabalho, partindo da proposta das transformações autísticas, dou continuidade à ideia de tentar aproximar ao referencial de Bion a área dos fenômenos autísticos. Relaciono os fenômenos autísticos a certos conceitos contidos na Teoria das Transformações de modo a verificar a coerência das transformações autísticas dentro do todo dessa teoria. Para isso, indago: qual a relação entre os fenômenos autísticos e os vínculos emocionais? Como operariam os vínculos emocionais L, H, K e seu negativo na área autística, especialmente em −K? Qual a relação entre os fenômenos autísticos e os elementos β e onde situá-los na Grade?

Em qual das dimensões da mente se localizam as transformações autísticas?

A proposta de incorporar o universo autístico e as transformações autísticas ao referencial de Bion provoca uma ampliação neste referencial e, como decorrência, uma desorganização. Essa desorganização deve-se ao fato de não encontrarmos no universo autístico uma mente constituída nem registro de emoções, enquanto, no referencial de Bion, predomina a ideia do desenvolvimento da mente e é explorado o campo das emoções.

Permanece a questão: como considerar esses fenômenos dentro do referencial de Bion?

A incorporação dos fenômenos autísticos ao referencial de Bion irá provavelmente produzir um "universo complexo", nos termos de Morin (1990),[2] repleto de *incongruências, de inquietações, de ambiguidades*. Penso, entretanto, que essa incorporação é importante, por serem os fenômenos autísticos parte integrante do *complexus*, o campo de fenômenos em que a mente se expressa.

Bion se dedica ao estudo do desenvolvimento do pensar e de suas perturbações ampliando suas ideias a partir de *Transformações* (1965), na direção do que denominou de O, "vir a ser". Trata das emoções e dos vínculos que as unem. Parte dos elementos β, elementos sensoriais que não sofreram transformação em nível psíquico pela ação da função α, e examina os processos envolvidos na gênese do pensamento até etapas em que o pensamento

---

2 Morin (1990), ao definir *complexidade*, diz: *um complexus é um campo tecido de constituintes heterogêneos, inseparavelmente associados*, e sugere ser necessário incluir em nosso campo de trabalho toda sorte de fenômenos que dele faz parte, inclusive aqueles fenômenos que aparentemente acarretam *confusão, desordem, ambiguidade e incerteza*. Afirma que se tais fenômenos forem excluídos poderemos nos tornar cegos para elementos significativos e, com isso, não identificar o fenômeno prevalente.

abstrato opera. O aprender com a experiência emocional é o campo de trabalho do analista na sessão, e a Teoria das Transformações é o método de observação dos fenômenos dentro desse campo.

Frances Tustin analisou-se com Bion por catorze anos, e foi quando tomou consciência de núcleos encapsulados que a protegiam de uma depressão profunda, e de "terrores do buraco negro" (Tustin, 1986). Ela afirma que alguns pacientes apresentam núcleos autísticos impenetráveis, o que os torna inacessíveis ao contato, apesar de operarem predominantemente com a parte neurótica da personalidade. Propõe que esses pacientes estariam operando com a sua "parte autística da personalidade" e afirma que, se tais núcleos não forem abordados, poderá ocorrer certa paralisação do processo da análise. Tustin ocupa-se de áreas autísticas, dominadas pelas sensações, não mentalizadas e que não adquirem representação na mente. O indivíduo envolto em estados autísticos recolhe-se no interior de uma "concha protetora" autogerada e ali permanece absorto em atividades autossensuais, com as quais se basta, protegendo-se de estados de grande vulnerabilidade, de ameaça da perda da noção de existir.

II. A relação e entre os fenômenos autísticos e vínculos emocionais

Bion, em suas teorias, abandona a ideia central que até então vinha sendo a principal abordagem da psicanálise, as relações de objeto, e se interessa pelos vínculos emocionais, os vínculos que conectam os objetos (Bianchedi, 1995). Para Bion (1962/1991), os vínculos emocionais permeiam qualquer relação e é necessária a discriminação das suas diferentes qualidades. Esses vínculos representam os três tipos fundamentais de experiência emocional aos quais será aplicada a função α: (L, H, K) e (−L, −H, −K). Nesses últimos encontram-se manifestações de ataque por parte do *self*, expressas por meio do ódio dirigido aos vínculos que unem os objetos. Nesse sentido, a ideia central de Bion é a de que não são os objetos que são atacados, *mas aquilo que os vincula* (Bianchedi, 1995). Dentro dessa perspectiva, pergunto: como os vínculos emocionais e os seus negativos operam na área autística? Se concordarmos que, no âmbito autístico, não há noção de objeto separado, como podemos pensar em vínculos positivos ou negativos unindo objetos? Faço a conjectura de que talvez estivéssemos numa área em que prevalece a ausência de vínculos, uma área de "não vínculos".

Os pacientes que operam em −K querem, segundo Bion (1965), manter ativamente a ignorância e acreditam que há vantagem em evitar o conhecimento. Segundo Bion (1962/1991, p. 128), tais pacientes têm "ódio a qualquer novo desenvolvimento na personalidade, como se o novo desenvolvimento fosse um rival a ser destruído"... A inveja, a voracidade, além da rivalidade e da violência das emoções são alguns dos fatores principais que dificultam a atividade de conhecer. O funcionamento em −K implica uma mente capaz de cisão e de projeção e manifestação de emoções violentas. Desse modo, podemos pensar que em −K, diferentemente das transformações autísticas, encontramos manifestações plenas de emoções e a noção de objeto está presente.

III. A relação entre os fenômenos autísticos e elementos β, e a Grade

Green (2001) menciona que tanto Bion quanto Freud suspeitaram haver algo primitivo na mente que não é inteiramente explicado pelos primeiros estágios de relação objetal do desenvolvimento do bebê. Green menciona que Bion considera os elementos β – os elementos que não sofreram transformação ao nível psíquico – como o que há de mais primitivo na mente.

Os fenômenos autísticos se encontram numa área bastante próxima aos elementos β, mas entendo que há diferença de qualidade entre eles. Elementos β são elementos sensoriais que não sofreram transformação pela ação da função α e, portanto, não são passíveis de serem utilizados para o pensamento (Bion, 1962/1991). São estímulos sensoriais não digeridos, que são descarregados, expelidos, com o intuito de livrar o aparelho mental do acúmulo de tensão. A mãe, com a sua capacidade de *rêverie* e de função α tentará transformá-los em elementos α, colocando-os disponíveis para o uso em pensamento. Quando isso não é possível, forma-se um aglomerado de elementos β, constituindo-se a Tela β.[3]

Os fenômenos autísticos, diferentemente dos elementos β, caracterizam-se pela sua natureza estática, por pertencerem ao mundo do inanimado. Eles não possuem a função de descarga ou de alívio, mas de proteção. Sua função é proteger o indivíduo do terror provocado pela ameaça da perda da noção de existência psíquica. Manobras autísticas são desenvolvidas com a função de cobrir a falta do objeto. Desse modo, a consciência da separação corporal deste fica amortecida. Os fenômenos autísticos não adquirem representação na mente e, ao contrário dos objetos bizarros encontrados na área psicótica, eles não apresentam vestígios de vida psíquica. Podemos supor que, à semelhança dos elementos α e β, que, quando agrupados, dão origem, respectivamente, à

---

3 Na tela β, onde deveria se constituir a barreira de contato, o que se observa é a sua destruição, devido à inversão da função α. Esses elementos α se dispersam e se convertem em elementos β, acrescidos de vestígios de ego e de superego, os objetos bizarros, que precisam ser evacuados ou projetados.

barreira de contato e à tela β, os fenômenos autísticos agrupados dão origem a uma barreira protetora, "a barreira autística". A partir de atividades autossensuais o indivíduo gera, ele próprio, o objeto com características autísticas (Tustin, 1981/1984, 1986/1990).

A função do analista diante da barreira autística é tentar penetrá-la introduzindo-se como um elemento vivo, ativo, e então se aproximar daquele mundo inanimado, conferindo vida psíquica a ele. Para isso, seria preciso que essa barreira autística tivesse alguns pontos vulneráveis, de modo a permitir que a comunicação do analista atinja o paciente. Isso possibilitaria um trânsito entre estados autísticos e estados em que a mente opera, permitindo ao paciente o contato com áreas mentais sem se sentir tão aterrorizado.

Elemento β é um conceito usado por Bion que representa uma ampla gama de fenômenos relativos a diferentes níveis de desenvolvimento mental.[4] Bion (1992/2000) diz que há uma área de fenômenos primordiais, a área dos tropismos.

Diz Bion (1992/2000):

> *Os tropismos são a matriz a partir da qual brota toda a vida mental. Para a sua maturação ser possível, eles precisam ser resgatados do vazio e comunicados. Assim como a criança precisa de um seio ou equivalente, para sustentar a sua vida, é preciso que haja uma contrapartida mental, o seio primitivo, para que a vida mental seja mantida... Se tudo corre bem, a comunicação por identificação projetiva leva a depositar no seio*

---

4 Em "Mente primitiva e pensamento" (Korbivcher, 1999), e em "A mente do analista e as transformações autísticas" (Korbivcher, 2004) propus que se efetuasse uma gradação de elementos β, ou uma grade de elementos β de modo a facilitar o reconhecimento das diferentes nuanças dessas manifestações.

*tropismos que podem ser desenvolvidos depois de terem
sido modificados pelo objeto. Se isso entra em colapso, o
veículo de comunicação, o contato com a realidade, os
vínculos... passam a ser partículas comunicativas, que
acompanham os tropismos involucrados, e são rejeita-
dos tanto pela psique quanto pelo objeto.*

Como vemos, há, segundo Bion, um estado expectante por um
objeto. Me pergunto se esse estado não corresponderia à ideia de
pré-concepção de um seio, porém num estágio de desenvolvimento biológico, estágio este anterior ao surgimento de vida psíquica.
O indivíduo que opera com tropismos fica na dependência de um
objeto para modificá-lo. Como sabemos, as plantas necessitam de
luz para se desenvolver. As suas folhas se voltam naturalmente na
direção da luz. Quando não encontram luz elas não se desenvolvem, podendo até mesmo morrer. Pergunto-me se poderíamos fazer uma analogia entre estados autísticos e essas plantas que não
encontram luz.

Bion (1992/2000), referindo-se aos tropismos, ao dizer que o
indivíduo que não encontra um seio no qual projetar os tropismos
terá como resultado a perda de contato com a realidade, apatia
ou mania, estaria se referindo às manobras autísticas descritas
por Tustin (1981/1984, 1992) decorrentes do que ela denomina
nascimento psicológico prematuro? Essa é uma situação em que
crianças especialmente sensíveis são impelidas a se separarem
precocemente do objeto desenvolvendo uma condição de pseu-
doindependência. Por meio de manobras autísticas, essas crianças
se bastam e evitam, assim, dor da consciência da separação corporal do objeto.

Neste ponto, pergunto: onde situar, na *Grade* (Bion, 1963/1991),
a área autística?

Se a Teoria das Transformações e a Grade são instrumentos para examinar o funcionamento da mente, como incluir neles fenômenos em que a dimensão do psíquico não está acessível ou até mesmo inexiste? Como incluir a área dominada por sensações, uma área não mental?

Proponho, como um exercício, a ampliação da Grade, introduzindo uma área anterior à linha A (elementos β). Esta seria a linha A0 em que se situariam os tropismos e os fenômenos autísticos. Como vimos, os tropismos buscam encontrar um objeto capaz de modificá-los e de torná-los elementos psíquicos. Caso eles não encontrem esse objeto, eles se tornariam o que denomino de "elementos autísticos" e se situariam nessa linha A0. Se encontrarem esse objeto, eles se tornariam elementos β e se situariam na linha A. No eixo vertical, os elementos autísticos estariam representados em A01, hipótese definitória, e em nenhuma outra coluna, e os tropismos em A01 e A02.

IV. Transformações autísticas: um trânsito entre existir e não existir

I. G. Barros (2004, comunicação pessoal) comenta que o estado de não existência do paciente envolto em núcleos autísticos estimula o analista a anular na sessão a sua própria existência e a sua dificuldade é permanecer diante da não existência do paciente. Diz a autora: "o que se requer do analista é que ele possa suportar a sua própria condição de não-existência".

Tustin (1992) menciona que os fenômenos autísticos estão intimamente ligados à ausência da consciência de existir. No âmbito autístico a consciência de existir ocorre apenas no nível corporal. Crianças autistas se sentem ameaçadas de não continuarem existindo. Em situações de terror agudo, o sentido psíquico de existir pode ser preservado pela sensação do indivíduo de se separar do corpo físico. A sensação de estar fora do próprio corpo parece ser uma reação de pânico diante da consciência assustadora da separação corporal da mãe. Diz também que a perda do sentido de existência é muito pior do que a ameaça de morte. Na morte há um sentimento de que o corpo permanece. Na perda do sentido de existir não fica nada. A ameaça de aniquilamento é a pior ameaça de todas porque significa a extinção do sentido psíquico de existir. Entendo, assim, que os fenômenos autísticos estariam relacionados à dimensão da mente ligada ao trânsito entre existir e não existir.

Bion trata de fenômenos de não existência. O autor diferencia não coisa (no-thing) de "nada" (nothing) (Bion, 1973, p. 24). Diz que "a emoção sentida pela "não coisa" é a mesma da emoção vivida por "nada" (Bion, 1970/1973, pp. 19-20). A emoção é substituída por uma não emoção. Não existência, nada, passa imediatamente a ser um objeto imensamente hostil, cheio de inveja assassina voltada contra a existência, onde quer que ela seja encontrada. Para Bion, os fenômenos de não existência são plenos de manifestações de emoções. Observa-se neles uma gama de sentimentos com qualidades negativas.

Já os fenômenos autísticos são de natureza diversa; neles as emoções não são perceptíveis e também não há indicação da noção de um objeto a ser atacado. Há um estado encapsulado, no qual o indivíduo permanece absorto em manobras autossensuais. A hipótese feita é de que os fenômenos autísticos pertencem à dimensão da mente que se liga à esfera do "existir" e "não existir". Afasto, assim, para mim, a ideia de que os fenômenos autísticos estejam relacionados com a área de não conhecer (–K).

Material clínico

Paulo, de 4 anos, é gêmeo bivitelino de outro menino. A mãe me procurou por solicitação da escola, onde ele é muito lento nas atividades e não obedece ordens. Só faz o que quer. Além disso, a mãe se preocupa com o abandono a que desde cedo Paulo e o irmão foram submetidos, devido à separação dos pais e por ela trabalhar fora a maior parte do dia. Informa que ambos são extremamente parecidos e muito ligados.

Apesar de serem bivitelinos, Paulo e o irmão são extremamente parecidos. Habitualmente se vestiam de forma semelhante, um de Superman, o outro de Batman. Traziam cada qual uma chupeta na boca, amarrada por uma fralda. Dava a impressão de estarem unidos por uma espécie de corda. Ao me apresentar, na sala de espera, chamando Paulo para as sessões, eu muitas vezes não conseguia reconhecê-lo, distingui-lo do irmão. Eu aguardava até ver quem se pronunciava e vinha na minha direção.

Na sua primeira sessão, assim que nos encontramos pela primeira vez, Paulo comunica prontamente: *Só que meu irmão não veio!* A seguir, pega papel e tesoura, faz dois rasgos ao longo da folha e diz: *É machucado.* Mostra a barriga, e diz: *Eu tenho um machucado, aqui...*

Paulo alternava nas sessões momentos de alheamento e momentos de maior contato. Muitas vezes isolava-se num canto da sala e não deixava que eu me aproximasse.

Numa das sessões de Paulo, a sua mãe, ao chegar, comunica-me que iria interromper a análise pois eles iriam se mudar para outra cidade. Paulo encontra-se agarrado à mãe, não quer se separar dela. Ele exige que a mãe permaneça na sala. Paulo atira-se em seu colo, despenca sobre as suas pernas, dando a impressão de não poder se sustentar em pé.

A seguir, já em pé, pendura-se no trinco da porta e passa a investigar com a mão a textura da superfície da porta e da parede. Indaga se a porta é áspera ou lisa e faz o mesmo com a parede.

Indago-lhe mais adiante se gosta de liso, diz que sim. Indago então se gosta de áspero. Ao que ele responde que não.

Digo-lhe que parece que o liso se relaciona com uma situação que ele gosta, uma situação boa, como estarmos ele, a mamãe e eu ali, e o áspero, com uma situação que ele não gosta, com uma situação má, a interrupção do nosso trabalho. Paulo se entusiasma com a conversa e passa a explorar a superfície da pele do seu corpo nas suas diferentes partes. Por fim ele indaga à mãe o que é a pele, para que serve a pele...

Na sessão seguinte, Paulo está na sala de espera, com o irmão e a babá. Não consigo diferenciá-lo do irmão; estão ambos com a chupeta e a fralda nela amarrada, sentados no chão, brincando. Assim que me veem, o irmão diz: *Tia Célia, quero água e pão*. Fico sem saber quem é Paulo, até que ele vem na minha direção, deixa a chupeta e diz: *Quero água e pão duro*. Já no caminho da sala de análise, podemos escutar o irmão repetir, em eco: *Quero pão duro e água*.

Toda a situação me provoca grande desconforto, não só pelo fato de eu mesma não poder distingui-lo do irmão, como por ver como os dois se misturam.

Paulo, ao entrar na sala, encosta sua coluna vertebral na parede, ficando em pé ali, por algum tempo, como se precisasse se apoiar firmemente para não "desmoronar". Estando nessa posição, repete, choramingando, o pedido de pão duro e água. Ele apenas informa que gosta de pão duro. Associo a situação do pão duro a uma situação de privação. Observo o seu aspecto desvalido e ocorre-me que ele se assemelha a um menino de rua, abandonado.

Digo que *parece estar com sede, com fome, que lhe falta alguma coisa, dentro. Digo que talvez estes dias em que não estivemos juntos, desde sexta-feira, tenham-no levado a sentir falta do que temos aqui, da Célia.*

Paulo se acalma, abre a caixa, vê um emaranhado de barbante e diz: *É uma aranha.* Pede que eu o ajude a desembaraçar. A seguir, ele pede que eu enrole o barbante na sua mão, depois na outra, e que eu o ajude a engessar a mão. Anda todo orgulhoso pela sala, com a "mão engessada". A aranha desaparece do cenário e, quanto ao gesso, entendo que está relacionado com algum machucado seu. Informa-me que havia trazido sua boneca Barbie.

O meu pensamento transita em várias direções. Chego a conjecturar que a "mão engessada" e a "boneca Barbie" seriam conteúdos que poderiam sugerir fantasias sexuais, de castração e masturbatórias, mas logo percebo que não se trata disso. Paulo parece estar envolvido numa situação de dor intensa e de ameaça de desmoronar, requerendo insistentemente que eu o ajude a se proteger.

Digo-lhe que ele talvez necessite de *"pão duro e água dentro da barriga" e "barbante" para amarrar, segurar, cobrir seu machucado – talvez o machucado seja ficar longe da Célia, parar de vir aqui, mudar para outra cidade. Tudo isso lhe dói muito. O gesso serve para cobrir, para proteger este machucado, para segurar tudo aquilo que fica despedaçado.*

Seu estado emocional se modifica a partir daí. Excita-se com a brincadeira do gesso. Faz planos para a próxima sessão, pede mais e mais barbante e para continuarmos essa atividade.

A situação vai num crescendo, até que ele me pede com muita insistência que eu amarre todo o seu corpo, as pernas, os braços. Diz: *Quero que você me enrole, como uma múmia! A tia da escola disse que a múmia fica com tudo enfaixado* e vai apontando as várias partes do corpo. Diz: *As pernas, os braços... a cabeça, e só fica um buraquinho no nariz, para respirar.*

Noto o seu desespero por ter seu corpo fortemente enfaixado de modo a obter alguma sustentação. Solicita ajuda para que eu brinque de enrolar suas pernas e braços e a cabeça. Lembro-me, nesse momento, da indagação a respeito da pele, da sessão anterior.

Digo-lhe que *parece que necessita barbante enrolado no seu corpo para se cobrir, como a pele. Precisa untar e proteger tudo o que tem dentro. Quando fica com fome, sente falta de alguma coisa, parece ficar muito aflito, é muito ruim. Tudo fica emaranhado, misturado, como a teia da aranha de que você falou antes...* Digo que ele precisa dessa faixa firme para que todas as partes do seu corpo fiquem juntas e que só assim parece sentir que é o Paulo.

A sessão termina. Paulo leva um tanto de barbante consigo e, quando chega na sala de espera, conta para o irmão o que fizemos, mencionando que trarei mais barbante na sessão seguinte.

Discussão

Penso que o material clínico de Paulo possibilita a discussão a respeito de diferentes pontos abordados ao longo do trabalho.

Iniciemos pelo fragmento em que Paulo se encontra com a mãe na sala de análise. Parece encontrar-se num estado não integrado quando encosta o corpo na perna da mãe, de modo a buscar nela sustentação para esse seu estado, dando a impressão de sentir-se ameaçado de desmoronar. Repete diversas vezes movimentos em que perde a sustentação do corpo. Levanto a hipótese de que esses movimentos talvez pudessem indicar manifestações de tropismos. Há um estado expectante de um objeto que acolha aquele corpo desmoronando. Talvez a analista funcione como um continente para a mãe, que, por sua vez, acolhe as manifestações de Paulo, permitindo-lhe encostar-se nela e exercitar suas tentativas de obter sustentação. Paulo, a partir dessa experiência, passa a sustentar o corpo sozinho e permanece em pé. Podemos fazer a conjectura de que o tropismo se modifica. Indago: caso Paulo não encontrasse um objeto capaz de acolhê-lo, ele se recolheria a um refúgio autístico, como ocorreu em diversas outras ocasiões? O contato de Paulo, nesse nível de tropismos, embora seja sensorial, é, a meu ver, de qualidade diferente dos elementos β. Não se observa aí uma ação de descarga, mas o movimento do corpo em direção a um objeto que acolha o tropismo e o modifique.

Em seguida, Paulo passa a explorar as superfícies da porta e da parede, numa atividade investigatória, indagando a respeito das sensações táteis, ásperas e lisas, delas. Esse movimento já apresenta uma organização mental maior. Parecem ser elementos β à espera de transformação pela função α em algum significado que associe o "áspero" à má situação e o "liso" à boa situação. Aqui há o prenúncio da presença de fantasias, que apontam na direção de elementos α. Amplia essa exploração para as partes de seu corpo, culminando na pergunta: *mãe, para que serve a pele?* É tocante o movimento de toda essa sessão. No início, Paulo se apresenta num estado de ameaça de desmoronamento do corpo e, no final, atinge um estado de certa coesão interna, manifestada pela pergunta a respeito da pele. Penso que a noção da pele lhe traz, em certa medida, algum contorno, talvez um sentido tênue de existência psíquica.

Na sessão seguinte, Paulo se apresenta num estado de pouca diferenciação do irmão. Eles estão um em continuidade com o outro. A separação provocada pela entrada de Paulo na sala de análise ameaça-o novamente de desmoronar. Paulo apoia a coluna vertebral na parede, como um modo de obter alguma sustentação e de evitar o desmoronamento. Poderíamos pensar que estamos novamente diante de manifestações de tropismos. Para Paulo, tanto a vivência de continuidade com o irmão quanto o apoio do corpo na parede parecem evidenciar a busca, em nível corporal, de um objeto que lhe proporcione, a partir das sensações obtidas, proteção diante do terror de não existir. A solicitação do pão duro e da água, dentro desse contexto, poderia ser ouvida como uma necessidade de ter, dentro de si, um objeto duro que lhe desse certa sustentação interior. Segue-se a esse movimento o pedido de engessamento das mãos. O gesso poderia ser considerado como um meio de ele tentar substituir a noção de pele que lhe falta por uma segunda pele, espessa, firme, que o proteja de um estado de vulnerabilidade interior extrema e de desmoronamento. Paulo, nessa sequência, estaria apresentando transformações autísticas, e a analista, tendendo a K.

Mais adiante, Paulo solicita à analista ser enrolado feito uma múmia, todo o corpo enrolado, só com as narinas deixadas abertas, para poder respirar. Aqui, parece que Paulo pede que haja uma parte sua que lhe permita estabelecer um intercâmbio com o exterior. Precisa deixar um ponto aberto, nessa armadura em torno do corpo, através do qual possa estabelecer contato com o mundo externo: os buracos do nariz. Estes parecem ser a representação da permeabilidade da barreira autística, uma parte viva que possibilita realizar o intercâmbio com o mundo animado.[5] As transformações de Paulo nesse movimento da experiência emocional apontam na direção de transformações autísticas.

A proposta de introduzir os fenômenos autísticos no referencial Bioniano envolve grande complexidade. Produz, certamente, um universo pleno de *imprecisões e incongruências*. Como diz Morin (1990, p. 153), há que "tolerar a presença do não científico

---

5 Esta é uma interessante contribuição, formulada por Bianchedi (2005, comunicação pessoal).

no científico", o que não implica em "anular o científico, mas, pelo contrário, em permitir que ele se exprima".

Referências

Bianchedi, E. (1995). De los objetos a los vínculos: descubriendo la relacionalidad. *Journal of Melanie Klein and object Relations*, *15*(2).

Bick, E. (1986). Further considerations on the function of the skin in early object relations: findings from infant observation integrated into child and adult analysis. *Brit. J. Psychotherapy*, *2*(4), 292-299.

Bion, W. R. (1959). Attacks on linking. *Int. J. Psychoanal.*, *40*, 308-315.

Bion, W. R. (1967). Differentiation of the psychotic from the non--psychotic personalities. In W. R. Bion, *Second thoughts* (pp. 43-64). London: Heinemann. (Originalmente publicado em 1957).

Bion, W. R. (1967). A theory of thinking. In W. R. Bion, *Second thoughts* (pp. 110-119). London: Heinemann. (Originalmente publicado em 1962).

Bion, W. R. (1973). *Atenção e interpretação*. Rio de Janeiro: Imago. (Originalmente publicado em 1970).

Bion, W. R. (1981). Notes on memory and desire. In *Classics in psycho-analytic technique* (Robert Langs, ed.; pp. 259-260). New York: Jason Aronson. (Originalmente publicado em 1967).

Bion, W. R. (1983). *Transformações: mudança do aprendizado ao crescimento*. Rio de Janeiro: Imago. (Originalmente publicado em 1965).

Bion, W. R. (1991). *O aprender com a experiência*. Rio de Janeiro: Imago, 1991. (Originalmente publicado em 1962).

Bion, W. R. (1991). *Elementos em psicanálise*. Rio de Janeiro: Imago. (Originalmente publicado em 1963).

Bion, W. R. (2000). *Cogitations*. Rio de Janeiro: Imago. (Originalmente publicado em 1992).

Braga, J. C. (2004). Comentários ao trabalho: a mente do analista e a mente primitiva. Célia Fix Korbivcher. In *Reunião científica da SBPSP*, Junho 2004.

Buarque de Holanda, A. (1999). *Novo Aurélio do séc. XXI* (3a ed.). Rio de Janeiro: Nova Fronteira.

Newman, A. (1986). *Entrevista*. London: Squigle Foundation.

Freud, S. (1911). Formulações sobre os dois princípios do funcionamento mental. In *E.S.B. das obras Psicológicas Completas de Sigmund Freud*, v. XII. Rio de Janeiro: Imago, 1960.

Green, A. (1998). The primordial mind and the work of the negative. *Int. J. Psychoanal.*, 79, 649-65.

Klein, M. (1946). Notes on some schizoid mechanisms. *Int. J. Psychoanal.*, 27, 99-110.

Korbivcher, C. F. (1999). Mente primitiva e pensamento. *Rev. Bras. Psicanál.*, 33(4), 687-707.

Korbivcher, C. F. (2001) A teoria das transformações e os estados autísticos: transformações autísticas: uma proposta. *Rev. Bras. Psicanál.*, 35(4), 935-958.

Korbivcher, C. F. (2005). A mente do analista e as transformações autísticas. *Rev. Bras. Psicanál.*, 39(4), 113-130.

Meltzer, D. (1975). *Explorations in Autism*. Perthshire: Clunie Press.

Meltzer, D. (1986). Identificação adesiva. *Jornal de Psicanálise*, *19*(38). (Originalmente publicado em 1975).

Meltzer, D. (1998). *O desenvolvimento kleiniano* (Vol. III: *O significado clínico da obra de Bion*). São Paulo: Escuta. (Originalmente publicado em 1978).

Mion, C. (2003). O estrangeiro. *Rev Brás. de Psicanál.*, *37*(4), 1119-1138.

Morin, E. (1990). *Introdução ao pensamento complexo*. Lisboa: Instituto Piaget.

Mitrani, T., & Mitrani, J. L. (1997). *Encounters with autistic states. A memorial tribute to Frances Tustin*. London: Ed. Jason Aronson.

Rezze, C. (2004). *A grade negativa*. (Trabalho não publicado, apresentado no encontro Bion 2004 em São Paulo).

Tustin, F. (1984). *Estados autísticos em crianças*. Rio de Janeiro: Imago. (Originalmente publicado em 1981).

Tustin, F. (1990). *Barreiras autistas em pacientes neuróticos*. Porto Alegre: Artes Médicas. (Originalmente publicado em 1986).

Tustin, F. (1990). *The protective shell in children and adults*. London: Karnac Books.

Tustin, F. (1992). *Autistic states in children. Revised edition*. London: Routledge.

7. Édipo e Dioniso na Torre de Babel. Um ensaio sobre psicanálise, mitos e realidade psíquica

Celso Antonio Vieira de Camargo[1]

Antes de mais nada, conviria esclarecer que Torre de Babel, além da história mítica narrada na Bíblia, foi o título dado por Bion a um capítulo do livro *Cogitations*, capítulo este dedicado ao uso dos mitos como modelo para nos aproximarmos de situações emocionais.

Mas eu gostaria de começar este trabalho com um mito bem brasileiro, talvez difícil de entender à primeira vista. Trata-se do mito de criação do mundo feito pelos yanomamis, tribo indígena brasileira.

Este conjunto mítico e conhecido como "mitopoemas Yãnomam" foi publicado em livro pela Olivetti do Brasil S.A. O procedimento para a realização desse livro foi interessante, e merece ser descrito.

A fotógrafa Cláudia Andujar completou em 1974 uma documentação sobre os índios yanomamis em Roraima. Solicitou então aos indígenas, em função das dificuldades de comunicação, que

---

1 Membro efetivo da Sociedade Brasileira de Psicanálise de São Paulo (SBPSP).

desenhassem e descrevessem personagens e situações de seu espaço mítico. Essas descrições acabaram por reconstruir elementos de uma cosmogonia yanomami. Foram depois traduzidas por missionários diretamente do original, em forma "bruta", por assim dizer, e em seguida receberam um tratamento literário.

Portanto, o caminho seguido associou imagens e linguagem, e um processo de "tradução" para uma linguagem ocidental moderna, processo esse com o qual, de certa maneira, todos nos defrontamos no dia a dia, quando temos também de transformar aquilo que surge do desconhecido de cada um em linguagem mais articulada. É mais ou menos o processo que observamos nos sonhos, quando temos também que "traduzir" imagens em narrativa verbal.

Os primeiros desenhos têm o seguinte texto:

> *Começo de Mundo 1*
>
> *Céu rachou enorme, céu rachou todo. Tudo acabou.*
>
> *Longe do céu pés. Céu escorado, o céu sobreposto.*
>
> *Céu suspenso, longe céu, longe suspenso.*
>
> *Céu perna enfincada, céu perna enfincou de pau.*
>
> *Outro céu rachadura, céu encaixado.*
>
> *Céu racha ainda, depois céu rachou.*
>
> *É nublado. Tudo acabou completamente.*
>
> *Mato não tem mais. Mato fundo longe, longe muito foi.*
>
> *Mato folha pequena, rachada no meio a árvore de nariz (tronco) curto (as árvores eram Yanomami).*
>
> *Água ainda alto.*

A "transcriação" para uma linguagem literária sugerida pelos organizadores é a seguinte:

Começo de mundo 1

Toda uma grande parte do céu se fendeu. Tudo acabou. Os pés do céu estão distantes. O céu que está em cima está escorado neles. O céu está suspenso no alto. Suas pernas de pau se fincam no chão. Surgiu outra fenda no céu que está encaixado em forquilhas. O céu racha mais uma vez e de novo. O tempo está nublado. Tudo acabou. Não existe mais mato. A floresta, tombando, fez um buraco na terra e foi parar muito fundo. As árvores de folhas pequenas, raízes de fora e tronco curto, ao caírem, racharam-se ao meio. No alto do céu ainda restou água; a água da chuva.

Começo de mundo 2

Maloca pequena, longe alto. Tudo acabou.

Longe, longe choram. Tudo acaba.

Cipó, maloca pequena longe, alto.

Aquela perto; longe outra maloca fixaram.

Aqui minha maloca em cima.

Antigamente tudo acabou longe;

De cima desce tudo. Tapirí choram todos, hiima aflitos bateram.

Batiam muito, panela batiam. Céu escoram xamãs

xamãs céu sustentavam, céu sustentam escorando.

Céu devagar alto suspendem; suspendem baixo muito.

Mato céu outro, céu racha.

Céu escora pajé grande, escora muito.

Aqui também há uma "transcriação" sugerida pelos organizadores:

Começo de mundo 2

A maloca pequena no alto, no céu. Acabou-se tudo. Longe, longe choram os Yanomami. Tudo acaba. Uma pequena maloca no alto, longe. Outra maloca construída perto. Aqui em cima a maloca dos meus antepassados. No começo dos tempos tudo acabou, caiu tudo de cima. Os Yanomami todos, no tapirí, choram e angustiados batem nos hiima. Batiam muito; batiam também as panelas. Todos os meninos choram. Os xamãs escoram o céu. Os xamãs sustentavam o céu. Devagar levantam o céu; não muito alto o suspendem. Mais um pedaço do céu com árvores se fende. Uma parte do céu fica no lugar (é aquela que vemos ainda hoje). O grande pajé escora o céu, escora muito.

Penso que podemos perceber nesses relatos a tentativa dos narradores de estabelecer as diferenças entre o que existe e o que havia antes de tudo existir, a maloca que não havia e que no presente existe, os próprios yanomamis angustiados diante da não-existência do mundo e das coisas.

Posteriormente, a cosmogonia continua com o aparecimento dos yanomamis primordiais, Omam e Yoasi, depois as mulheres, animais (anta, tatu, *ghambá*), histórias de dilúvios, incêndios – o aparecimento do fogo, por meio do jacaré – e a destruição do mundo, enfim, o cosmos povoado pelos personagens e fatos significativos para a cultura yanomami. Também vamos ter a existência de mundos paralelos: cada yanomami tinha um alterego, chamado *řixi*: cada yanomami tinha seu *řixi*, ou seja, nasciam, cresciam, caçavam e morriam juntos, mas nunca se encontravam. Quando um yanomami morria de repente, era porque alguém matou seu *řixi*.

É interessante observarmos aqui o tipo de construção que acabou sendo feito: para que os mitos pudessem ter uma representação acessível a uma mente ocidental do século XX, foi necessária a transcrição do relato indígena por meio de imagens visuais, associadas a uma representação escrita, que, por sua vez, teve de ser "retraduzida" para uma forma literária mais "compreensível".

Penso que esse procedimento nos possibilita ter acesso a uma forma de funcionamento que eu chamaria de mais primordial. Encontrei esse termo no trabalho de André Green (1998) apresentado em Turim, por ocasião da celebração do centenário do nascimento de Bion. Penso que assim se faz mais justiça a essa qualidade de funcionamento mental, a menos que se abstraia da palavra "primitiva" a conotação um tanto depreciativa que tem no linguajar comum. Com efeito, do meu ponto de vista, estamos aqui próximos do desconhecido, a fonte mesma da criatividade – o desconhecido informe dentro de cada um de nós.

É interessante observarmos como no mitopoema yanomami o começo da criação da vida é descrito como sucedendo-se a uma destruição, a um fim. Do meu ponto de vista, isso expressa um elemento da vida muito procedente quando observado do vértice da realidade psíquica. Com efeito, tudo na vida sucede-se a outra coisa anterior. Isso me fez pensar na simbologia frequentemente expressa pela imagem da cobra enrodilhada à sua própria cauda, imagem esta representativa do ciclo próprio da vida, em que tudo começa e termina, num movimento circular sem fim, ao menos enquanto durar a vida. Simultaneamente, podemos aproximar essa descrição da concepção mesma de inconsciente, como a instância psíquica em que os opostos convivem, e em que não há contradições.

A representação narcísica da realidade encontra aí também o seu lugar, e vemos como o yanomami expressa a criação do mundo com imagens familiares à sua cultura.

Creio que essa característica descrita nesses mitos, em que a criação e a destruição do mundo surgem associadas, pode servir de introdução a uma ideia de Bion, que é a noção de "mudança catastrófica". Ou seja, toda mudança psíquica mais significativa vem acompanhada de sentimentos intensos de catástrofe. Vamos aprofundar isso mais à frente, quando falarmos do mito de Édipo.

Freud já trazia uma ideia interessante, estabelecendo uma relação bastante significativa entre mito e realidade psíquica.

Em *Psicopatologia da vida cotidiana*, Freud (1901/1976, cap. XVII, p. 309) escreve:

> *De fato, acredito que uma grande parte da visão de mundo mitológica, cujo longo alcance se estende até as mais modernas religiões, nada mais é do que psicologia projetada no mundo externo. O reconhecimento obscuro (a percepção endopsíquica, por assim dizer) de fatores psíquicos e relações no inconsciente se espelham . . . na construção de uma realidade sobrenatural, a ser retransformada pela ciência em psicologia do inconsciente. Poder-se-ia ousar explicar desse modo os mitos*

do paraíso e do pecado original, de Deus, do bem e do mal, da imortalidade, etc. e transformar metafísica *em* metapsicologia *(destaques do original).*

Andre Green, no trabalho citado, nos dá uma ideia que se aproxima desta:

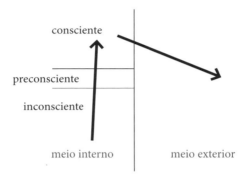

Primeiro esquema (funcionamento neurótico)

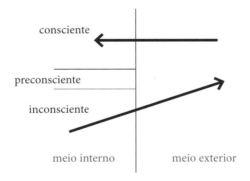

Segundo esquema (funcionamento psicótico)

Esse esquema de Green pode ser usado para nos aproximarmos dos mitos e da realidade psíquica, já que nestes últimos ela está como que projetada na narrativa, como no funcionamento mental psicótico ela está projetada no mundo exterior.

Como descreve Bion (1955, p. 61) em *Volviendo a pensar*: o paciente se move agora não mais em um mundo de sonhos, mas sim em um mundo de objetos que comumente são os acessórios do sonho.

As definições de mitos são muitas, mas aqui me interessa apenas dizer que *os mitos, para os psicanalistas, em última instância, dizem respeito à organização de fantasias e a maneira como estabelecemos contato com nossa realidade psíquica.* Quanto mais universal e aceito por uma cultura um determinado mito é, mais ele se apresenta como paradigma de valores daquela cultura. Nessa mesma medida, ele estará veiculando fantasias coletivas.

No nosso trabalho clínico, é fundamental a consideração do que se passa dentro da sala visto a partir da experiência emocional[2] vivida pelo analista e pelo analisando. Ainda que possamos perceber que a apreensão da experiência emocional seja feita de maneira observacional e, principalmente, intuitiva, ela se constitui num aspecto central da vida psíquica, e também numa das pedras basilares da concepção do universo mental elaborada por Bion.

Podemos dizer que a experiência emocional se desenvolve invariavelmente dentro de uma relação: seja uma relação da pessoa consigo própria, seja com outra pessoa ou mesmo com um objeto inanimado. Imediatamente surge um complicador, já que a clínica mostra que frequentemente tratamos as emoções e o contato humano como se pertencessem ao mundo inanimado, e comportamo-nos de acordo com essa visão.

---

2 Utilizo-me da expressão "experiência" como é apresentada no *Dicionário Houaiss da Língua Portuguesa*: "Experiência: ato ou efeito de experimentar(se)". Como o termo se refere a vários tipos de experiências, a complementação "emocional" é necessária para melhor delimitar nosso campo de trabalho.

Outro dado importante, a meu ver, é que sempre estamos passando por experiências emocionais. Estas se caracterizam por um *continuum*, desde o nascimento até a morte. Como temos de escolher um ponto onde intervir, penso que faz sentido a proposta de Bion relativa à intersecção daquilo que o paciente vive com o que o analista sente, como o "O" da sessão.[3]

Para mim, o modelo para a experiência emocional e para a sessão é dado pelo mito e pelo sonho. Neste, algo da realidade externa pode ser percebido no que temos denominado de "restos diurnos", que são elementos da realidade que estimulam vivências internas muitas vezes totalmente inesperadas. Mas o sonho contém o fator intrapsíquico em grau maior do que o mito – podemos dizer que se expande dentro do indivíduo. O mito, mesmo o mito pessoal, se abre para o social e, portanto, para o grupo e para as implicações emocionais deste no indivíduo. Por isso, penso que sonho e mito, enquanto sinalizadores da realidade psíquica, se complementam. Tal como o sonho, o mito tem uma dimensão de "faz-de-conta". Para o psicanalista, o mais importante é que o mito pode ser considerado como uma maneira de organização de fantasias, tanto mais significativa por ser aceita pelo grupo social. Isso permite que possamos tratá-lo como um modelo para a experiência emocional

---

3 E podem levar ao "fato psicanalítico". A conceituação desse termo é bastante complicada. Para efeito deste meu trabalho, estou considerando como fato psicanalítico aquelas situações em que sentimos que de fato pudemos conseguir um "insight" do que ocorreu na sessão, eventualmente compartilhado pelo paciente. (Uma ampliação dessa questão pode ser encontrada no *Livro anual de psicanálise*, tomo X, 1994, onde vários artigos são dedicados ao tema). Em qualquer caso, tenha ou não havido uma concordância do paciente quanto àquilo que foi observado e vivido, temos que continuar observando a experiência e ocasionalmente reformulá-la. Pacientes muito frequentemente podem ser propensos a negar ou a confirmar interpretações em função de situações internas (de oposição, de submissão ao analista, ou de idealização), sem considerar se a interpretação guarda uma relação com o fato observado.

114   ÉDIPO E DIONISO NA TORRE DE BABEL

e para a sessão de análise. Esse conceito, evidentemente, não exclui outras abordagens, como aquelas desenvolvidas por Walter Burkert em seu excelente *Mito e mitologia*.[4] Creio que para nós, psicanalistas, no entanto, o mito faz sentido particularmente por referir-se ao destino do indivíduo dentro de seu grupo social, ou deste no seu contexto cultural. E, como tal, articula numa narrativa articulada "complexos" emocionais e fantasias intensas, bem como vivências primitivas (no sentido de precoces), das quais podem ser extraídas experiências de relacionamento interno (com nosso próprio mundo mental) e externo (com outras pessoas ou coisas) de grande densidade e fundadoras em relação à vida psíquica.

Foi uma experiência frustrante perceber que, ao formular um modelo da experiência emocional baseado num mito, ele fazia mais sentido para mim do que para o analisando. Muitas vezes, este o tomava mais como uma percepção cultural da vida do que como algo que pode ser utilizado para aprofundar e desenvolver sua própria vivência.

Mas, aos poucos, fui me dando conta de que, para mim, o contato com o mito abria a possibilidade de expansão do nosso conhecimento intuitivo da realidade psíquica e levava a um tipo de exercício mental fundamental para o psicanalista – aperfeiçoar seu instrumento de contato com ela. Ou, talvez fosse mais preciso dizer, dispomos de uma ferramenta para "afiar" nossa precária percepção, sempre sujeita a naufragar diante do *páthos* que o contato com certos tipos de experiência emocional mais intensa provoca.

Há outro elemento importante a ser considerado: o mito é para ser usado no estudo do indivíduo, e não para substituir o

---

4 Segundo Walter Burkert (1991, pp. 18-19), o mito é uma narrativa tradicional, habitualmente em torno de deuses e heróis, acerca da origem de uma cultura e de um mundo, mas também é uma "metáfora ao nível da narração", ou se constitui em "estruturas de sentido".

indivíduo.[5] *Ou seja, neste tipo de enfoque que estou dando, o mito é um modelo para nos aproximarmos da experiência emocional vivida no aqui e agora da sessão, e não para abstrações teóricas sobre os grupos humanos.* Também podemos utilizá-los para pensar nos eventos da sessão após o término dela, fazendo então uma espécie de exercício intuitivo.

Neste trabalho, como já esclareci inicialmente, proponho-me a examinar as relações que podemos estabelecer entre os mitos, alguns conceitos de Bion e a realidade psíquica. Vou utilizar principalmente o mito de Édipo, o mito do Paraíso (descrito na Bíblia) e o mito de Dioniso, e tentar relacioná-los à ideia de mudança catastrófica, função α, e algumas outras colocações de Bion.

O mito de Édipo tornou-se famoso na psicanálise pela utilização que Freud fez dele para elucidar alguns aspectos do nosso mundo mental. Na sua 1ª teoria dos instintos, Freud opõe os instintos de conservação do ego aos instintos sexuais, originando-se daí um conflito que dará origem às primeiras teorias sobre as neuroses. O mito de Édipo, ou melhor ainda, a tragédia sobre Édipo como nos foi narrada por Sófocles na sua magistral obra-prima, *Édipo Rei*, e depois em *Édipo em Colono*, nos conta como esse herói, após consultar o Oráculo de Delfos, soube que estava condenado a matar seu pai e casar-se com sua própria mãe. Tentando fugir dessa predição, Édipo se afasta de seus pais (que ele não sabia serem adotivos), monarcas de Corinto, e vai a Tebas, onde estão seus verdadeiros pais, e a profecia acaba por realizar-se: Édipo

---

5 Aquilo que estou considerando sobre os mitos pode naturalmente ser expandido para pequenas histórias, anedotas, literatura, que podem permitir maior ou menor grau de expansão do universo mental, que é o fator essencial quando estamos na situação analítica, ou até mesmo fora dela. O mito, no entanto, tem geralmente um alcance cultural mais amplo, e Bion já enfatizou isso em *Cogitations* (Bion, 1992, cap. "Tower of Babel", p. 226).

mata Laio, seu pai verdadeiro, e termina por casar-se com Jocasta, sua mãe.

Antes disso, porém, Édipo tem que defrontar-se com a Esfinge, que mata todos aqueles que não decifrarem seu enigma: qual o animal, com apenas uma voz, que de manhã tem quatro pés, ao meio-dia dois, e à tarde três, e que é mais fraco no momento em que tem mais? Quando Édipo responde "o homem", a Esfinge se mata.

Bion propõe abordar esse mito como se contivesse uma espécie de "modelo" das vicissitudes pelas quais passamos ante o desafio do conhecimento e, mais ainda, no processo de "conhecer-se". Penso que isso não entra em desacordo com a proposta freudiana relativa à sexualidade, pois Freud mesmo dizia que "o ego é antes de mais nada um ego corporal". As sensações que o bebê experimenta em seu próprio corpo constituem na realidade seu primeiro ensaio de conhecimento, e, entre estas, as que trazem prazer são fundamentais. Se tomarmos a evolução posterior da teoria dos instintos para um instinto, ou pulsão, de morte, e uma pulsão de vida, isso fica mais patente ainda, ao meu ver. O bebê precisa de um "campo de treinamento" para seus impulsos amorosos e hostis, e a relação consigo próprio e com os pais fornece o terreno para isso. Se esse terreno é ou não adequado, vai depender da capacidade dos pais (*rêverie*) e do bebê de "conter" esses impulsos e elaborá-los, e também da intensidade deles.

Com essa finalidade, em *Cogitations*, Bion (1992, p. 225) aborda especificamente os mitos de Édipo e do Jardim do Éden, mas a ênfase maior recai no aspecto K e –K, ou seja, conhecimento e menos-conhecimento, e não mais no conflito instintual. Por menos-conhecimento penso que Bion designa não a ignorância, mas uma força interna que se opõe ao conhecer, uma força hostil ao conhecimento, aliás muito bem dramatizada no mito de Édipo. Não só vemos a tragédia que se abate sobre Édipo quando "conhece" sua história, como percebemos toda a oposição feita por Tirésias, até certo ponto da tragédia, em revelar o que sabe. Bion utiliza aqui dois mitos de vertentes muito diferentes, uma da mitologia grega e outra da tradição hebraico-cristã. É impressionante como o mito de Édipo, tão bem utilizado por Freud, pode também ser visto sob essa outra perspectiva. Minha hipótese é que a teoria de Freud fica "contida" no novo modelo proposto por Bion. Como podemos dizer, creio, que a teoria de Newton sobre a força da gravidade fica "contida" na teoria da relatividade de Einstein, ou seja, a teoria de Newton aplica-se a um caso particular da teoria da relatividade. Vejamos como Bion (1992, p. 233) desenvolve sua abordagem:

> *Tanto a história do Jardim do Éden como a história de Édipo contêm um personagem cuja atitude ante o conhecimento é hostil – ou, talvez eu pudesse dizer, de "dupla face", uma vez que a Esfinge exige a resposta para uma questão, podendo, portanto, ser vista como promotora da procura dessa resposta. O Deus do Gênesis planta no jardim a árvore do conhecimento do bem e do mal. Os psicanalistas têm concentrado sua atenção sobre o par sexual, deixando de lado a discussão sobre a atitude perante o conhecimento. No entanto, poucas disciplinas penetraram tão longe quanto a psicanálise na procura que o homem faz do conhecimento, ao iluminar essa fonte de dificuldades que é interna ao próprio homem. Isso aumenta a importância de se negligenciar o material que poderia estar compactado nos papéis atribuídos à Esfinge, a Deus e ao Diabo (também à Torre de Babel – pensamento verbal atacado).*[6]

---

6   Curiosidade, e medo de superego socializado.

Bion propõe que se faça uma investigação psicanalítica, não apenas de Édipo, mas também dos outros personagens que surgem nos mitos. Esses personagens, na sua função de armazenamento de características de personalidades, podem servir como instrumento de pesquisa dos obstáculos emocionais que podem impedir desenvolvimentos em "K" e também a possibilidade de transformações em "O" ("ser o que se pensa", ou estar "*at-one-ment*").

Várias emoções interferem com a possibilidade de conhecimento, mas a inveja é das mais fundamentais, já que ela interfere com o relacionamento que o bebê estabelece com o seio materno, fonte primária de afeto, de gratificação e de conhecimento. A maneira como o bebê e o seio se relacionam nos dá uma ideia da possibilidade posterior de uma comunicação estimulante e vitalizada com a própria vida. Se esse vínculo é atacado, "seus efeitos manifestam-se claramente na destruição da identificação projetiva, das expressões ideogramáticas, do som (como a matriz daquela forma especial que, quando madura, reconhecemos como música) e da contraparte ideacional de todos os sentidos".

"Mas, além desses ataques, há um ataque às Posições" (esquizoparanoide e depressiva), "pois elas são um fator vital no diálogo entre desconhecido e conhecido" e, acrescentaríamos, na possibilidade de aprendizado.

Mais ainda, se a inveja, o ódio e a angústia são excessivos, seja na mãe ou no bebê, a relação continente-contido pode ser abalada – o contido pode explodir o continente, ou este pode não conseguir "conter" as emoções.

Aqui, Bion está considerando a formação da função α, essencial para o desenvolvimento do "espaço mental", onde as experiências emocionais podem ser elaboradas, e o conhecimento pode começar a surgir.

O mito de Édipo se presta a muitas das ideias que Bion elaborou na psicanálise. Podemos pensar em função α, elementos α e β, e, se incluirmos também o *Édipo em Colono*, vemos a possibilidade que Édipo teve para aprender com a experiência. Seria mesmo possível incluirmos também transformações em alucinose se pensarmos na cegueira de Édipo e no suicídio de Jocasta. Minhas colegas Sonia Wetzel e Regina Almeida[7] utilizaram esse mito para escrever sobre a mudança catastrófica. Vale a pena vermos esse mito também sob esse ângulo.

Mudança catastrófica é um conceito inicialmente formulado por Bion em seu livro *Transformações*. É um conceito útil como ferramenta para nos aproximarmos de certas situações encontradas na clínica. Bion imagina um hipotético paciente, que, no entanto, podemos encontrar frequentemente no nosso consultório.

Durante longo tempo, a análise transcorre num clima desvitalizado. O paciente se queixa de dores vagas pelo corpo, e as interpretações são feitas utilizando um modelo kleiniano de objetos internos. De repente, uma mudança drástica – o paciente se torna estranho, parece alucinar, e os familiares se queixam agudamente de seu comportamento, agora visivelmente estranho. A esse conjunto de fatos Bion propõe o nome de "mudança catastrófica". O paciente já não parece o mesmo, o clima familiar é de catástrofe (e no analista o sentimento "contratransferencial" também é catastrófico), e podemos ver as queixas, que o paciente anteriormente fazia, não mais expressas por ele, e sim refletidas pelos seus familiares. Estes passam a ser os representantes daquilo que anteriormente eram sintomas (e, portanto, queixas) do próprio paciente. Para pensar esse tipo de situação e não permanecer aprisionado

---

7 "Transitando entre a Clínica e a Tragédia", trabalho apresentado no Congresso sobre o Pensamento de Bion realizado em Roma, no ano de 2008, ainda não publicado.

no clima de catástrofe, Bion propõe este modelo da "mudança catastrófica". Nesta sua primeira aproximação a esse conceito, parece-me que sua proposta é de proporcionar ao analista uma oportunidade de continuar elaborando os acontecimentos da análise, e não naufragar diante da avalanche emocional que esse tipo de situação representa. Segundo essa ideia, devemos distinguir entre etapa pré e pós-catastrófica, em que os elementos presentes na etapa pré-catastrófica vão estar presentes na pós-catastrófica, apenas de forma diferente. Bion acentua que este caso específico é apenas um modelo para situações comuns na clínica.

Em 1966, Bion amplia essas ideias em um artigo que denomina "Mudança Catastrófica". Começa esse trabalho dizendo que vai descrever uma configuração recorrente em psicanálise. A certa altura desse trabalho, passa a abordar as relações entre o gênio, que ele alternativamente chama de "místico", e seu grupo. Estes conteriam a "ideia messiânica", ou seja, a ideia nova, que sempre tem um caráter disruptivo se for verdadeira. Há uma distinção a ser feita entre os místicos niilistas e os criativos. Mas eu acentuaria aqui o conceito de uma ideia que confronta tudo o que está estabelecido (a ideia criativa, que de maneira mais ou menos turbulenta produz mudanças) e um *establishment* ou *statu quo* que resiste a essas mudanças. A fábula, diz Bion, pode ser considerada como uma pictorialização do mundo interno do homem. Na verdade, ele acrescenta, para aqueles familiarizados com as teorias kleinianas as descrições que ele faz podem ser vistas como representações dramatizadas, personificadas, socializadas e pictóricas da personalidade humana.

Penso que essas ideias, que Bion utiliza a partir de grandes revoluções na história da humanidade, podem ser aproximadas a um trajeto que todos aqueles que passam por uma experiência de análise têm que percorrer. Esse trajeto diz respeito uma mudança psíquica em que passamos de uma apreciação sensorial da vida para outra de ordem psíquica. Vou usar esses termos na falta de outros melhores.

Penso que a mudança é catastrófica porque implica uma profunda reformulação de nossa visão de nossa realidade psíquica e também do mundo externo. Mas também leva a um grande enriquecimento pessoal quando encontra uma personalidade que pode contê-la e elaborar a mudança. Vendo esse fato por outro ângulo, ou vértice, também podemos pensar que uma catástrofe, silenciosa ou exuberante, acontece quando não podemos acompanhar os processos de mudança inevitáveis da vida.

Esse é o processo vivido por Édipo. Incapaz de utilizar sua função α para refletir sobre a profecia dada pelo oráculo de Delfos, ele foge (e o faz com a boa intenção de proteger seus pais). Ao fazê-lo e, portanto, ao evadir-se do contato com sua realidade psíquica, ele na verdade mergulha cada vez mais no destino que lhe fora previsto pela profecia. Podemos distinguir uma etapa pré-catastrófica, que vai talvez até o momento da revelação de que ele era o assassino do pai e amante da própria mãe, e uma etapa pós-catastrófica, em que ele se cega literalmente "para não ver". A evasão (que constitui uma incapacidade de ver) concretamente transforma-se numa cegueira. O monarca orgulhoso dá lugar ao banido miserável. Só em *Édipo em Colono* ele vai refletir, na famosa réplica a Creonte: "Se alguém agora viesse te matar, indagarias se é teu pai o assassino, ou no ato o punirias?".

Mas também penso que, de forma menos dramática, esses eventos fazem parte de nossa vida cotidiana, e podem nos ajudar a pensar sobre ela. Vou apresentar alguns exemplos do cotidiano, depois situações de consultório e finalmente uma certa reflexão sobre o impacto de certos elementos dentro da psicanálise.

Primeiro contexto

A pessoa é casada, tem filhos, e teve um grande sucesso na vida profissional. Os filhos tinham por volta de 12 a 13 anos. Ele resolveu então adquirir uma propriedade na praia, para onde poderia ir com sua família. Mas queria um local grande e confortável, tão confortável como sua casa na cidade. Adquiriu então um terreno e começou uma grande construção, que levou por volta de dois anos para ficar pronta. Ao final, resolveu comprar um iate, pensando em passeios que gostaria de fazer, levando sua família para viajar. Investiu uma grande quantidade de tempo e dinheiro nessa ideia. Queria dar à família todo o conforto que estivesse a seu alcance, coisas às quais na sua infância não tinha tido acesso. Quando a casa ficou pronta, a família se entusiasmou, e por algum tempo tudo correu bem. Mas os filhos cresceram ao longo dos anos em que a construção foi feita. Em um certo momento (agora já adolescentes) começaram a não gostar mais dessa coisa quase obrigatória de ir para a praia. Começou então uma grande encrenca familiar: os filhos não mais queriam viajar sempre, não queriam acordar cedo para sair de iate, preferiam muitas vezes ficar com os amigos na cidade. O pai, desconsolado, começou a brigar com eles porque não reconheciam o esforço e o dinheiro gasto para construir a casa, comprar o iate e, agora, manter tudo isso.

Penso que estamos diante de uma situação comum na vida. Houve uma mudança grande na constituição da família. Os filhos agora têm necessidades e desejos muito diferentes do pai. Este agora se vê diante de uma encruzilhada: ou consegue "converter" sua família a seus sonhos (para sermos felizes, precisamos de uma série de prazeres sensoriais), ou tem que renunciar a eles para se pôr de acordo com sua nova realidade. Neste contexto, a ideia revolucionária, com a qual a família tem que lidar, é que a vida não para, está em constante movimento. Aquilo que foi um plano importante num certo momento agora não tem mais sentido, ou pelo menos não tem mais o sentido original.

Gostaria de examinar essa situação do ponto de vista do pai. Este provavelmente diria todo o trabalho que teve, o dinheiro que gastou, o tempo investido nesse projeto. Mas podemos também pensar que é muito catastrófico para nossa onipotência perceber que planos são apenas desejos, a realidade não tem nenhum compromisso com o que queremos, e também que aqueles que foram crianças num certo momento, que facilmente podiam ser levados para onde os pais iam, hoje cresceram e têm vontades próprias. E, talvez, a mudança mais difícil: a percepção de estar mais velho, de que há uma nova geração com vontades próprias, e que um dia essa geração vai substituir a sua. Somos confrontados com a finitude da vida.

Segundo contexto

A própria mudança na técnica da psicanálise, proposta por Bion. Trabalhar sem memória e sem desejo. Penso que ele nos deixa absolutamente sozinhos na sessão, só com a companhia do analisando, sem teorias, sem história de vida, e deixando de lado nosso desejo de que o analisando "melhore". Pelo menos no início, a mudança é brutal.

Mas o paciente percebe que, quando fazemos isso, há uma pessoa presente na sala, de quem ele até pode não gostar, mas está ali, e vivo. Gostaria também de trazer esta observação dolorosa que faz Bion: "O analista tem dois contatos principais – seus pacientes e a sociedade. Com os primeiros, com certeza, e com a segunda, provavelmente, ele se convencerá de quão pouco sabe e quão pobre é seu trabalho" (Bion, 1992, p. 38).

Para completar provisoriamente este trabalho, gostaria de abordar um mito que eu aprecio particularmente, já que aborda duas questões fundamentais na vida: a criatividade e o aspecto alucinatório da mente humana. Descreve a história do deus grego conhecido como Dioniso, ao mesmo tempo que expõe a catástrofe vivida pela família real de Tebas – Cadmo, Harmonia e seus descendentes. Vou descrevê-lo brevemente para podermos apreciá-lo.

Todo mito tem várias versões. Estas acrescentam dimensões novas à história, ou mostram novos ângulos das versões existentes. O mito de Dioniso foi descrito por Eurípides, na sua conhecida peça *As Bacantes*. Uma breve consideração sobre esse trabalho de Eurípides pode ser útil. Ele foi escrito quando o tragediógrafo grego habitava a Macedônia, já no final de sua vida. Os rituais dionisíacos aconteciam ainda por lá, e, segundo Marie Delcourt--Curvers, de maneira bastante selvagem (Euripides, 1962, p. 1207). Portanto, o poeta faz uma peça que contém alguns elementos de um ritual vivo, sendo ao mesmo tempo uma criação artística e uma descrição de fatos. Eurípides descreve, entre outras coisas, uma situação que se aproxima das possessões demoníacas, descritas na Idade Média e visíveis até hoje. Dodds (1988, Apêndice 1, "Menadismo", p. 290) faz um profundo estudo desses estados de mente e refere-se a esse "estranho rito, descrito nas Bacantes, e praticado por sociedade de mulheres". Diz-nos que

> *o seu caráter pode ter variado bastante de lugar para lugar, mas dificilmente podemos duvidar que incluíam normalmente* orgiae *de mulheres em êxtase ou quase do tipo extático descrito por Diodoro e que muitas vezes, se não sempre, envolviam* oreibasia *noturnas ou danças na montanha.*

Ele continua: "Deve ter existido uma época em que as mênades, tíades ou *bakchai* se tornaram realmente, durante algumas horas ou dias, aquilo que os seus nomes implicam – mulheres selvagens, cuja personalidade humana foi temporariamente substituída por outra". Ao aproximar essas descrições a "ataques espontâneos de histerismo coletivo", Dodds parece considerar que há elementos invariantes entre a descrição de Eurípides e nossa mente atual.

Marie Delcourt-Curver comenta que "as lendas gregas representam Dioniso como um deus que vem do estrangeiro, que foi mal acolhido de início no solo helênico, e que rompe as resistências de maneira cruel". Dioniso, nas histórias mitológicas, filho de Zeus e da princesa tebana Sêmele, nasce uma primeira vez quando sua mãe é fulminada ao contemplar toda a magnificência de Zeus. Ela é consumida pelo fogo, e o pequeno rebento teria destino igual, não fosse a intervenção do próprio Zeus, que o costura na sua coxa, onde se desenvolve com segurança. Na peça de Eurípides, ele surge em Tebas, já adulto, para introduzir seus rituais na cidade, berço de sua mãe. Ao encontrar a resistência de Penteu, aliás seu primo, já que era filho de Cadmo (fundador mitológico de Tebas) e de Ágave, irmã de Sêmele, Dioniso faz com que as mulheres da cidade (inclusive Ágave) entrem em transe e saiam exultantes, a correr pelos bosques. Convence Penteu a ir olhá-las nas suas práticas, às escondidas, após deixá-lo como que "enfeitiçado", e lá ele é descoberto pelas bacantes, que o estraçalham por desmembramento, tomando-o por um animal selvagem. A peça termina com a expulsão de Cadmo e de Ágave de Tebas, após o episódio em que Ágave, ainda dentro do transe dionisíaco, mostra a Cadmo a cabeça ensanguentada de Penteu, pensando tratar-se de um leão.[8]

---

8 O coro termina a peça com a seguinte fala: "Muitas formas revestem deuses-
   -demos. Muito cumprem à contra-espera os numes. Não vigora o previsto.
   O poro do imprevisto o deus o encontra. Este ato assim conclui" (Eurípides,

126 ÉDIPO E DIONISO NA TORRE DE BABEL

Na realidade, durante uma análise (como durante a vida), vivemos muitos e diferentes tipos e qualidades de estados de mente e experiências emocionais. Considero importante termos contato com dor, ansiedade, transformações em alucinose, êxtase, emoções estéticas etc. Importante também vivenciarmos a decepção, o ódio à própria análise, o tédio, o desencanto com a vida psíquica e com o trabalho analítico, para não se estabelecer uma relação idealizada, em que a própria psicanálise é sentida como uma via de acesso para o paraíso (também uma das mais frequentes configurações míticas dentro da própria vida). O mito de Dioniso, em suas diversas apresentações, mostra-nos várias dessas emoções de uma maneira extremamente rica e esclarecedora, possibilitando um adensamento de nossas observações sobre a vida mental.

Em primeiro lugar, o desconhecido. Dioniso surge aqui como um deus[9] que tem de se impor por conter um elemento desconhecido: ele aparece como estrangeiro. Historicamente, sabemos que não é assim. Entre os gregos, Dioniso é muito antigo.[10] Em segundo

2003, p. 125, verso 1390, tradução de Trajano Vieira, que é a versão que utilizo aqui).

9   Podemos tomar a criatividade como a manifestação mais próxima na vida comum de uma manifestação divina: ao despertar a cada dia, criamos (ou matamos) um mundo, a partir daquele que já existe – claro que o resultado pode ser mais rico ou empobrecido, dependendo das condições internas momentâneas de cada um. Na Bíblia, temos uma descrição mítica desse processo, quando Deus decide, literalmente, "criar tudo o que existe". Mas também o poeta brasileiro, ao dizer "a lua, perfurando nosso teto, salpicava de estrelas nosso chão", acrescentando "tu pisavas nos astros distraída", dá-nos uma descrição de seu "barracão" pobre e esburacado muito peculiar e sui generis, configurando dessa maneira seu mundo particular.

10 As pesquisas arqueológica feitas por Chadwick e Ventris (os decifradores da escrita linear B, que, junto com a linear A, era a forma de escrita da civilização minoico-micênica) mostram-nos a presença deste nome como "Diwonusos", em duas tabuinhas de Pilo, portanto à época da civilização minoico-micênica (que floresceu entre os séculos XX e XII a.C.), uma delas contendo também uma outra palavra estranha, que pode ser um composto para a palavra "vinho".

lugar, o deus tem que se impor, embora já fosse conhecido. Podemos dizer também que essa é uma característica da experiência de contato com a realidade psíquica, principalmente daquelas mais significativas, que implicam uma mudança interna – nós a temos chamado de *insight*, e poderia ser associado à mudança catastrófica como elemento fenomenológico, tanto mais catastrófico quanto menos desenvolvida a vida mental que tem de contê-la. Ao utilizar a descrição relativa a Dioniso e às bacantes como modelo para a experiência emocional, temos, portanto, o desconhecido, a irrupção desestruturante deste na consciência, a possessão, a perda momentânea da identidade pessoal, o confronto entre feminino e masculino, entre a ordem e a desordem, a alucinose e a reorganização dos elementos criativos (esta experiência, se tolerada, pode ser muito rica e propiciar a mudança de PS↔D).

Terceiro contexto. Um episódio clínico

Um episódio clínico poderia esclarecer melhor esse inter-relacionamento possível entre o mito e as experiências emocionais. A primeira sessão relatada acontece numa segunda-feira. Estamos no final do ano. O paciente é um profissional bem-sucedido, de mais ou menos 30 anos, separado há pouco da mulher, tem dois filhos pequenos, e veio à análise em função de uma depressão e do uso frequente de álcool e de cocaína.

P: "Estou bem hoje, mas estive muito mal na terça e quarta feira. Não sei o que aconteceu, mas tive uma vontade muito grande de usar cocaína. Senti aquela 'fissura' da droga. Fui ficando deprimido,

---

Não se pode estabelecer com segurança a "divindade" de Dioniso nessas tabuinhas, mas o nome já aparece, e provavelmente ao lado do vinho (Chadwick, 1987, p. 134).

estava com minha namorada, acabei bebendo muito, não estava me aguentando. Foi muito ruim. Hoje, não, hoje estou bem".

Digo-lhe então que ele descrevia uma espécie de "crise", vivida no fim de semana. Seria útil, acrescento, se pudesse trazer mais associações ao que viveu e também ao que estava chamando de depressão.

P: "Começou quando falei com minha ex-mulher. Há certas coisas que eu não aguento. Ela me dizendo que vai viajar e passar o Natal com meus filhos e o atual namorado dela. Isso foi mexendo comigo, fui ficando muito triste, bebi bastante, só não 'cheirei' porque minha namorada ficou comigo. Depois, ela foi embora, foi horrível, fui para a casa dos meus pais, um Natal triste, sem alegria".

Falo então que uma dificuldade que havia experimentado era de ficar na sua própria companhia, antes de mais nada, e tolerar esse sentimento doloroso de ausência da sua própria família – dos seus filhos, da sua ex-mulher e, principalmente, da família que haviam formado. Essa separação tivera uma dimensão insuportável.

P: "Foi horrível, eu fico mexido, triste". Após certa pausa: "Engraçado, pensei que você estava trabalhando só comigo, hoje... que você me atenderia, e depois iria embora". O paciente não diz, mas poderíamos acrescentar: e me deixar sozinho, com todos esses sentimentos penosos e desconfortáveis.

Nesse momento, creio que o paciente falava de um forte conflito nele entre viver a ausência e a separação, tolerar a dor e o sofrimento (a depressão) consequentes, e uma forte tendência à evasão, por meio de bebida, cocaína etc. Toda essa situação fica muito agravada pela época do ano (Natal, Ano-Novo), quando é comum a reunião familiar, as comemorações grupais, ou seja, símbolos sociais (também míticos) de algo que termina e que se perde, ao lado do novo ano que surge. Podemos também pensar que, incapacitado de suportar "ser ele próprio", o paciente busca uma experiência dionisíaca, em que ele pode se deixar levar pelas drogas até o ponto de perda de identidade. Para se refugiar dessa dor e desse sentimento de ter destruído algo que poderia ter um valor potencial para ele (esposa, filhos), ele se despersonaliza. Falo em valor potencial pois ele também não conseguia de fato viver a relação familiar, e também nessa circunstância usava cocaína e bebidas. Foi um dos fatores que precipitaram a separação.

Na sessão seguinte, terça-feira, dia 31 de dezembro, não vem no seu horário de sessão pela manhã. Por volta da hora do almoço, recebo uma ligação da irmã do paciente, aflita, me informando que ele estava desaparecido, circunstância de resto frequente antes da análise. Combinamos que me avisariam quando fosse encontrado.

Neste momento, creio que ele me fez passar por essa experiência de ser abandonado, por meio de seu desaparecimento. Por algum tempo, "sou" uma parte de seu *self*.

Voltando para o trabalho no dia 2 de janeiro, recebo o recado da família de que ele viria para a sua sessão à noite.

Ao entrar, senta-se como habitualmente, parece preocupado, constrangido, e começa logo a falar.

P: "Foi irresistível – saí daqui na segunda feira, andei um pouco, aí peguei um táxi e fui para o centro da cidade. Bebi, falei com um travesti e fui para um hotelzinho. O travesti trazia cocaína, eu cheirava, pensava em alguma atividade sexual com ele, não me animava, continuava cheirando... Às vezes, era outro travesti que vinha me trazer a droga. A diferença com as outras vezes em que eu me drogava é que não consegui ter nenhum tipo de atividade sexual, nem mesmo ter prazer com o uso da droga. Dentro de mim, era como se tivesse uma voz me dizendo: 'cai fora daqui, cai fora daqui". Antes, eu cheirava cocaína, aquilo me dava um enorme prazer, eu ficava momentaneamente feliz, e aí conseguia me liberar sexualmente. Tinha relações sexuais ativas e passivas com os travestis, às vezes até pagava para ver um casal tendo relações – até me cansar. Quando eu não tinha mais vontade de fazer aquilo, telefonava para alguém vir me buscar, ficava com uma culpa horrível, uma depressão muito intensa, chorava com meus familiares, pedia perdão, uma cena dolorosa e muito humilhante".

Psicanaliticamente, observamos uma situação emocional grave e complexa. Podemos conjeturar que este paciente, diante de uma experiência mais intensa de perda e, consequentemente, de dor, atua intensamente seus impulsos de evasão à realidade, de ódio à frustração, por meio da cocaína e do álcool. Creio que a frustração de se ver separado da família, do analista (na última sessão fez referência a eu atendê-lo – só a ele – e ir embora), provoca tal intensidade de dor que ele necessita atuar uma série de fantasias do seu mundo mental mais primitivo, não elaboradas e mobilizadas por essas experiências emocionais. É como se a criança que existe nele (e em todos nós) assumisse o controle da sua vida mental. Como ele fica submetido a essas fantasias e passa a atuá-las, podemos *percebê-las sendo vividas concretamente*. Há fantasias de liberação sexual, que envolvem a tentativa de alcançar um prazer e um gozo sem limites; poderíamos dizer então que vive um sentimento momentâneo de triunfo sobre um seio frustrador, usando um referencial kleiniano. Tal como na experiência dionisíaca, momentaneamente os contornos da identidade pessoal são perdidos: o paciente atua alucinatoriamente várias fantasias da cena primária. É observador de um casal em coito (possivelmente, como criança, se excitava com a relação sexual dos pais – lembremo-nos de Penteu "enfeitiçado" por Dioniso, e excitado pela oportunidade de "ver" as bacantes, entre as quais também estava sua mãe); ao mesmo tempo, quando penetra o travesti, ou uma mulher presente na situação, é o pênis que penetra (torna-se fantasticamente o pai, portanto). Quando passa a uma relação sexual passiva, ele é a mulher que é penetrada. É relevante também que o paciente vá à procura de travestis, que são pessoas que caricaturalmente podem ser vistas como representantes do homem e da mulher ao mesmo tempo, ou seja, do próprio casal. Eles "encarnam" no próprio corpo elementos visuais do casal: o pênis e o seio, na mesma pessoa. A aproximação ao mito de Dioniso proporciona um enriquecimento clínico muito grande do que observo.

O mito de Édipo parece ser muito útil para observarmos as situações neuróticas. Proponho *As Bacantes* e o mito de Dioniso como complementos para pensarmos em certos aspectos psicóticos, mas que podem ser também muito criativos, de nossa mente. Por exemplo, Dioniso é um deus masculino, mas que frequentemente é descrito como efeminado. A ambiguidade (ou seja, a dissociação)[11] é o elemento central da peça. Seu séquito é composto por diversos tipos: sátiros, Sileno (figuras usualmente associadas com a sexualidade mais selvagem e fora de qualquer tipo de controle) e principalmente mulheres, tendo o vinho como pano de fundo. Ao final da peça, temos a experiência de alucinose presente claramente em Agave. Do ponto de vista da criatividade, podemos pensar que a peça nos propõe o desafio de realizarmos dentro de nós o "casamento" dos aspectos masculinos e femininos de nossa personalidade.

O confronto do mito de Dioniso com a vivência psicótica permite-nos fazer uma aproximação (antes, durante e depois da sessão) entre o mito e as experiências emocionais narradas pelo

---

11 É muito curioso perceber que, na peça, quando Penteu "aceita" o convite de Dioniso para ir observar as bacantes, e veste-se de uma maneira feminina, diz: "afigura-se a mim que o sol dobrou, Tebas também dobrou, cidade sete portas, e, guia, tu me pareces touro, os cornos projetando-se do crânio". Mais adiante: "Como pareço? Tenho o porte de Ino? Tenho o porte maternal de Ágave?" (Eurípides, 2003, p. 96).

paciente. Abrem-se aqui algumas possibilidades: a) posso passar por uma vivência importante em termos do potencial de conhecimento e de desenvolvimento que ela contém, e pela resistência natural ao sofrimento que o novo traz, ignorá-la. Se o desafio contido nela não for muito mobilizado pela vida, posso até me manter feliz, mas às custas de um empobrecimento pessoal grande; b) percebo a vivência, mas não tenho capacidade de elaborá-la – isso pode resultar num quadro clínico psiquiátrico (o que envolve muita dor e sofrimento), ou numa análise, que também envolve dor e sofrimento, mas em que estes podem ser usados como vias de contato com o desconhecido em nós; c) percebo a vivência, tenho condições internas para a elaboração, e me enriqueço pessoalmente.

O mito de Édipo se refere essencialmente às transformações que ocorrem quando três pessoas se relacionam, formando-se um par e um terceiro excluído (talvez o elemento invariante neste mito). O mito de Dioniso basicamente refere-se ao ódio ao desconhecido (componente fundamental da vida), à cisão entre masculino e feminino, e à concretização de fantasias da cena primária, em nível diverso do mito de Édipo. Quando esses elementos podem ser elaborados, podemos ter a irrupção da criatividade, ou, como diz Bion, abre-se a possibilidade de transformações em "O". Lembremo-nos que dos rituais dionisíacos emergem a tragédia e todo o teatro grego.

O trabalho aqui é de uma interpenetração entre o material clínico, as diferentes possibilidades que o mito escolhido permite, e as teorias psicanalíticas pertinentes. Claro que isso não exclui o uso de outros mitos: mais precisamente, eles se complementam.

Com isso, penso que podemos utilizar os mitos de maneira semelhante àquela que nos é proposta com a grade: como um exercício de estimulação para nossa intuição psicanalítica.

Referências

Bion, W. R. (1955). Desarrolo del pensamiento esquizofrenico. In W. R. Bion, *Volviendo a pensar*. Buenos Aires: Ediciones Horme.

Bion, W. R. (1992). *Cogitations*. London: Karnak Books.

Bion, W. R. (1966). Catastrophic Change. *Scientific Bulletin of the British Psych. Society*.

Burkert, W. (1991). *Mito e mitologia*. Linboa: Edições 70.

Chadwick, John (1987). *El mundo micenico*. Madri: Alianza Universal.

Delcourt-Curver, Marie (1962). "Les Bacchantes". In *Euripede, Tragédies Complètes II*. Paris: Éditions Gallimard.

Dodds, E. R. (1988). *Os gregos e o irracional*. Lisboa: Gradiva Publicações.

Euripides. (1962). *Tragédies completes* (Marie Delcourt-Curvers, ed.). Paris: Éditions Gallimard.

Eurípides. (2003). *As Bacantes* (Trajano Vieira, trad.). São Paulo: Perspectiva.

Freud, S. (1976). *Psicopatologia da vida cotidiana*. Rio de Janeiro: Imago. (Originalmente publicado em 1901).

Green, A. (1998). The Primordial Mind and the Negative. *International Journal of Psychoanalysis, 79*, 649.

Mitopoemas Yãnoman. Publicado pela Olivetti do Brasil S.A.

Sófocles (2004). *Édipo Rei* (Trajano Vieira, trad.). São Paulo: Perspectiva.

Sófocles (2005). *Édipo em Colono* (Trajano Vieira, trad.). São Paulo: Perspectiva.

Wetzel, S. & Almeida, R. *Transitando entre a clínica e a tragédia*. Trabalho não publicado.

8. Questões relativas à "cura", à "melhora", à normalidade e à anormalidade: psicanálise e psicoterapias

Claudio Castelo Filho[1]

I

Em um atendimento, um paciente relata-me um episódio ocorrido com um amigo seu que sofreu, em um curto espaço de tempo, dois sérios revezes de saúde, precisando ser submetido a mais de uma intervenção cirúrgica num intervalo muito breve. Conta que o amigo sempre foi alguém que aparentemente lidava com suas dificuldades de modo corajoso. Dessa vez, no entanto, foi chamado pelos familiares do amigo para que lhe desse um apoio "moral" porque ele entrara em uma espécie de colapso, com crises intensas de choro. Compareceu ao chamado e ficou tentando, junto com a família, confortar o doente, mas percebeu que pouco podia fazer, pois o amigo continuou consternado, a despeito dos esforços que fazia

---

1 Membro efetivo e analista didata da Sociedade Brasileira de Psicanálise de São Paulo (SBPSP), mestre em Psicologia Clínica pela PUC-SP, doutor em Psicologia Social e livre-docente em Psicologia Clínica pela Universidade de São Paulo (USP).

para mostrar-se "melhor" para meu paciente, que se ressentiu de o amigo comportar-se de modo mais reservado do que de costume.

Ponderei com o meu paciente que me parecia natural que, diante de tamanhos infortúnios, o seu amigo pudesse sofrer uma depressão e sentir-se desalentado – que esta seria uma situação normal. Por outro lado, há a ideia de que ficar triste ou desalentado seria o equivalente a uma doença e levaria a que ele e os familiares do amigo se esforçassem por curá-lo, mudando seu estado de espírito.

Cogitei e falei com o meu paciente sobre a possibilidade de o amigo mostrar-se mais reservado com ele porque lhe seria muito penoso ter de, além de sofrer a própria consternação, a própria dor, precisar produzir para os que o circundavam um estado de aparente melhora, pois via a angústia e a pressão para que se mostrasse melhor ou curado.

Esta conversa estava associada a expectativas do paciente de que eu o "curasse" de sentimentos que considerava muito penosos e que, a meu ver, pareciam ser bastante naturais dadas certas circunstâncias de sua vida (sérios problemas familiares) naquele momento. Dou-lhe a entender que consideraria qualquer abordagem minha no sentido de curá-lo dos sentimentos penosos que sofria como uma tentativa de mutilação – pois aquilo era natural, era da sua natureza, dentro daquele contexto em que ele próprio estaria vivendo situações bastante doloridas – sendo assim, o natural, o normal, era mesmo sentir-se dolorido, sofrido.

II

Num outro exemplo, uma analisanda foi acometida por uma gravíssima doença que a levou à morte em muito pouco tempo. No momento da descoberta, ela ficou desolada e muito perseguida.

Dizia-me que toda sua família se esforçava para que ela se mostrasse altaneira e combativa diante da ameaça. Recriminavam-na por mostrar-se prostrada e amargurada. Ao considerar a seriedade da ameaça e a gravidade do contexto exposto, pensei que seria surpreendente que se mostrasse de outro modo, pois o choque era realmente de monta (eu mesmo, não sendo quem estava doente, experimentei um grande impacto ao ser informado e fiquei bastante mobilizado, posteriormente, com seu falecimento). Não me cabia ser mais um a tentar levantar-lhe o moral, mas, pelo contrário, ser alguém que a ajudasse a acolher suas dores e sua depressão, aceitando-as.

III

Em outro episódio, lembro-me de uma jovem mãe que se torturava por não dar a seu bebê a atenção que julgava que ela devia ser capaz de proporcionar-lhe. Sua expectativa era a de nunca se aborrecer nem ficar de mau humor nas tarefas que tinha para com ele.

Minha apreensão foi a de que a paciente esperava de mim algum tipo de descompostura por não ser capaz de toda a disponibilidade e tolerância em relação ao filho que, segundo sua vivência, ela deveria possuir. Eu, o analista, certamente teria as aptidões das quais ela se julgava desprovida e teria um direito natural de desprezá-la por conta de suas limitações. Por outro lado, ela esperaria que seu contato comigo viesse a dotá-la de meios para tornar-se onipotente e onisciente, como eu próprio, na sua idealização, seria.

Ponderei com ela que era útil e favorável que uma mãe pudesse ter condições emocionais suficientes para não deixar a vida do bebê mais angustiante do que naturalmente já é. Não obstante, esse parâmetro não pode ser uma obrigação moral, pois cada mãe só pode oferecer a seu filho aquilo de que dispõe.

Considero ser um problema essas campanhas de amamentação ao seio que possam colocar como imposição moral a obrigatoriedade desse tipo de aleitamento. Para muitas mulheres, essa tarefa pode ser extremamente angustiante e o resultado pode ser muito mais desfavorável do que se a amamentação fosse feita por meio de mamadeiras. O terror experimentado pelas mães, não sendo respeitado, poderia levar, como consequência, a maiores danos psíquicos para ela e para o seu bebê.

Disse à paciente que também podia ser útil ao seu bebê a verificação de que ela era apenas uma mulher comum e que sentimentos de ódio, irritação, exaustão, limitação poderiam ser aceitos por ela – que poder vivê-los, sem querer extirpá-los, poderia ser uma atitude mais saudável do que a de "forçar a barra" para se mostrar disponível para o que realmente não estava. O modelo de funcionamento mental que seria "assimilável" pelo bebê, caso ela se visse na obrigação moral de ser um peito inesgotável, seria o de uma exigência sobre-humana (um superego exigente e sem consideração pela experiência).

> *Parece-me estar claro que, quando trabalho, parto do pressuposto de que existe a mente, ou uma personalidade, ou a alma (tentativas de nomear um mesmo fato apreensível, a despeito de não o ser sensorialmente) e que esta precisa ser respeitada (Bion, 2005, p. 40).*

IV

O paciente, um homem jovem, irrita-se intensamente quando lhe proponho a necessidade de se entristecer, de se deprimir, pois considero que essas vivências emocionais com as quais se recusa a fazer contato seriam fundamentais para que ele pudesse dar sentido a inúmeras experiências suas, sobretudo as que observo acontecer no consultório comigo diante de meus olhos.

A afirmação anterior pode parecer surpreendente, chocante ou absurda, principalmente se o vértice de trabalho for psiquiátrico ou medicamente orientado. Procurarei, não obstante, deixar claro como cheguei a formulá-la.

Para começar, destaco que os modos como o paciente me tratava no consultório eram quase sempre muito altaneiros e com uma habitual falta de cortesia e educação. Muitas vezes seus modos eram francamente estúpidos. Procurei, usando toda minha paciência, mostrar-lhe a brusquidão de seu tratamento. Ele não conseguia reconhecer que houvesse qualquer truculência nas suas maneiras. A seu ver, tratava-me da forma mais normal que possa existir. Tentei comunicar-lhe que aquilo que ele achava perfeitamente normal podia não ser assim percebido pelos outros, a começar por mim mesmo. Disse-lhe, inúmeras vezes, que eu estava tentando ajudá-lo a perceber algo de monta quando lhe contava o que fazia comigo, e que era algo que causava considerável desconforto e mal-estar. Assinalei que fora do meu consultório dificilmente haveria alguém com condições de vivenciar o que eu experimentava com ele e que pudesse dizer-lhe, comunicar-lhe, o que se passava, para que ele pudesse verificar algo de sua responsabilidade que o levava a viver dificuldades e privações. Na sua vida de relações, agindo da mesma maneira que fazia comigo – e certamente ele não poderia ser um comigo e outro fora –, as pessoas deviam reagir de forma irritada ou mesmo agressiva àquilo que, pela minha experiência, igualmente devia fazer com elas.

Ele não só não admitia a possibilidade do que eu estava lhe dizendo como ainda falava que eu só dizia aquilo para lhe causar constrangimento. Procurei conversar, de todas as maneiras que me eram acessíveis, e mostrar que seria mais tolerável, para ele, achar que eu era mais um a infernizar sua vida, da mesma forma que estava convicto ser isso o que lhe faziam todos os que o rodeavam, do que considerar sua responsabilidade por danos que estivesse causando a seus próprios interesses. Se ele percebesse o que eu estava procurando mostrar-lhe, ficaria triste, deprimir-se-ia, mas deprimir-se de um jeito diferente daquele a que está habituado, como uma criança que lamentasse ver todos os seus brinquedos quebrados e, subitamente, percebesse que ela própria é que os havia quebrado e continuasse fazendo isso. Seria triste fazer esse reconhecimento e, não obstante, essa seria a única maneira de que isso pudesse deixar de ter continuidade. Somente a dor da tristeza do reconhecimento de sua responsabilidade nos estragos que efetuava poderia levá-lo a reconsiderar os seus modos e, eventualmente, se ele assim discernisse, reorientar sua conduta.

Esse homem queixava-se profundamente de não lhe serem atribuídas funções de responsabilidade em seu trabalho, e também de não ser levado a sério nas funções a que se dedicava. Tentei evidenciar-lhe, conforme a experiência que tive com ele, que me parecia realmente pouco provável que lhe fossem atribuídas funções mais sérias, pois ele recusava-se a considerar e, consequentemente, a assumir qualquer responsabilidade que lhe era atribuída. Por exemplo: desde que começamos o trabalho eu lhe havia entregue a chave do meu conjunto para que pudesse entrar e sair sem precisar importunar-me nos meus atendimentos e sem precisar ficar aguardando a saída de um paciente anterior. Todavia, raríssimas foram as vezes que se lembrou de vir com a chave e, quando chegava, tocava a campainha. Dizia, com brusquidão e desdém, não querer saber de tomar conta de uma chave e de se lembrar de onde a colocava. Sua atitude revelaria não ter qualquer consideração ou reconhecimento de minha existência real. Eu era apenas "algo", uma coisa, que existia para atendê-lo e para satisfazer suas vontades. Quando eu lhe abria a porta, ele entrava como se fosse um príncipe para quem seria perfeitamente óbvio que um lacaio se ocupasse dessa tarefa. Entrava e deitava-se no divã e ficava sem nada dizer, esperando que eu fizesse algo para que sua situação mudasse. Quando falava, em geral irritado por precisar fazer esse esforço, também se queixava de seus colegas e familiares, na expectativa de que eu fizesse algo em relação a eles ou ao mundo, ou então que, como uma fada madrinha, eu o dotasse de todas as honras e distinções das quais se achava merecedor.

Quando tentei conversar sobre esses seus modos para comigo, enfrentei uma grande hostilidade, um verdadeiro ataque de grosserias. Procurei chamar sua atenção para essa situação – daquilo que o via fazer comigo –, para o que fazia com a chave e para sua reação quando lhe propunha refletir sobre sua maneira de tratar uma proposta de trabalho que lhe fazia, que era a de pensar sobre as minhas observações e proposições de esclarecimento. Ele reagia mais furioso, não percebendo o que essas situações teriam a ver com suas dificuldades no trabalho e seu desenvolvimento pessoal.

Disse-lhe que reclamava por não lhe atribuírem funções de responsabilidade no trabalho, mas que eu via que, ao lhe dar uma responsabilidade como a de tomar conta de uma chave, ele recusava-se a assumi-la. Ele retrucava com violência dizendo não ver que relação teria entre aquilo o que lhe dizia e seus problemas no trabalho, da desconsideração por parte de seus colegas.

Procurei chamar-lhe a atenção para a situação ali presente em que eu lhe propunha uma questão para ser pensada, o problema da chave, ou seja, que eu estava lhe propondo uma tarefa, um trabalho, que era pensar sobre esse episódio, e que, sem um instante sequer de reflexão, ele já a havia recusado, dispensado, desconsiderado, não tolerando o trabalho que lhe era proposto. Chamei a atenção para o paralelo que haveria entre as situações relatadas e as situações ocorridas no consultório. Procurei esclarecer que, se ele é alguém que se recusava a assumir a responsabilidade de cuidar de uma chave, que é algo que se dá para um jovem quando ele fica mais velho, por se considerar que ele teria suficiente responsabilidade para cuidar disso, que ficaria difícil para seus colegas e chefes, ao observar esse tipo de atitude nele, passarem para ele atribuições que requereriam responsabilidade e disposição para reflexão e trabalho.

O paciente retrucou que eu não lhe dizia o que fazer, não lhe dizia como resolver os seus problemas, que não aprendia nada comigo. Disse-lhe que efetivamente não lhe dizia como resolver os seus problemas, que eu procurava mostrar-lhe quais seriam eles para que pudesse pensar a respeito. No entanto, quando lhe propus isso, ele reiterou suas queixas de que não lhe dizia o que fazer, como resolver os problemas que considerava serem os reais, da sua vida fora do consultório. Novamente tentei fazer um paralelo mostrando que ele reclamava de só o mandarem fazer tarefas sem importância e sem relevância. Disse-lhe que considerava que isso devia ser assim mesmo, pois, sendo ele uma pessoa que não se dispunha a pensar sobre os problemas que lhe eram propostos, apenas querendo e insistindo que lhe dissessem como deveria proceder, só poderia ser mesmo um "pau-mandado". Ninguém iria colocar nas mãos dele tarefas que pudessem requerer um discernimento momentâneo e que exigissem uma disponibilidade para pensar o assunto na hora, sem ter outro alguém para lhe dizer o que fazer.

Num primeiro momento o paciente até teve algum reconhecimento do que eu lhe propunha refletir, e disse ser verdade o que ouvia, que verificava o que eu estava dizendo, mas em seguida houve uma reviravolta e ele disse não saber para que toda aquela conversa serviria; que não conseguia entender o que eu pretendia, que não via sentido em nada do que lhe falava.[2]

Comentei que a única possibilidade de ele chegar a ver sentido no que lhe propunha considerar seria ele tolerar a experiência de tristeza e depressão pelo que percebesse, caso contrário não poderia mesmo ver o que lhe mostrava.[3]

Ele reagiu com violência dizendo que todo mundo sabia que tristeza e depressão não serviam para nada, que ninguém queria viver isso e que até há uma porção de remédios que são feitos para que não se vivam tais sentimentos que não servem para nada.

Considerando-se ser isso o que ele pensava, indaguei o que o impedia de tomar os ditos remédios. Ele reagiu com causticidade dizendo que não acreditava em remédios.[4] Prosseguiu dizendo que

---

2 Ver Bion (1963/1977), sobre o funcionamento em –K, e também Klein, em que o recrudescimento da posição esquizoparanoide se dá para evitar a dor e os remorsos da posição depressiva.

3 Sei que essa é uma situação paradoxal. O paciente precisaria tolerar o que não suporta para poder verificar algo relevante. Contudo, a presença do analista poderia ajudá-lo a considerar a possibilidade de rever suas crenças quanto ao que é ou não intolerável. Algo que não seria suportável na tenra infância pode sê-lo na vida adulta, ou algo que possa ter sido insuportável de aproximar-se no seu meio familiar, para sua mãe ou para seu pai, poderia ser possível comigo. De qualquer maneira, há um ponto que só depende do paciente, que seria a sua decisão de aventurar-se por um terreno que não lhe é familiar. Essa é uma situação que só o analisando pode decidir e assumir, não importa o quanto seu analista possa pensar que lhe seja favorável. Se o analisando não se dispuser a dar tal passo, não há o que o analista possa fazer. No que diz respeito ao caso aqui mencionado, a intolerância ao reconhecimento de um forte sentimento de inveja também seria um importante fator na produção do quadro observado.

4 Aqui pode-se verificar que não importa que abordagem eu faça, sempre estarei "errado", mesmo com o prejuízo da própria coerência do paciente, pois ele afirma uma coisa e em seguida o contrário dela, dando um tranco em sua mente, arrebentando-a. Essas rupturas mentais efetuadas para evitar a depressão (no sentido de Klein) estariam na raiz de seu embrutecimento e estupidez.

144   QUESTÕES RELATIVAS À "CURA", À "MELHORA"...

já era deprimido, que já vivia se sentindo deprimido e triste, e que isso não servia para nada.

Disse-lhe que ele era mesmo deprimido e triste, mas não com a depressão e a tristeza que eu considerava úteis que ele vivesse. A tristeza e a depressão que eu pensava que seriam necessárias que ele experimentasse apareceriam a partir da verificação de sua responsabilidade por aquilo que lhe acontecia, enquanto estas das quais ele se queixava decorriam de uma vivência de impasse e falta de esperança que estariam associados à sua maneira de funcionar que realmente obstruíam todas as suas oportunidades. Ele só percebia, de forma esmagadora, a falta de perspectiva, de esperança – não a sua responsabilidade nesse contexto. (Ou ele teria uma noção muito peculiar do que seria ser responsável.) Vivia um tipo de depressão, que poderia se encaminhar para um caso psiquiátrico de depressão, por não poder suportar o outro.

Quando parecia, mais uma vez, que ele ia fazendo algum contato com o que lhe demonstrei, voltou a reagir de modo brusco e tudo isso foi reduzido a cacos, e o trabalho precisou ser continuamente retomado do início, num esforço de Sísifo de minha parte.

Do ponto de vista médico ou de possíveis outras abordagens psicoterápicas, essa depressão que ele sofre precisaria ser atacada, ele precisaria ficar livre dela. Do meu ponto de vista, ela é correspondente a uma percepção realista de falta de perspectiva e de esperança. Essa depressão, se considerada e respeitada, poderia levar a pessoa a pensar sobre o que lhe sucede. Como a meta seria a de livrar-se dessa "doença", fica perdido o vértice em que ela seria indicativa de uma situação real a ser considerada e trabalhada. Foi isso o que, a meu ver, possibilitou a Freud perceber o que nenhum de seus contemporâneos foi capaz. Em vez de tentar livrar o paciente daquilo que o atormentava, ele se dispôs a verificar, antes de qualquer outra iniciativa, que sentido aquilo teria.

Quero destacar que considero normais ambos os tipos de depressão – nenhum seria patológico, pois corresponderiam a apreensões da situação vivida pelo analisando. O segundo tipo, aquele que o paciente já vive, implicaria uma situação em que uma pessoa se deprime por estar perseguida – encurralada em um estado mental que efetivamente aniquila toda e qualquer esperança que possa ter. Esse estado leva o paciente à inanição mental. O sofrimento vivido é algo natural. A procura de eliminar pura e simplesmente o estado de sofrimento o privaria de acesso àquilo que o alerta de que algo não vai bem, ou melhor, de que algo muito sério está realmente acontecendo. Seria o equivalente a sedar, anestesiar o paciente e achar que desse modo seu mal acabou, sem considerar que a dor correspondente a um sinal de que algo está se complicando, seria um modo normal e necessário para que possa tomar ciência de seu estado, e, caso tenha condição de pensá-lo, efetivamente tratar seu problema. No que tange ao paciente, a questão seria a intolerância ao contato com a dor que o impede de reconhecer e cuidar do que é preciso. Quanto mais tenta se livrar do sintoma, acreditando ser esse o problema, mais difícil fica para ele reconhecer e lidar com o real sofrimento, num círculo vicioso infernal.

Ao psicanalista caberia manter o vértice psicanalítico, pois a psicanálise seria a única oportunidade de se poder verificar os "motivos" do fenômeno. O trabalho do psicanalista não é aliviar os pacientes de suas dificuldades, e sim ajudá-los a desenvolver suas capacidades de pensá-las, tornando o psicanalista, em última instância, dispensável.

O vértice psicanalítico que estou considerando, e com o qual trabalho, é aquele que privilegia o *desconhecido* – que equivale e também amplia a ideia de Freud do Inconsciente – que, na sua essência, é aquilo que não se sabe.

IV. Expectativa de melhora e cura e algumas das consequências

Um dos problemas de haver uma expectativa de melhora e cura do paciente é este último ver-se levado a produzir a melhora e cura ansiada pelo analista, com o intuito de agradá-lo e de ser por ele aceito – ou, por outro lado, lográ-lo. O paciente percebe intuitivamente, mesmo que não saiba disso, as expectativas de cura e melhora por parte do analista e o contentamento por parte dele quando as apresenta. O paciente pode tornar-se um *expert* em produzir cura e melhoras que deleitam e envaidecem seu analista. Em geral, essas melhoras aparecem nos relatos de como a sua vida melhorou fora do contexto analítico. Por exemplo, diz que casou, passou a tratar bem os filhos, arranjou um bom emprego, passou a ter consideração pelos outros, deixou de ser egoísta, não trai mais o marido ou a mulher, e uma série de outras mudanças, em geral intimamente ligadas a valores morais estabelecidos. Todo paciente, por mais psicótico que possa ser (ou, muito pelo contrário, principalmente se for psicótico), intui e capta nas profundezas da mente do analista quais são os seus valores e seus anseios e pode, ao verificar as expectativas do analista, passar a produzir em larga escala aquilo que ele (analista) espera sem mesmo se dar conta. A análise do analista é também crucial para que ele possa conhecer intimamente seus valores e preconceitos, de maneira a ter reconhecimento de suas expectativas e desejos, podendo afastá-los quando os percebe, ou afastar os seus desejos de ver realizadas suas expectativas e aceitação de valores que lhe são próprios, mas que possam ser alienígenas para o paciente.

O analista que ingenuamente acreditar (ver Bion, 1970/1977) nos relatos do paciente sobre o que acontece na sua vida fora de análise e não se mantiver atento àquilo que realmente faz o analisando em seu consultório e na relação que estabelece consigo será envolvido pelas produções do analisando e acreditará que as coisas podem estar caminhando muito bem e que tem um paciente que é muito empenhado e colaborador. O paciente (ainda que não o saiba ou o perceba) está mesmo empenhado em produzir aquilo que seu analista espera dele, o que é muito diverso de estar desenvolvendo suas capacidades mentais que, por sua vez, poderiam levá-lo a assumir posturas e valores que seriam muito diferentes daqueles do analista, mas que seriam genuinamente seus.

Em recente situação da minha clínica observei um paciente que, tão logo eu dizia algo, ele imediatamente já se mobilizava para mostrar-me sua concordância com o que eu lhe propunha. Na minha observação, contudo, verificava que não havia tido um mínimo de tempo suficiente para "digerir" ou verificar efetivamente as proposições que eu havia feito. Também não verificava realmente, nas suas concordâncias, algo que tivesse relação com aquilo que eu havia lhe proposto pensar. Era aparentemente a mesma coisa, mas não de fato. Muitas vezes seus movimentos eram para me mostrar que estava livre de certos preconceitos de grupos de que faz parte, pois achava que isso era o que eu esperava dele. Não obstante, ao esforçar-se para mostrar-se emancipado dos supostos valores "arcaicos" daquele agrupamento, eu o percebia submisso e aderindo aos valores que atribuía a mim, com os quais me confundia e acreditava que eu esperava que aderisse. Penso que, ao procurar mostrar-se emancipado, permanecia igualmente submisso, apenas trocando a forma externa da autoridade. Se eu não me der conta dessa situação e assumir o papel que me é proposto, posso tornar-me uma aparente não autoridade muito autoritária. Uma maneira meio simplificada de ver isso acontecer, que não era exatamente o caso aqui, dá-se quando o analisando procura mostrar que abandonou o "obscurantismo atrasado e moral" de alguma religião que tem para assumir uma religiosa não religiosidade que

148   QUESTÕES RELATIVAS À "CURA", À "MELHORA"...

seria mais "moderna" e que acredita ser a de seu analista. O que não desenvolve, de fato, é um verdadeiro discernimento seu. O analista "moderno e *descolado*" pode achar que seu analisando evoluiu de uma situação medieval para outra mais desenvolvida e livre, sem verificar que o *status quo* mental do analisando não sofreu qualquer alteração.

Com o paciente em questão tive a impressão (que comuniquei) de que ele acreditava que todos os recursos dos quais dependia para sobreviver estavam fora dele, num determinado grupo, ou em alguma autoridade fora dele. Tal como um bebê recém-nascido estava desesperado para ser adotado, para que eu o adotasse, e a despeito de ser um homem maduro e, pelo que diz, supostamente bem estabelecido profissionalmente, acredita, no seu íntimo, que, se não for assimilado, adotado, aceito, por mim ou por qualquer outro grupo que seria o real possuidor de todos os recursos necessários à sobrevivência, morrerá à míngua. Dessa maneira, ali comigo, esforçava-se – mesmo sem realmente entender o que eu estava dizendo – para mostrar que compartilhava do que acreditava serem minhas ideias e meus valores. Se fossem outros os valores, ele também faria a mesma coisa, pois o discernimento sobre as ideias expostas não teria qualquer importância. O imperativo seria aparentar que as ideias da autoridade de outrem ou de um grupo seriam igualmente às suas, e disso dependeria, para ele, sua aceitação, assimilação, pela autoridade e pelo(s) grupo(s), de quem dependeria sua sobrevivência imediata. Tal como um bebê recém-nascido, ele se desesperava para se ver e ser "importante" para mim, para o seu grupo, ou para os seus pais. Um bebê realmente precisaria ser importante para os seus pais ou para aqueles de quem depende (Bion, 1992, p. 122). Somente depois de muito conversar e de mostrar essa situação por diversos ângulos é que parece que ela fez realmente algum sentido para ele e levou-o efetivamente a refletir sobre seu estado de mente e suas consequências.

V. O pânico

As síndromes do pânico estão na moda, na ordem do dia. A meu ver, tais quadros são velhos conhecidos dos psicanalistas; são aquilo que Freud chamou de histerias de angústia ou fobias, com nova roupagem ou nomenclatura que dão a impressão de que se trata de uma coisa nova. No que diz respeito à prática psicanalítica na abordagem dessas situações, considero que, ao manter-se um enquadre de trabalho que seja fiel ao modelo médico, corre-se o perigo de se perder o vértice psicanalítico e o diferencial que esse vértice poderia trazer.

Mantendo-se o viés médico curativo, as situações de pânico são abordadas como doenças que precisariam ser extirpadas. O pânico é visto como algo anormal que não teria lugar. Há a confusão do sintoma com o próprio problema. O sintoma também é percebido como algo errado, que não deveria existir. Considero ser esse um sério problema, pois, a meu ver, o sintoma, mesmo do ponto de vista médico, seria algo adequado e certo – ele indica que um problema está ocorrendo e que sua manifestação pode ser o que há de mais adequado na vigência do problema.

Não estou advogando que a psicanálise seja uma panaceia e que dê conta de tudo quanto é situação. Não considero que pessoas em meio a intensas crises de pânico que mal podem sair de suas casas ou de suas camas possam prescindir de medicamentos, ou de algum tipo de ajuda que permita um mínimo de mobilidade. Considero, contudo, que tais abordagens são paliativas.

Na minha prática clínica encontrei várias pessoas que manifestavam as famosas "síndromes de pânico" e que declararam amiúde, após serem medicadas, que sentiam que alguma coisa punha em um certo estado de suspensão aquilo que viviam, mas que a própria coisa, apesar de aparentemente desligada ou em suspensão,

150 QUESTÕES RELATIVAS À "CURA", À "MELHORA"...

poderia ser reativada a qualquer instante. O medo persistia. Estariam, até um certo ponto, suspensas apenas as reações que esse medo as levaria a ter. Essas pessoas também se queixam de que os medicamentos as deixam apáticas e sem ânimo ou sem condições mínimas para as outras atividades que precisam empreender na vida. Além do mais, há o problema de, após um certo tempo, segundo a declaração desses pacientes na minha clínica, o medicamento começar a perder o efeito, precisar ser trocado, ou suas doses passarem a ser cada vez maiores, trazendo outras consequências secundárias.[5]

O que verifiquei *nos meus atendimentos* é que as pessoas que se queixam de viver crises de pânico, em geral, apresentam um modo de lidar com aquilo que as angustia que tem como resultado viverem o pânico – um pânico com motivação real.

Na minha observação, no contato que têm comigo, o que vejo amiúde nelas é uma atitude de partir para a ignorância (tanto no sentido de não querer saber ou ter qualquer contato com o que lhes desagrada, como também no de reações que tendem a ser grosseiras e violentas) ante toda tentativa de colocá-las em contato com aquilo que percebo angustiá-las ou contrariar suas expectativas de como as coisas deveriam ser. Uma pessoa que, para não perceber

_____

5 Isso não corresponde à experiência da maioria dos psiquiatras no que diz respeito ao uso desses medicamentos, mas ao depoimento daqueles que me procuraram. Deixo claro que não tenho posição contrária à psiquiatria ou ao uso de medicamentos. Não considero que um paciente em pleno surto psicótico possa tirar maior benefício de um atendimento psicanalítico, e o uso de medicação pode ser de grande valia na estabilização de um quadro agudo. Psicanálise não deve ser confundida com panaceia, e o psicanalista deve ter em mente os limites de sua atuação e levar em conta a condição do paciente ao tomá-lo em análise. Não penso que seja sensato procurar analisar uma pessoa que percebo estar prestes a se atirar por uma janela. No entanto, se ela estiver fora de um quadro agudo, o vértice psicanalítico pode ser útil para investigar e esclarecer o que leva aquele indivíduo a tal estado de desespero.

o que a desagrada ou a angustia, fura os próprios olhos, estoura os tímpanos, e rompe o contato com qualquer estímulo que a informe daquilo que não quer saber, fica numa situação muito complicada. Imaginem-se cegos, surdos, sem tato, olfato ou qualquer outra percepção que lhes indique o que estaria acontecendo à sua volta em um ambiente – ou ainda, caso seja mantida a percepção dos estímulos, que todo e qualquer sentido emocional que esses estímulos pudessem mobilizar fosse atacado, de modo que vejam os estímulos, mas que não mais consigam dar sentidos a eles. Considerando tal situação, penso que entrar em pânico é a reação mais natural possível. O pânico, nesse contexto, é uma reação saudável! É o (que restou do) bom senso da pessoa se manifestando. Atacá-lo ou querer privar a pessoa dessa reação é atacar o que restou de saudável e pertinente nela. De outros pontos de vista mais corriqueiros, o pânico seria algo errado e doente que precisaria ser expurgado. Do ponto de vista psicanalítico *que estou aqui propondo*, é uma manifestação muito adequada e que indicaria a necessidade de o paciente rever os modos que utiliza para lidar com aquilo que o angustia.

Partir para a ignorância, negar a realidade odiada, ou negar os sentidos daquilo que se percebe, foi provavelmente um recurso primeiro, utilizado na falta de encontro de outras possibilidades. Negar a realidade quando ainda se dispõe, mesmo que de maneira precária, de adultos (pais ou responsáveis) para enfrentar os fatos da vida é um caso, negar os fatos quando já se está numa situação em que é necessário enfrentar sozinho os fatos é outra história. O que pode ter sido mais ou menos útil numa etapa da vida, para enfrentar temores, ou desconfortos, sentidos como intransponíveis, ou pelo menos indesejáveis, pode, em outra etapa, constituir-se num prejuízo.

O trabalho do analista não seria o de indicar o pânico como o problema a ser solucionado. Pelo contrário, seria o de indicar que o pânico é provavelmente a reação adequada às "soluções" dadas pelos pacientes às suas angústias. Isso sendo verificado pelo paciente, o analista, com sua condição supostamente mais desenvolvida para ficar em contato com angústias e desconfortos, poderia ajudar o analisando a desenvolver suas capacidades para conviver, aceitar e assimilar situações de mais angústia, desconforto e frustração com que se defronte. A pessoa mais desenvolvida emocionalmente não é a que se livrou de angústias e frustrações, e sim aquela que tolera níveis cada vez maiores de angústias e frustrações. Somente essa condição a habilita a lidar com as dificuldades da vida. Quanto mais alguém se recuse ou se veja incapaz de lidar com os sentimentos mobilizados por adversidades ou por frustrações (que são os fatos serem diferentes de nossos desejos), mais inapta estará para lidar com as situações da vida real. Quanto mais ela se vir (sem se dar conta) nessa situação, mais tenderá a entrar em pânico quando se encontrar diante dos fatos da vida que não pode evitar, da mesma forma que pode reagir um bebê recém-nascido que não tem experiência de vida nem recursos desenvolvidos para lidar com o que lhe chega. Ao analista não cabe poupar o paciente.[6] É de se poupar do que considera ser frustrante e desagradável que o paciente padece. Por outro lado, tornar-se capaz de reconhecer as adversidades e frustrações não é garantia de imunidade à depressão, à tristeza ou a vivências de desamparo. O real desenvolvimento implicaria a possibilidade de aceitação e assimilação dessas vivências na vigência das adversidades sem que necessariamente tais sentimentos impeçam o indivíduo de continuar pensando e

---

6   José Longman, analista didata da SBPSP falecido no início dos anos 1990, costumava dizer que análise não é para quem quer fazer poupança – não é para quem quer ser poupado. Não haveria desenvolvimento possível para quem quer facilidade e ser poupado. Para haver crescimento, um indivíduo precisaria usar os recursos de que dispõe; se eles não forem usados, não se desenvolverão.

funcionando (e, eventualmente, perceber oportunidades que lhe sejam favoráveis).

Não poupar o paciente não implica ser violento com o analisando ou querer empurrar-lhe "verdades" goela abaixo, mas implica ajudá-lo a confrontar-se com os fatos com os quais sempre se recusou a entrar em contato e com tudo o mais que ele possa achar inaceitável, porque não está em conformidade com suas expectativas e desejos. Para que isso seja possível, o próprio analista precisa ser alguém que tolere angústias e adversidades – a começar na sua própria prática clínica. O analista não precisa apresentar-se como um herói ou um super-homem, mas precisa ser alguém que, ao se ver diante de situações penosas e adversas, possa aceitar-se no seu sofrimento e permanecer respeitando-se mesmo diante de sua ignorância e insuficiência, aguardando, num estado de fé – conforme a definição de Bion (1970/1977) –, o surgimento de alguma evolução.

VI. A questão da verdade e da honestidade

Freud já dizia, desde o início, que psicanálise é inseparável de verdade e do amor à verdade. Bion (1970/1977) complementou escrevendo que a verdade é inseparável da saúde mental e é indispensável para se ter saúde mental. Penso ser esse o fator limitante para a prática e o benefício que possa advir de uma psicanálise. O analisando precisa ter um mínimo de interesse na verdade para que esse trabalho possa ocorrer. Quanto ao analista, para que possa praticar psicanálise, e não qualquer outro tipo de psicoterapia suportiva, o seu vértice precisaria ser o da verdade e da honestidade com o paciente, visto ser a falta de verdade psíquica que levaria o paciente ao estado de penúria que o faz buscar ajuda.

Muitas vezes ouço comentários de que não se deve dizer isso ou aquilo para um paciente, pois ele não aguentaria. Primeiramente, quero argumentar que considero ser uma grande presunção *eu* achar e decidir o que uma pessoa vai ou não aguentar ouvir ou perceber. Esse tipo de problemática fica mais claro quando pensamos em situações de adoção em que os pais consideram que não podem dizer aos filhos que são adotados. Todas as pessoas que trabalham na nossa área já estão cansadas de saber como essa decisão acaba levando a complicações consideráveis na mente dessas crianças adotadas. De alguma maneira elas sabem que algo está sendo ocultado, que alguma coisa não está sendo dita, que há mentira no ar – mentira que, como ressaltou Bion (1970/1977, cap. 11), é veneno para a mente. Além do mais, aquilo que não é dito, que seria um fato da vida – a adoção, no caso –, passa a ser concebido, tanto por quem não diz como por quem fica sem acesso à verdade, como alguma coisa que seria realmente terrível, hedionda – e, por isso mesmo, precisaria ser escondida. Um fato real passa a ser um estigma, uma coisa que acontece passa a ter a equivalência de uma mancha, uma nódoa da personalidade da criança – destaco que não seria uma nódoa NA personalidade, mas na ocultação, a adoção seria vivida como uma nódoa DA personalidade dela, tanto pelos pais quanto por ela mesma.

Lembro aqui que, na tragédia de Édipo, seu drama se desenrola a partir de uma verdade que lhe é ocultada e da qual ele é poupado pelos pais adotivos.

Da mesma forma, considero que tudo que um psicanalista perceba e que oculte de seu paciente porque considera que ele não poderia suportar perceber acabaria por se constituir numa situação similar àquela da adoção que acabei de mencionar. O paciente de alguma forma intui que o analista sabe de algo e não lhe diz. Aquilo que em princípio seria feito pelo analista para poupar o seu paciente acabaria por estressá-lo ainda mais, aumentando sua perseguição, pois ele intui que algo está sendo ocultado, que a conversa não é totalmente franca. Por outro lado, a fala franca do analista pode, à primeira vista, parecer uma brutalidade, mas, por sua vez, quando o paciente verifica que o analista é honesto com ele, e que dele nada oculta, passa, segundo minha experiência, a sentir-se mais confortável e tranquilizado, por verificar que não há "esqueletos escondidos no armário". Ao constatar que a conversa é realmente sincera, ele perceberia estar sendo verdadeiramente respeitado na sua integridade – não está sendo percebido como bobo ou incapaz, para dizer o mínimo. Pressupor, *a priori*, que o analisando não é capaz de entrar em contato com os fatos seria fazer pouco caso dele. Ao ser sincero, o analista também assinalaria a crença de que o paciente pode enfrentar os seus problemas de forma diversa daquela como vem fazendo – toda neurose ou psicose são, em última instância, distorções ou negações da realidade tida como intolerável ou inaceitável. Se o analista considera que o paciente é realmente alguém sem recursos, seria o caso de tomá-lo em análise? Penso que psicanálise não cria recursos em quem não os tem, apenas pode desenvolver os recursos existentes, porém não evoluídos.

Situação similar pode ser vista na relação de médicos e pacientes que têm doenças graves. Acho desastroso e desrespeitoso quando médicos e familiares decidem que podem ocultar do paciente aquilo com o qual acham que este não suportaria entrar em contato. É, a meu ver, uma afronta ao direito e à autonomia do paciente. De qualquer maneira, em tais circunstâncias, a realidade acaba por se impor. Quando isso acontece, pode ser que a pessoa que ficou iludida, por exemplo, numa doença letal, sinta-se muito prejudicada por não ter tido a oportunidade de decidir por si mesma o que gostaria de fazer dos últimos meses, dias ou horas de sua existência. Quando finalmente a realidade ocultada se impõe, pode não mais haver o que fazer.

156   QUESTÕES RELATIVAS À "CURA", À "MELHORA"...

Freud e Klein não pouparam seus pacientes daquilo que consideravam verdadeiro. As repercussões sofridas por eles por não abrirem mão de suas sinceridades foram consideráveis. Penso que se costuma esquecer, quando alguém diz "como se pode dizer isso a um paciente? Ele não vai aguentar!", o que Freud (1978) e Klein (1975), por exemplo, ousaram dizer a seus pacientes e a seus contemporâneos de prática científica. Em plena era vitoriana, Freud foi capaz de falar a donzelas e a senhoras puritanas, e a senhores da mais estrita reserva moral, sobre seus desejos de matarem o pai (ou a mãe) e de dormirem com o genitor do sexo oposto – quando não era o do mesmo sexo. Acho que, hoje em dia, costuma-se perder de vista o tamanho do impacto que tais comunicações deviam ter na época de Freud, de como devia chocar e horrorizar os seus ouvintes – tanto pacientes quanto colegas. A despeito das reações, continuou a dizer o que pensava, pois, como assinalei desde logo, Freud não distinguia a psicanálise da busca da verdade (conhece--te a ti mesmo!).

Conseguimos lembrar-nos do primeiro impacto das nossas leituras de Klein? Lembramos que ela escreve o que dizia para seus pacientes?

Não estou advogando sermos rudes – há formas e formas de se falar com uma pessoa. Nunca se deve esquecer que a pessoa com quem estamos está sofrendo, muitas vezes está em "carne viva". Nem por isso podemos deixar de fazer os procedimentos necessários para alguém que está em carne viva[7] – mas não devemos esquecer tal condição. É necessário também achar uma maneira de falar, que o ouvinte possa ser capaz de compreender o que dizemos. Não dá para falar com uma pessoa muito concreta

---

7   Salvo quando o paciente deixa explícito não querer nossa intervenção, auxílio, ou o tipo de atendimento que propomos – decisão pela qual também deve assumir responsabilidade.

de uma forma muito metafórica ou abstrata (por outro lado, se a pessoa for excessivamente concreta ou pouco inteligente, uma análise pode não ser viável). É preciso que se busque a *language of achievement*, como diz Bion (1970, p.25), a linguagem de êxito ou de alcance, como se propõem as traduções em português dessa expressão. Penso que podemos aguardar para dizer algo para o paciente enquanto considerarmos não ter achado uma maneira clara e evidente de expressarmos aquilo que almejamos comunicar, ou enquanto verificarmos que nosso julgamento pode estar comprometido por turbulência emocional não digerida por nossa parte ou contaminado por preconceitos de alguma espécie. O que dizemos também não pode ser acusação de ordem moral e religiosa. Penso que nos cabe apresentar fatos para que os pacientes possam pensar a respeito, e não acusações de conduta inadequada (afinal de contas, quem pode decidir o que seria isso, salvo as pretensas autoridades morais?). Penso que Freud, ao dizer a seus pacientes sobre a situação edípica, não os estava acusando dela – estava apenas oferecendo elementos nunca percebidos ou pensados pelos pacientes para que, ao deles tomarem ciência, pudessem pensá-los, elaborá-los. Elaborar também não implica encaminhar para algum tipo de conduta, comportamento ou funcionamento que seria adequado, ou supostamente condizente com uma estabelecida normalidade. O resultado da elaboração deveria ser uma incógnita para o analista (assim como para o analisando) e não deveria haver *a priori* sobre isso, pois o que faríamos, se houvesse o que deve resultar, não mais seria psicanálise, mas algum outro tipo de atividade psicoterapêutica, médica, pedagógica ou pregação moral e religiosa.

Não considero haver um problema em uma pessoa receber catequese ou orientação pedagógica, ou mesmo psicoterapia com características pedagógicas, se for isso o que tiver procurado ou for isso que realmente almeja obter. São abordagens que permitem a muita gente se organizar e funcionar de alguma maneira em suas vidas, e podem inclusive ser muito úteis para quem as procura. Ao analista caberia esclarecer a seu paciente, tão rapidamente quanto possível, a diferença entre essas abordagens e aquilo que visa a psicanálise – a autonomia do paciente, por meio do desenvolvimento de sua capacidade de pensar, o que só seria possível se o foco estiver no desconhecido de sua realidade psíquica. Isso deveria ser feito na própria atuação prática do analista, de maneira a ir deixando claro o seu vértice e o que privilegia. Cabe ao analisando decidir se se interessa ou não por aquilo que o analista lhe propõe – mesmo quando se trata de crianças, como bem ressaltou Bion (1978?). Ao analista caberia oferecer a quem o procura aquilo que seria peculiar à psicanálise e que ele não encontraria em qualquer outro lugar. Se o analista fizer algo diferente de psicanálise, poderá estar privando quem a ele recorreu daquilo que se propõe (a psicanálise) e que, na prática, não acreditaria realmente ter alguma utilidade.

O alívio que pode advir de uma psicanálise, mas que não deveria ser a meta por ela buscada (o alívio), viria com o desenvolvimento da capacidade de pensar do paciente que o habilitaria a ver as questões da vida com que se sente em impasse e com as que venha a se defrontar a partir de diferentes ângulos de observação, o que o dotaria de discernimento próprio, possibilidade de escolhas e autonomia. O desenvolvimento da capacidade para pensar evoluiria a partir do contraponto proposto entre as convicções que tem o analisando de como as coisas são e aquilo que é percebido pelo analista a partir do ponto em que se encontra, de onde poderia ver o que o analisando não pode do ponto que ocupa. O analista pode contrastar o ângulo de percepção do analisando com o seu – mostrando aquilo que percebe da situação que compartilha com o analisando e que este último não percebe. Se o analisando suportar esse contraste, poderá verificar que há mais do que um ponto no universo de onde poderá olhar para a questão que o aflige e, eventualmente, perceber alternativas para aquilo que vive como impasse se considerar a existência de diferentes perspectivas que possam mudar completamente a configuração daquilo que via inicialmente. No vértice pedagógico, há a manutenção da ideia de uma autoridade, portanto de um único ponto de vista a ser considerado, enquanto no vértice didático, que seria o de toda psicanálise, não só das assim denominadas análises didáticas, seria possível o desenvolvimento da noção de autoridade (e responsabilidade) do próprio analisando.

Para não ser autoritário ou brutal, ao mesmo tempo permanecendo franco, o analista precisa ser capaz de compaixão, e uma maneira de isso se tornar viável é por meio de sua própria análise – se esta for profícua e profunda, dificilmente ele será capaz de atirar a primeira pedra ao perceber aquilo que há de humano no outro.

De qualquer maneira, o analista ser capaz de compaixão e de procurar uma linguagem que possa ser acessível e respeitosa com seu paciente, sem, porém, faltar com a verdade, não garante que tenha sucesso no seu esforço de comunicação. O interesse e consideração pela verdade não podem ser apenas seus – é preciso que isso também exista no paciente. Para que o analista possa ser ouvido, é preciso que ele encontre, em algum lugar, um interlocutor no seu paciente que esteja disposto a ouvi-lo e que reconheça a importância da honestidade (Bion, 1978?).

Vale igualmente ressaltar que Bion chamou a atenção para a questão da dogmatização das teorias psicanalíticas e também para os intuitos de tornar a psicanálise e os psicanalistas respeitáveis, autoridades conforme um *establishment*. Ele, por sua vez, prosseguiu seu trabalho investigativo para além daquilo que era considerável aceitável e estabelecido, e acabou tachado de louco[8] por muitos de seus próprios colegas.

---

8 Pelo que se poderia depreender de suas últimas frases de A *memoir of the future*, isso também teria deixado de ter relevância.

160 QUESTÕES RELATIVAS À "CURA", À "MELHORA"...

Psicanálise não serve para produzir cidadãos respeitáveis. Se a análise serve para ajudar uma pessoa a se encontrar consigo mesma, não deve ter *a prioris* do que isso deva ser e muito menos que ela deva vir a pensar e funcionar conforme qualquer valor pré-estabelecido. O respeito pela autonomia do paciente deve levar em conta os desenlaces e encaminhamentos que ele possa querer dar à sua vida, não importa quais sejam.[9] Como bem dizia Bion, se um sujeito for um ladrão por natureza, a psicanálise irá ajudá-lo a tornar-se um ladrão melhor. Considero que a única possibilidade de uma pessoa ter acesso a um certo grau de felicidade possível na vida é aquela em que possa sentir-se suficientemente autônoma, livre de autoridades de qualquer sorte (incluindo a do analista), para viver em conformidade com suas próprias aptidões, valores e anseios. A análise pode permitir que uma pessoa verifique quais esses realmente sejam, durante o percurso da experiência analítica. Isso não deve ser algo que se saiba de antemão – caso contrário, como já disse, estaríamos fazendo algum tipo de doutrinação (e, consequentemente, de violência contra a autonomia do paciente), e não psicanálise.

O respeito principal de que uma pessoa necessitaria seria o dela por ela própria. Este autorrespeito é que teria, a meu ver, permitido que um Freud, uma Klein e um Bion permanecessem fiéis a si mesmos a despeito de serem percebidos como *outsiders* pelos grupos dos quais fizeram parte.

Freud foi tratado como uma aberração por chamar a atenção para o Édipo e para a sexualidade infantil – aquilo tudo só poderia ser fruto de uma mente degenerada (ver Jones, 1961, pp. 278-279).

---

9 Posso deixar claro, no entanto, que no meu atendimento estarei visando uma colaboração com sua vida – mas ele poderá usar daquilo mesmo que proponho como *life promoter* para outros fins. Isso precisaria ser respeitado pelo analista, a despeito de não se dispor a colaborar para a destruição do paciente se for por esse caminho que ele quiser trilhar.

Se sua preocupação fundamental fosse a de ser um cidadão respeitável, antes de mais nada, teria feito como Breuer[10] e sucumbido ao *Establishment*, como seria o "normal" de se esperar. Não obstante, também penso que a única maneira real de uma pessoa desenvolver verdadeira consideração pelos outros, uma ética própria e genuína, como advogava Sócrates, segundo Cornford (1932/2001), em contrapartida aos valores morais que são impostos de fora pra dentro, é ela ter real consideração por si mesma, por sua autonomia e opções, sejam elas quais forem. Freud e a psicanálise só se tornaram efetivamente respeitados – ainda que em âmbito bastante restrito, porque ele teve real consideração por si mesmo e por seus pensamentos, a despeito de serem – não só naquela época, mas até hoje – percebidos como desviantes, perturbados e perturbadores.

Realço também o problema do anseio da psicanálise de tornar-se agradável, respeitável, normatizante e na norma. Associado a esses três primeiros fatores estaria o interesse de ser comercialmente rentável, um bem de consumo de massas. Essa conjunção, caso prevaleça, colocá-la-á num trajeto que levará a seu aniquilamento, tal qual tudo aquilo que é um bem de consumo de massa. Como destacou Hannah Arendt (2000), todo produto para consumo de massa, tão logo é consumido, é descartado, porque não tem maior consistência e serventia, salvo a de um entretenimento passageiro.[11]

---

10 Quero deixar claro que a decisão e escolha que atribuo a Breuer pelo *Establishment* e pela respeitabilidade são legítimas e não merecem, a meu ver, qualquer desconsideração. Cada um deve saber onde o sapato lhe aperta. Destaco, porém, que a investigação e prática psicanalíticas seriam incompatíveis com a busca de reconhecimento e assimilação pelo *Establishment*.

11 Para a produção de produtos de entretenimento de massas, Arendt destaca a necessidade dessa indústria de se valer de verdadeiras obras de arte originais, mas despojando-as de sua essência e tornando-as "agradáveis", para rápida digestão. Nesse processo, contudo, a obra de arte original acabaria destruída.

Referências

Arendt, H. (2000). A crise na cultura: sua importância social e política. In H. Arendt, *Entre o passado e o futuro*. São Paulo: Perspectiva.

Bion, W. R. (1977). Elements of psycho-analysis. In W. R. Bion, *Seven servants: four works by Wilfred R. Bion*. New York: Jason Aronson. (Originalmente publicado em 1963).

Bion, W. R. (1977). Attention and interpretation. In W. R. Bion, *Seven servants: four works by Wilfred R. Bion*. New York: Jason Aronson. (Originalmente publicado em 1970).

Bion, W. R. (1978?). *Supervisão 19** no Brasil*. Transcrita pelo Dr. José Américo Junqueira de Mattos, membro efetivo e analista didata da SBPSP.

Bion, W. R. (1992). *Cogitations*. London: Karnac Books.

Bion, W. R. (2005). *The Tavistock Seminars*. London: Karnac Books.

Cornford, F. M. (2001). *Antes de depois de Sócrates*. São Paulo: Martins Fontes. (Originalmente publicado em 1932).

Freud, S. (1978). *Complete works*. Standard Edition. Londres: The Hogarth Press.

Jones, E. (1975). *Vida e obra de Sigmund Freud*. Rio de Janeiro: Zahar. (Originalmente publicado em 1961).

Klein, M. (1975). *The writings of Melanie Klein* (Vols. I, II, III, IV). Londres: The Hogarth Press.

9. Função α ←→ psicanálise: processo de investigação (a respeito da *Qualidade de Presença* na sessão: modelos)

Cícero José Campos Brasiliano[1]

> *Para mi, en el arte no hay ni passado ni futuro.*
> *Si una obra de arte no pude vivir en el presente,*
> *no vale la pena perder el tiempo con ela.*
>
> Pablo Picasso (Museu Picasso em Barcelona, Espanha)

I. A exemplo de Marco Polo

Estive fora do Brasil por quarenta dias durante os meses de dezembro e janeiro de 2008 visitando Portugal, Espanha e Alemanha (Berlim). Parafraseando um grande viajante, "odeio as viagens e os exploradores" (Lévi-Strauss, 1986, p. 1), porém, diante do inevitável, tentei tirar proveito do mau negócio.

Desde muito jovem causaram-me forte impressão as viagens do veneziano Marco Polo, que, no final do século XIII, chegou até a China, aí permanecendo durante dezesseis anos, onde se integrou à Corte, chegando a exercer funções administrativas junto ao

---

1 Membro efetivo da Sociedade Brasileira de Psicanálise de São Paulo (SBPSP).

imperador Cublai Cã (Polo, 1999, p. 15). O veneziano não foi um "turista", mas alguém interessado e atento às características físicas e humanas da Ásia, as quais relatou em seu livro, deixando claro que "algumas coisas, porém, não viu, mas escutou-as de outros homens sinceros e verdadeiros" (Polo, 1999, p. 35).

Antes de iniciar minha viagem, já havia recebido o convite para participar deste seminário a respeito da obra de Bion. Ocorre comigo, e talvez igualmente com o leitor, uma situação peculiar quando vou apresentar algum trabalho em reuniões científicas: minha atenção torna-se seletiva e em minha mente começam a gestar várias ideias, em geral a partir de experiências vividas ou de elementos visuais. Talvez o leitor se lembre do modelo usado por Freud para introduzir o conceito de associação livre de ideias: "Aja como se, por exemplo, você fosse um viajante sentado à janela de um vagão ferroviário, a descrever para alguém que se encontra dentro as vistas cambiantes que vê lá fora" (Freud, 1913/1970, p. 177).

Esse modelo de Freud parece-me útil como metáfora em relação ao Fluxo Psíquico, que ocorre, por exemplo, na sessão de análise ou quando estamos escrevendo a respeito de situações psicanalíticas. Nesta comunicação pretendo ressaltar alguns *fatores* relacionados à *qualidade de presença* do analista e/ou analisando na sessão, usando para tal intento *três modelos* que me parecem úteis para significar o tema.

II. Descoberta durante um passeio

Na investigação dos fenômenos psíquicos, parece-me de fundamental importância o aspecto *qualitativo*, vale dizer, não sensorial. O mesmo pode-se dizer em relação à psicanálise, pois trata-se de uma investigação essencialmente *qualitativa* dos fatos psíquicos.

Ocorre que, na situação clínica, muitas vezes temos que lidar com situações *quantitativas*. Quero referir-me, por exemplo, àqueles pacientes muito hábeis em manipular as palavras, escondendo-se atrás delas e, portanto, não permitindo acesso a eles mesmos. Muitas vezes as palavras não são usadas para comunicar sentimentos ou ideias. Ao contrário, seu objetivo é provocar uma *ação* o mais das vezes sobre o próprio analista, dificultando-lhe o próprio pensamento, distraindo-o do cerne das questões e tentando transformar a sessão em algo anódino.

Lembro-me de um analisando de 30 anos inteligente, simpático e com excelente domínio da linguagem verbal, em análise há dois anos. Chegava pontualmente às sessões e, deitando-se no divã, iniciava uma catadupa de palavras descrevendo situações de sua vida com colorido emocional intenso, sempre na linha de alguém poderoso e forte. Aos poucos, no decorrer das sessões, fui percebendo que ele simplesmente não estava *presente na sessão*. Havia algo como se fosse uma *não presença*, pois em raros momentos deixava entrever, em meio à enxurrada verbal, algo que possivelmente o havia trazido à análise: sua extrema *fragilidade* e *desamparo*. Esses momentos eram fugidios, pois nessas situações seu tom de voz tonitruante ficava mais baixo, quase um sussurro, difícil mesmo de se ouvir. Parecia-me que ele mesmo não queria ouvir. Havia, porém, um fator favorável com esse analisando. Parecia-me que algo do que eu dizia ele conseguia ouvir. Mostrei a ele este funcionamento à semelhança de uma gangorra: ora uma atitude arrogante e superior para em seguida surgir seu desamparo e fragilidade.

Após essas observações, sua reação comigo foi mudando muito lentamente. Parece-me que, atualmente, sua *presença* na sessão mudou de qualidade; consegue perceber a necessidade de *intimidade*, valorizando-a.

166   FUNÇÃO α ←→ PSICANÁLISE

Creio que a situação clínica descrita aproxima-se daquilo que Bion, em *Learning from experience*, descreve no capítulo IX como Tela β (Bion, 1977, p. 20). Alguém poderia objetar que a forma verborrágica como esse paciente se comunicava seria a única maneira possível para ele de estar presente na sessão. Enfatizo a necessidade de o analista poder avaliar a qualidade de presença e mostrar isso ao analisando. Caso ele possa nos ouvir (como foi o caso), poderão ocorrer mudanças favoráveis no sentido de desenvolvimento no contato dele com ele mesmo e comigo.

Voltando ao título deste tópico, vou apresentar uma imagem para representar pictoricamente o que foi exposto: pouco antes de minha viagem de dezembro a janeiro de 2008, fui com minha filha mais jovem, que estava estudando para fazer o vestibular de Arquitetura, à Cidade Universitária (USP) visitar a Faculdade de Arquitetura e Urbanismo (FAU).

O objetivo de nosso passeio era fazer uma pausa nos estudos e até mesmo estimulá-la, pois o contato com o belo prédio projetado por Vilanova Artigas é entusiasmante. Ao chegar à FAU, notei que no saguão principal havia uma exposição fotográfica. Como disse anteriormente, antes de escrever um trabalho minha mente entra em espécie de gestação com a *atenção* estimulada para o assunto que estou estudando. Notei, então, uma foto (Imagem 1) que me parece dar uma imagem daquilo que expus. Trata-se, segundo me explicou a fotógrafa, de uma reunião de alunos da FAU, na qual um deles fala ao megafone, tendo por trás um fundo rubro. O interessante é que o megafone esconde as feições da pessoa. Somente se consegue ver algumas letras, talvez de alguma palavra de ordem. Parece-me que a individualidade do orador desaparece. Note-se que a pessoa que fala não aparece e até mesmo possíveis espectadores não a veem. O megafone, que amplifica as palavras, é o elemento central. Talvez na foto exista alguma esperança de surgir o indivíduo que fala, pois podemos notar os gestos de suas mãos que transmitem emoção.[2] O título da foto é bastante sugestivo: *Auto-Falante*. Isto é, o orador fala para ele mesmo. Será que ele consegue se ouvir?

III. Visita ao Museu Picasso em Barcelona

Durante minha última viagem a Barcelona, visitei o Museu Picasso. Há nele uma sala que chamou particularmente minha atenção: nela foi criado um ambiente confortável onde o espectador podia ver como fundo uma reprodução do famoso quadro de Velázquez *Las Meninas* ou *La família de Felipe IV* (Imagem 2).

Sobre ele eram projetados os 58 estudos que Picasso realizou sobre *Las Meninas* de Velázquez entre agosto e dezembro do ano de 1957 (Rafar i Planas, 2001, p. 29; Imagens 3, 4 e 5).

Muito já foi escrito sobre essa tela de Velázquez (Lacan, 2007). Como não sou crítico de arte, e sim psicanalista, irei usá-la junto com *Las Meninas* de Picasso para tentar ilustrar certas situações clínicas especialmente relativas à *qualidade de presença na sessão*.

Há algumas sensações peculiares que a tela *Las Meninas*, de Velázquez, provocaram em mim. A primeira pode ser designada como *estranheza* (*umheimlich*). Esta palavra também pode ser usada para designar uma sessão psicanalítica quando conseguimos adentrar em algo que lhe é próprio, qual seja, o mundo onírico.

A tela causa outra sensação particular, que é a do espectador e o modelo permanentemente inverterem seus papéis. Como diz

---

2 Lembro-me de um grupo de supervisão que fiz com Frank Phillips há muitos anos, em que alguém apresentava a experiência clínica de uma mulher muito perturbada psiquicamente. Havia, porém, um pormenor: ela gostava de balé. Phillips sugeriu: "podemos começar por aí".

Michel Foucault (1967, p. 19) em seu ensaio a respeito da obra: "Somos vistos ou somos nós que vemos?" Outro ponto de interesse é a questão do visível e do invisível: como numa sessão de análise o quadro nos remete para algo não sensorial, misterioso, isto é, nos apresenta uma cena insaturada, sobre a qual seria possível múltiplas interpretações. Voltando a Foucault (1967, p. 19), "o olhar do pintor, dirigido para um ponto vazio fora do quadro, aceita tantos modelos quanto os espectadores que lhe apareçam; neste lugar preciso, mas indiferente, o contemplador e o contemplado permutam-se incessantemente". Portanto, Velázquez sugere com sua tela não a situação clássica do quadro como *objeto* de observação pelo *sujeito*. Parece-me que ele sugere uma *relação* como ocorre na sessão psicanalítica.

A situação anteriormente relatada no Museu Picasso de Barcelona, onde os 58 estudos de Picasso eram projetados sobre a tela de Velázquez, parece-me um modelo interessante a respeito da situação clínica no consultório. Admitamos por um instante que a tela de Velázquez seja aquilo que esteja ocorrendo no consultório (inclusive com suas características de estranheza). *As Meninas* de Picasso poderiam ser consideradas como as observações do analista a partir do material clínico, *mas mostrando os fatos sob outro ângulo* e, portanto, apresentando algo de novo, surpreendente, inesperado, original naquele momento da sessão. *As Meninas* são de Picasso, não mais de Velázquez, embora nele se baseiem. Vamos ouvir o que o artista de Málaga tem a dizer a respeito, de maneira pré-monitória, em 1950 (*As Meninas* foi pintado em 1957):

> *Si uno se pusiera a copiar* Las Meninas, *de toda buena fe, pongamos por caso, al llegar a cierto punto y si el que copiase fuese yo, me diría: ¿Qué tal sería poner a ésa un poquitín más a la derecha o a la izquerda? Y pro-*

baría a hacerlo a mi manera, olvidando a Velázquez. La prueba me llevaría de seguro a modificar la luz o a cambiarla, con motivo de haber cambiado de lugar a un personaje. Así, poquito a poco, iría pintando unas Meninas *que parecerían detestables al copista de oficio; no serían las que él creería haber visto en la tela de Velázquez, pero serían mis* Meninas. *(Rafar i Planas, 2001, p. 28)*

É interessante considerar que Pablo Picasso, para pintar as suas *Meninas*, propõe *esquecer* Velázquez. Parece-me algo similar ao analista que trabalha com a experiência emocional que acontece na sessão sem preocupação de compreensão. Ele pode mudar o ângulo de observação e surgir algo novo e surpreendente, que muitas vezes jamais havia sido considerado pelo analisando (e pelo analista).

Parece-me que o modelo estético que usei é uma outra maneira de falarmos sobre a *Qualidade de Presença* na sessão. Se o analista puder tolerar a estranheza da situação analítica e puder manter uma disciplina relativa a preocupações em usar a memória e/ou entendimento, poderá fazer observações sobre novos vértices de tal forma a mudar completamente a situação naquele momento analítico específico.

Lembro-me de um analisando que, após sua aposentadoria na firma onde sempre trabalhara, começou a apresentar nas sessões atitudes lamentadoras, desfiando de maneira um tanto teatral suas desventuras e queixas em relação à sua vida que estava no fim, que sofria muito etc. Notei que havia certo prazer em suas queixas. Pretendia com elas chamar atenção sobre si e conseguir benefícios secundários (atenção da mulher, dos filhos e até mesmo a minha). Em uma das sessões, sempre de forma teatral, disse que "estava sofrendo tanto que seria bom ficar doente e morrer". Disse-lhe que naquele momento a morte não resolveria nada, pois terminaria seu "sofrimento", que era de onde tirava prazer, pois chamava atenção das pessoas. O Paciente pareceu ter me ouvido e, ficando em silêncio alguns minutos, disse em seguida: "acho que você tem razão, mas nunca tinha pensado deste modo".

Às vezes observações feitas a partir da experiência, mas com ângulos diferentes, podem ser úteis para que o analisando possa ter uma nova percepção a seu respeito. Esse novo conhecimento poderá permitir que a qualidade de sua presença consigo mesmo possa ter uma *Evolução*.

Podemos considerar a *Evolução* como uma forma de transformação, ou ainda que

> *a meta da* Evolução *é tornar significativa a relação que acontece no momento, independentemente das significações isoladas que ela possa ter na situação analítica, centrado no aspecto premonitório do impulso buscando satisfação e ligado ao des-envolvimento do analisando, que devo estar disponível para observar. E, para isso, se faz necessária a privação de qualquer desejo, de qualquer necessidade e até mesmo de precisar compreender o analisando. (Longman, 1997)*

Ressalto que Picasso, para pintar "as suas *Meninas*", necessitou *esquecer* Velázquez, ou, como diz ele, não era um copista, e sim um artista criador. Claro está que usou a tela de Velázquez como inspiração, criando 58 outras obras autônomas, livres, e absolutamente inovadoras.

Fazendo uma analogia com o momento da sessão, o analista necessitaria, a partir da "tela" que acontece na experiência emocional (que inclui, porém transcende as palavras), usar sua função α para pintar um novo quadro ou alterando as "cores" emocionais, mudando os ângulos de visão dos personagens da tela original (como fez Picasso).

Sempre é útil insistir que a *Qualidade de Presença* do analista e o uso de sua função α tem a ver com muitos fatores, entre os quais, *principalmente*, sua análise e re-análise pessoal.

IV. Fluxo Psíquico e Tempo

No contato com o mundo psíquico percebemos seu constante Fluxo no Tempo. Estamos sempre lidando com momentos em constante transição. Como já escreveu Freud (1974, p. 345), "o valor da transitoriedade é o valor da escassez no tempo".

Há muitos escritos sobre psicanálise, sendo tantos que é difícil acompanhar sua produção. Será que existe tanta investigação que justifique este grande número de publicações? Cabe ao leitor decidir.

De minha parte preocupa-me a leitura e elaboração dos Clássicos e, tentando ser coerente, não me alongarei neste meu texto.

Antes de terminar, porém, gostaria de ressaltar, nesta última viagem que fiz, um fato interessante que observei na *Nationalgalerie* em Berlim por meio das obras de Anselm Kiefer que lá estavam expostas. Trata-se de quadros belíssimos trazendo em seu tema a *Transitoriedade*. Baseavam-se em citação bíblica de Isaías: "A grama crescerá sobre sua cidade". O sentido é a passagem do tempo e a mudança nos humanos rumo ao desconhecido. Esse artista é tão radical na consideração da transitoriedade que seus próprios quadros vão aos poucos se desfazendo (criando, segundo o guia do museu, um problema para os faxineiros, que todos os dias têm que limpar partes do quadro que se desintegram).

Talvez o sentido que eu pretenda transmitir tenha relação com a epígrafe que usei de Picasso: o que existe é o *Presente* e, dependendo dessa percepção, poderemos lidar com a sessão analítica (e com a vida) de maneira *real* ou não.

Por meio deste texto convidei você, leitor, para viajar comigo (espero ter sido uma boa companhia), tentando com isso fazer-me *presente qualitativamente*.

Este passeio por meio das experiências e ideias que aqui anotei pode ter trazido algumas informações a respeito da maneira como eu trabalho, mas, espero, também algum prazer.

A respeito do prazer na escrita ou na leitura, lembro-me de uma frase de Paul Klee: "uma linha é um ponto que está passeando".[3]

Referências

Bion, W. R. (1977). *Seven servants*. New York: Jason Aronson, Inc.

Foucault, M. (1967). *As palavras e as coisas: uma arqueologia das ciências humanas*. Lisboa: Portugalie Editora.

Freud, S. (1970). Sobre o início do tratamento (novas recomendações sobre a técnica da psicanálise). In S. Freud, *Edição Standard brasileira das obras psicológicas completas* (Vol. XII). Rio de Janeiro: Imago. (Originalmente publicado em 1913).

Freud, S. (1974). *Edição Standard Brasileira* (Vol. XIV). Rio de Janeiro: Imago.

---

3 Recuperado de http://www.montlanc.com. A frase original é: "Eine Linie ist ein Punkt, der spazieren geht". Tradução de Irmgard Longman.

Lacan, J. (2007). *Seminário n. XIII*. Rio de Janeiro: Escola de Letra Freudiana.

Lévi-Strauss, C. (1986). *Tristes trópicos: perspectivas do homem* (Jorge Constante Pereira, trad.). São Paulo: Livraria Martins Fontes.

Longman, J. (1997). O objeto psicanalítico. In: P. Sandler, P. (Org.), *Ensaios clínicos em psicanálise*. Rio de Janeiro: Imago.

Polo, M. (1999). *O livro das maravilhas: a descrição do mundo* (Elói Braga Jr., trad.). São Paulo: LPM.

Figura 1. Camila Picolo (fotógrafa e arquiteta bacharel em Arquitetura pela FAU-USP). Auto-Falante (2007).

Figura 2. *As Meninas* de Diego Rodrígues de Silva y Velázquez. Óleo sobre tela (318 x 276 cm). Madrid: Museo Nacional del Prado, 1656.

Figura 3. Reprodução de *As Meninas* de Picasso (1957).

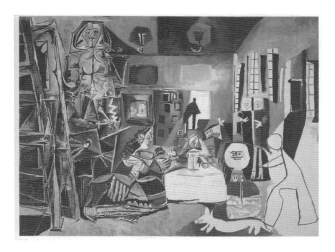

Figura 4. Reprodução de *As Meninas* de Picasso (1957).

Figura 5. Reprodução de *As Meninas* de Picasso (1957).

10. Transferência-Transformações

Evelise de Souza Marra[1]

O eixo Freud-Klein-Bion tem nos levado a questões que podem ser pensadas como conteúdos em busca de um continente. Destacamos Transferência-Transformações como uma dessas questões, a ser expandida por meio dos pares:

1) Trans-ferência – Trans-formações.

2) Relação transferencial – Relação analítica.

3) Interpretação do Inconsciente – Descrição da experiência emocional.

4) Conjunção – Disjunção teórica.

5) Expansão – Ruptura.

Tais questões parecem ter se originado mais do exercício da prática clínica do analista do que de conflitos teóricos apreendidos nos escritos dos autores em questão.

---

1 Membro efetivo e analista didata da Sociedade Brasileira de Psicanálise de São Paulo (SBPSP).

1) A ideia de Transferência, concebida por Freud, se instala na psicanálise como falsidade, tendo por substrato teórico a separação entre ideia e afeto, a catexia móvel, a teoria da repressão e a resistência. O "paciente" *repete em vez de lembrar*. Cabe ao analista decodificar as "falsas ligações", interpretar o inconsciente, desfazer a resistência. A "presentificação do passado" revela-se útil e central como acesso ao reprimido. O conceito de Transferência se expande em Teoria da Transferência e separa também o que é analisável do que não é. Mesmo com a concepção de construções, ou seja, menor dependência da memória para a reconstrução do passado e a expansão da teoria com a 2ª teoria instintual, permanece a ideia de um falso na relação analítica oposto a algo verdadeiro ou atual.

Com Melanie Klein, apoiada na concepção da relação de objeto desde o início da vida e um mundo interno em conexão íntima com o externo por meio do intrincado interjogo das projeções e introjeções, a Transferência ganha a acepção de *total*. A relação transferencial é, agora, o palco da representação desse mundo e a identificação projetiva, genialmente concebida, possibilita ao analista a apreensão das relações: interno-externo, real-fantasiado, parcial-total. A teoria se expande: a Transferência interfere na percepção por meio dos objetos internalizados precocemente e se atualiza em projeções para o exterior ou seja, para o objeto. Projeções estas de fantasias e acontecimentos do mundo interno. Este se exterioriza na imediatez da relação e o analista representa objetos totais (pessoas) e também objetos parciais. O essencial passa a ser o mundo interno e externo, mais do que passado e presente. A transferência é uma estrutura onde sempre há movimento e atividade.

Bion refere-se à Transferência nos seus trabalhos iniciais e, com o *Aprender da experiência*, *Uma teoria do pensamento* e *Elementos de psicanálise*, vai gradativamente propor a análise não como decodificadora do inconsciente, mas como um meio de se alcançar a alfabetização dos elementos β. Coloca ênfase no *aprender da experiência emocional*, por meio da relação continente-contido, tendo como "meta" o desenvolvimento do pensar. Ou seja, a ênfase está colocada em um "novo" da experiência enquanto possibilidade de crescimento e transformação de algo ainda não "alfabetizado" ou pensado ou vivido.

2) Com a teoria de observação apresentada em "Transformações", Transferência deixa de ser sinônimo de relação *analítica*; ou seja, não contém o todo da experiência analítica. Ao considerar os vários grupos de Transformações: de movimento rígido, projetivas, em alucinose, em conhecimento (K) e em O (campo do Ser), Bion aproxima as Transformações em Movimento Rígido da Transferência, porém com um uso particular. Aproxima-as pela identificação da Origem e Destino, ou seja, nas transformações de movimento rígido, semelhantemente à transferência, há uma ideia de onde se iniciam (passado, objetos primários) e para onde se dirigem (analista). Mas o uso do ponto de partida é descritivo, e não identificado à Teoria da Transferência como um todo, com o privilégio dos elementos de projeção e repetição remetendo ao complexo de Édipo. O aspecto descritivo da relação analítica ganha estatuto ao lado das "interpretações". Fazem parte do campo analítico os outros grupos de Transformações: projetivas, em alucinose, em conhecimento e em O.

Aproxima as Transformações projetivas do que em Klein está contido na Identificação projetiva.

A discussão é complexa, pois Transferência não é só conceito, é teoria, e ganhou acepções diversas nos três autores.

3) Porém conceber a relação analítica como um campo *de viver e aprender com a experiência emocional* e, por esse intermédio, desenvolver o Pensar e o Ser chama a atenção para a dimensão "mística" da atividade psicanalítica. Também propicia intervenções de

natureza diversa àquelas que objetivam *a interpretação do inconsciente*. *Descrições*, ou melhor, *"transformações"* do analista sobre a experiência emocional em curso na sessão e sua comunicação ao analisando ganham amplitude em variadas expressões. Interferências do analista que estimulem atenção e indagação, proposição de modelos, associações do próprio analista (seu sonhar) passam a ter função sem necessariamente visarem explicitar os conteúdos inconscientes, as angústias e defesas, ou as vicissitudes do mundo interno na sua relação com o externo. O foco de atenção do analista se desloca ou se expande.

4) e 5) Considerar a relação analítica como palco do *novo* e não por definição como lugar do repetido e fantasiado (transferido) e considerar a influência da pessoa *"real"* (longe do neutro) do analista na relação conduz a mudanças significativas na prática clínica. A pessoa "real" está inevitavelmente presente em um analista que opera com "transformações", ou seja, que não tem acesso ao "em si" da experiência, que procura operar com transformações em conhecimento (K) sabendo, porém, que lida com o desconhecido e inatingível. Em relação a Freud e Klein, o espaço concedido à presença "real" do analista na sessão cresceu enormemente, assim como a busca de descrições ou interpretações para o vivido e experimentado pela dupla na sala de análise.

As relações entre o Aprender *com* ou *da* experiência emocional, Transformações e teoria da Transferência (pilar da prática clínica em Freud e Klein) estão para serem pensadas. Nos *Seminários italianos*, Bion dirá que

> *a ideia da Transferência-Contratransferência foi muito produtiva, provocadora e estimulante do crescimento. Mas, como toda ideia realmente boa, como tudo aquilo que estimula o crescimento, envelhece rapida-*

mente. *A sensação de que sou seu pai ou sua mãe pode ser comparada com outras ideias que você tem; você pode juntar a ideia de que sou seu pai ou sua mãe, e a ideia de que sou um estranho que você não conhece. Depois, você pode decidir por sua conta quem ou o que você pensa que eu sou – isso é negócio seu. Deste modo nasceu uma ideia nova. A ideia que você tinha antes – ou seja, de que sou um consanguíneo, um pai ou uma mãe – é uma ideia passageira, no caminho da sua vida. Deste ponto de vista o termo técnico 'transferência' pode ser considerado como um termo que tem certa semelhança com o do senso comum. É uma ideia que você tem durante a caminhada – a transfere sobre mim como medida transitória enquanto caminha para alcançar aquilo que você pensa ou experimenta realmente. Entrementes a nova ideia que você tem é uma ideia transitória e cedo ou tarde será descartada. Pode ser que você tenha condições de traçar uma espécie de mapa que ilustre as etapas de seu percurso do ponto A ao ponto Z. Onde você se encontra agora, tão logo tenha visto esse ponto, ele já estará superado. (Bion, 1977, cap. III).*

A teoria das Transformações e a ênfase no novo da experiência analítica apontam para um espaço-tempo em psicanálise que tende ao infinito. A teoria da Transferência se compatibiliza com o campo consciente-inconsciente, mas não cobre o campo finito-infinito agora proposto.

O uso de tais questões, e muitas outras que podem ser destacadas por outros recortes, como Conjunções ou Disjunções teóricas ou ainda Expansão-Ruptura, depende do grupo psicanalítico sob interferências científicas, políticas e emocionais. O uso pretendido aqui é que tais questões reflitam inquietações compartilhadas ou compartilháveis e encontrem um continente propício ao crescimento mental com identificação e desenvolvimento de questões teórico-clínicas.

Indagações propostas:

• *Se "Transformações" expandem o campo de observação para além ou aquém da "Transferência", qual a repercussão disso na prática do psicanalista?*

• *A Teoria das Transformações e seus desdobramentos implicam um novo paradigma para o psicanalista?*

Proponho duas situações clínicas como aproximação ao tema. Estas envolvem:

I. Uma sessão com conteúdo associado a memórias da história (ou estória) da analisanda que conduz a ligações diretas entre o passado e o presente, o sintoma e o trauma, a angústia presente e as relatadas, o que nos aproxima da teoria da Transferência em Freud e Klein. A angústia, as queixas, sintomas de natureza física associados à dor, ressentimentos com a mãe, perda traumática do pai, lutos, se combinam em uma "compreensão" coerente e bastante plausível para mim e para a analisanda. O conteúdo da sessão é permeado por "Minha mãe dizia... Quando meu pai morreu... Na adolescência... Agora..." em meio a fortes emoções, choro, dor, desconsolo.

A aproximação que faço é às "Transformações em movimento rígido" de Bion. Isto é, considero as proposições históricas como a Origem das transformações atuais, ou seja, parte da teoria da Transferência. O que se passou lá e então influencia e explica o agora. Mas uso a ideia do vivido preferentemente à do re-vivido na relação analítica atual como suporte da experiência emocional em andamento, uma experiência de intimidade, confiança, e pareceu-me de grande alívio e elaboração. O novo nessa situação é uma relação íntima e confiável para lidar com a vida e seus acidentes. A vivência é de intensa compaixão e dor.

Percebo que me sinto confortável na situação, com os dois pés no chão, "compreendendo" o que se passa e tendo clareza da minha função.

II. Nesta situação a experiência está centrada na interação ativa e imediata do analisando e analista. Assemelha-se a um jogo que vai se desenrolando sem contornos claros. As histórias ou estórias não fazem nexos diretos com o presente; estes teriam que ser deduzidos, interpretados, construídos. A experiência atual é central e solicitante. O "lá e então" está distante. Ocorre-me agora a relação disso com um relato do analisando (criança e adolescente) de sua hiperatividade em casa e na escola, centralizando as atenções. Os relatos de situações familiares ou de trabalho funcionam colocando-me como participante do seu mundo, concordante e admiradora de suas opiniões e encaminhamentos. O clima é lúdico, alegre, divertido, embora sério, permeado por um discreto desconforto meu com a sensação de não saber o que dizer de alguma "relevância psicanalítica". De vez em quando apoio um pé no chão ao formular algo que me permite prosseguir. É uma análise de vários anos na qual o analisando se mostra interessado, satisfeito e agradecido...

O "sintoma" presente é a disposição vital, criatividade, responsabilidade, cooperação. A dor, quando aparece, apresenta-se com a mesma intimidade e confiança.

Meu papel na relação, no momento, é pouco claro, para mim, e a experiência esbarra muitas vezes numa relação no senso comum, embora seja muito clara a assimetria (sou a "doutora").

As duas situações são de aproximação viva e intensa. Uma na alegria, outra na dor.

Percebo que estou mais confortável no que diz respeito à minha função, mais com os pés no chão na dor e mais perdida na alegria e ausência de queixas que busquem solução. Parece-me que, quando a experiência está mais próxima do modelo médico, estou em situação mais conhecida e confortável do que quando estamos em uma experiência mais simétrica e de contornos menos nítidos.

Com a consciência de que essas formulações também estão em trânsito, evolvendo para um pensar, fazer e Ser psicanalítico sempre em andamento, espero novas ressonâncias e desdobramentos.

Referências

Bion, W. R. (1977). *Seminari Italiani* (Cap.III). Não publicado.

Birolini, R. (1994). *Transferência: uma revisão clínica e da evolução de conceito.* Trabalho apresentado na SBPSP.

Eva, A. C. (1997). Psicanálise: evolução e ruptura. In M. O. de A. F. França (Ed.), *Bion em São Paulo. Ressonâncias.* São Paulo: SBPSP.

Frochtengarten, J. (1994). Revolvendo alguns conceitos da prática psicanalítica. *ALTER – Jornal de Estudos Psicodinâmicos, XVIII*, 1999.

Rezze, C. J. (1994). *Transferência. Tentativa de rastreamento em Freud, Melanie Klein e Bion.* Fórum Temático sobre Transferência, SBPSP.

11. A complementaridade e a clínica

Isaias Kirschbaum[1]

Penso que, provavelmente, o fato selecionado que precipitou e organizou minhas ideias foi o alerta de Frank Philips quanto à importância de tratar cientificamente a psicanálise. O intuito é evitar a interferência de hábitos e crenças (Philips, 1997). Isso me deixou curioso a respeito do que ou em que consiste os fundamentos para qualquer atividade científica. O que segue constitui, até o momento, as consequências de minha pesquisa.

Freud, desde o início, com seus primeiros trabalhos, expressava uma evidente preocupação em desenvolver a psicanálise em bases cientificamente aceitáveis. Os modelos extraídos da arqueologia, da física e da medicina dão uma ideia de seus cuidados com essa questão. O evidente interesse por método e técnica explicitam seu objetivo em estabelecer uma base científica para a psicanálise. Em *O inconsciente* (Freud, 1974b), apoia-se em Kant nesta busca de um embasamento científico respeitável, por meio dos conceitos de "número", e "fenômenos". O primeiro, a "coisa-em-si", inapreensível

---

1 Foi membro efetivo e analista didata da Sociedade Brasileira de Psicanálise de São Paulo (SBPSP).

porém passível de intuição, e o segundo, apreensível pelos sentidos. Contudo, fica implícito que falta ao objeto psicanalítico as características sensoriais que pudessem permitir uma abordagem científica clássica. Esta, por exemplo, permitiria a previsibilidade, qualidade essencial para uma ciência classicamente estabelecida.

O que chamamos de ciência ocidental surgiu com Tales de Mileto. Ele sugere um princípio básico na natureza, a água, e, a partir daí, uma teoria se faz necessária para explicar os fenômenos da natureza. E isso tem sido assim há aproximadamente 2000 anos. Tem sido adotado por todos os pesquisadores ilustres, como Galileu, Copérnico, Newton, Einstein etc. Portanto, uma longa tradição, praticada por notáveis cientistas. Contudo, ao passar da investigação de fenômenos macroscópicos para a esfera dos microscópicos, verificou-se que apenas uma teoria (ou um modelo) não dava conta da apreensão, descrição e comunicação dos fenômenos observados.

É interessante observar que, nesse período em que a física estava mergulhada em uma crise, em 1917, Freud desenvolve o conceito de "séries complementares", publicado na XXII Conferência de *Conferência introdutória sobre psicanálise* (Freud, 1974a). Esse conceito é desenvolvido ao estudar a etiologia das neuroses, em que ele observa que há uma relação complementar na variação de proporções entre dois fatores, constitucionais e os traumáticos. Ele observa uma dualidade e supõe a possibilidade de uma visão em conjunto, complementando-se no efeito decorrente. Penso que se trata de uma intuição profunda de Freud, pois o Prêmio Nobel de física Niels Bohr apresentaria sua "Teoria da Complementaridade" somente dez anos depois, em Como, na Itália. Penso que essa contribuição de Freud quanto à observação de um fenômeno decorrente de fatores incompatíveis mas que coexistem e que se complementam ainda não foi devidamente apreciada pela comunidade científica. Bohr considera essa visão como a essência básica de qualquer expressão observada na natureza, inclusive os psíquicos. Freud, antecipando-se em dez anos a Bohr, apresenta no campo da psicanálise sua teoria da complementaridade, intitulada "Séries Complementares". Desejo aqui render minhas homenagens a este psicanalista, pensador e cientista.

A pesquisa dos referenciais que determinam os critérios daquilo que se denomina ciência contemporânea desemboca em Niels Bohr (1927) e Werner Heisenberg. Este, basicamente, contribui com o Princípio da Incerteza, decorrente da indeterminação, isto é, da impossibilidade de determinar com certeza a localização de um elétron quando se está medindo sua velocidade e vice-versa, e a impossibilidade de determinar com certeza a velocidade quando se está pesquisando sua localização. A contribuição de Bohr é vasta, porém o que nos interessa aqui é sua descrição da incompatibilidade entre aquilo que é apreendido da natureza da luz. Esta se comporta ora como corpúsculo, ora se manifesta sob a forma de onda. Bohr sugere que qualquer aspecto da natureza tem essa constituição dual.

Possivelmente, a natureza é apreendida como dual em decorrência da limitação dos humanos para apreendê-la de forma integrada; o que, então, desloca a questão para as condições de observação e apreensão dela.

A contribuição de Heisenberg proporciona um enorme alívio a todos que têm nos fenômenos da natureza seu objeto de interesse e de investigação, liberando da necessidade de ter certezas. Em um seminário conduzido em Buenos Aires, em 1968, Bion comenta que "permanece outro ponto importante que cedo ou tarde terá que ser enfrentado pelos psicanalistas; lembra um problema não solucionado que tem a ver com a luz, como corpúsculos e como onda – aparentemente incompatíveis, mas ambas corretas até este momento". E, até onde somos informados, assim permanece ainda hoje em dia.

Assim, a indeterminação, decorrente do Princípio da Incerteza constitui uma das vertentes paradigmáticas das ciências contemporâneas. A outra vertente seria a busca do Campo Unificado, que consumiu muitos anos de investigação e pesquisa por parte de Einstein. Caso seus trabalhos fossem bem-sucedidos, talvez resolvesse a questão da incerteza. Portanto, a complementaridade é uma decorrência da incerteza (indeterminação) e da incompatibilidade das manifestações apreendidas do objeto em observação, mas que coexistem.

Bohr, indo contra toda corrente científica e filosófica tradicionalmente estabelecida, nos diz que não é um modelo, uma teoria que se fazem necessários, e sim que, para descrever um fenômeno da natureza, é imprenscindível ao menos dois modelos ou duas teorias. Sugere, ainda, que se constitui uma situação na qual é possível entender um mesmo evento por meio de dois modos diferentes de interpretação. Esses dois modos são mutuamente incompatíveis, mas também complementam um ao outro, e é apenas com a sua justaposição que o conteúdo perceptivo de um fenômeno pode ser apreensível em sua totalidade. Espero que isso permita uma apreciação mais ampla da contribuição de Bion quanto à teoria da reversão da perspectiva, que vou expor logo a seguir. A complementaridade não estabelece um conflito, nem do paciente com ele mesmo, nem do paciente com o analista, e sim uma coexistência.

Bohr, com sua teoria, não só rejeita explicitamente o postulado de Tales, mas também sugere que os modelos necessários para descrever o fenômeno observado não são propriamente os objetos investigados, e sim o que podemos dizer sobre a natureza da interação entre eles. Certamente, os modelos não são os objetos investigados; construímos modelos em decorrência de nossa incapacidade para descrever o objeto.

Penso que a descrição de Bion do estado mental que ele denominou de "reversão de perspectiva" constitui um modelo excepcional de como ele se utilizou de conceitos de outra esfera, numa fertilização interdisciplinar. Em *Cogitations* (Bion, 1963) ficam explicitados sua seleção e uso das contribuições de físicos quânticos, mormente os da assim denominada Escola de Copenhagen.

Utilizando a Teoria da Complementaridade de Bohr como um modelo, podemos observar como Bion faz uso desta na teoria da reversão da perspectiva.

Esta, uma expressão da área psicótica da personalidade e administrada pela área não psicótica desta, é descrita como duas apreensões de modos de funcionamento, ocorrendo em paralelo, ou como se trafegassem em duas trilhas que não se comunicam. O paciente cuida com extrema habilidade para que aqueles modos de funcionar, observados e apreendidos pelo psicanalista, não se interceptem. Como no modelo dos trilhos do trem, talvez se encontrem no infinito, em "O".

Esse estado mental se caracteriza, de um lado, por um acordo aparente entre analista e analisando quanto aos fatos da sessão. Contudo, esse acordo ocorre na área das impressões dos sentidos, como em um desenho onde um vê um vaso, enquanto o outro vê duas faces. De outro lado, há uma discordância silenciosa quanto aos princípios (premissas) que determinam a atividade desenvolvida pela dupla. As pressuposições são negadas e substituídas por outras. A finalidade do analisando é transformar em estática uma situação dinâmica, para evitar sofrimento mental. Enfim, a divergência entre analista e analisando, que constituiria um conflito, não é discutida, ficando confinada a uma área em que não é considerada uma divergência entre ambos.

190   A COMPLEMENTARIDADE E A CLÍNICA

A situação decorrente de uma divergência de opiniões quanto a fatos conhecidos que ocorrem na sessão é explícita; na perspectiva revertida, a discordância, em geral, só se torna evidente quando o analisando, aparentemente desprevenido, é pego de surpresa.

É muito difícil distinguir a pausa que ocorre nessa circunstância com esse paciente e aquela que ocorre com um paciente neurótico. Neste, a pausa é utilizada para processar, elaborar uma interpretação. No primeiro, a pausa é utilizada para um "ajuste", isto é, adequar a interpretação às suas premissas, para que nada ocorra.

Na perspectiva revertida, o paciente pego desprevenido sente que precisa rearranjar seus pensamentos para que fiquem de acordo com as alterações que ele procedeu com os pressupostos referentes ao trabalho de análise. Por exemplo, o pressuposto de que o psicanalista é o psicanalista fica preservado na medida em que o paciente se põe prontamente de acordo com as interpretações do analista. Mas, silenciosamente, tudo aquilo que não combina com sua visão simplesmente tem a perspectiva revertida, de modo a se conformar com ela. Isso, em geral, é acompanhado de uma pausa. Um tempo necessário para o ajuste. Portanto, a incompatibilidade é mantida pelo paciente por meio de artifícios como a reversão da perspectiva, com a função de evadir-se do conflito, que se estabeleceria com ele mesmo e eventualmente com o psicanalista.

Estendi-me um pouco na descrição da reversão da perspectiva com a finalidade de expor o *insight* com que Bion se serve de conceitos de outras áreas, construindo pontes para transpor lacunas que emergem na fronteira entre o território conhecido e o desconhecido em psicanálise.

O exemplo clínico correspondente à "reversão da perspectiva", descrito por Bion (1963) em *Elementos de psicanálise*, revela o seguinte paradoxo: Bion sugere que, provavelmente, eram incompreensíveis para o paciente os episódios que ele (paciente) relata nas sessões de psicanálise. O paciente concorda. Isso é algo que não poderia ser explicado por falta de inteligência ou falta de sensibilidade por parte do paciente. Os exemplos que o paciente fornecia poderiam ser utilizados para ilustrar teorias psicanalíticas. Bion, então, se pergunta: "se o paciente não tem nenhuma perspicácia psicanalítica, como explicar a evidência de uma seleção cuidadosa, adequada aos princípios psicanalíticos? Caso se admita a evidência da seleção, como explicar o fracasso na compreensão?"

É como se, numa trilha, se apreendesse uma admirável seleção de episódios, bastante adequados e compatíveis com uma sensibilidade para os princípios psicanalíticos e, noutra trilha, em paralelo, um completo fracasso para a compreensão do significado daqueles episódios. Essas diferentes apreensões são aparentemente incompatíveis, mas coexistem. E se complementam na função de paralisar o processo psicanalítico.

Pode-se confrontar esse aparente paradoxo com a situação na qual a função α, produzindo elementos α, cria uma barreira de contato, separando e preservando a separação entre aquilo que é consciente e o que é inconsciente. Dois estados de mente incompatíveis, preservados naturalmente pela função α, e coexistindo; que se complementam com outras funções, principalmente estabelecendo condições para favorecer o desenvolvimento.

Possivelmente, uma visão em conjunto, quando possível, das duas trilhas, permita encontrar sentidos para o funcionamento mental do paciente. Provavelmente, as contradições e paradoxos dos sonhos são diferentes das contradições e paradoxos da função α. A experiência do sonho, como descrita por Freud, revela-se um fracasso por tentar conciliar e satisfazer atividades incompatíveis. Falha em seus esforços para tentar evadir-se da frustração e falha em sua tentativa de modificar a frustração. De outro lado, o sucesso da reversão da perspectiva quanto a paralisar o processo

192 A COMPLEMENTARIDADE E A CLÍNICA

analítico inclui o fracasso do desenvolvimento da personalidade do paciente. Considere, por exemplo, o fenômeno psíquico da turbulência emocional. Esse estado de mente é perceptível nas circunstâncias em que o analisando, em decorrência do autoconhecimento alcançado em seu desenvolvimento, sente-se impelido a decidir entre evadir-se de sua realidade psíquica ou a modificá-la. O moto propulsor da decisão é a dor mental. Poderemos observar esforços no sentido de paralisar o processo por meio da reversão da perspectiva, ou, ao contrário, na direção de ser-a-si-mesmo, com a turbulência e o sofrimento que isso implica.

Um supervisionando relata uma experiência com sua paciente. Essa experiência é descrita com tintas carregadas, dando um colorido dramático ao relato. O que me pareceu relevante nesse episódio é que o colega supervisionando diz que, como ele conhecia a paciente, aquela dramatização toda deveria estar relacionada com o fato de ele ter cancelado as duas sessões anteriores. Ele informa isso para a paciente, que, então, parece se acalmar. Essa reação da paciente parece confirmar aquilo que o colega sabia a respeito dela. Assim, o conhecimento que o psicanalista possui a respeito da paciente é utilizado para esclarecer o que estava ocorrendo naquele momento, naquela sessão. A dupla parece sentir que pode escapar de situações em que predominava turbulência, incertezas e o desconhecido e navegar agora em águas mais tranquilas, pois passam a se movimentar por áreas conhecidas e seguras. O psicanalista tem uma teoria a respeito de sua paciente e a "aplica" com o intuito de explicar o que se passa ali, naquele momento, com ela; substitui, assim, a experiência emocional desconhecida que está sendo vivenciada pelo par, pelo conhecimento que tem a respeito dela. Assim, a paciente e a experiência com ela é reduzida à teoria que o psicanalista detém a respeito dela, anulando a alteridade, implícita na complementaridade.

A posse do conhecimento sobre a paciente impede a evolução da experiência emocional, que poderia possibilitar ao psicanalista vir-a-conhecer a paciente e, de outro lado, permitir que a paciente possa vir-a-ser-conhecida por ela mesma.

Freud conjectura que no início o ego é corporal. Gradativamente, desenvolve-se um ego de natureza psíquica. Os dois aspectos obviamente coexistem, apesar de, quanto a sua natureza intrínseca, serem incompatíveis. Isso permite uma reflexão a respeito do que denominamos "perturbações psico-somáticas" ou "soma-psicóticas" como, talvez, expressando uma forma atípica de coexistência. Com uma espécie de "embriologia mental", Bion sugere que os aspectos não sensoriais têm um início bem anterior ao proposto por Freud. Situa o desenvolvimento psíquico começando já no período fetal, coexistindo com o desenvolvimento corporal.

Outra área na qual Bion parece ter se inspirado em Freud e utilizado a teoria da complementaridade, de Bohr, quanto à constituição dual da natureza, pode ser apreciada por meio da forma original que ele propõe na abordagem em conjunto dos modelos (paradigmas?) pulsional e relacional.

Bion descreve a coexistência dessas abordagens numa dimensão espectral, por meio dos conceitos teóricos de narcisismo, socialismo e sua interação. Isso se expressa na experiência clínica pela alternância promovida pelo analisando situando o analista ora num segmento do espectro e ele noutro, e, em outro momento, isso pode se inverter.

Em resumo, narcisismo e socialismo constituem os dois polos de todas as pulsões. E, portanto, dizem respeito à relação do indivíduo consigo mesmo e com seu grupo, o social. Essa bipolaridade pulsional diz respeito à busca de satisfação do indivíduo enquanto individualidade, e, de outro lado, aos aspectos de sua vida enquanto animal social. Seja qual for a pulsão predominante, poderemos observar, na clínica, um conflito permanente entre o narcisismo e o socialismo, em algum ponto do espectro.

Bion separa o sufixo ISMO, na grafia, para destacar a direção da pulsão. A observação clínica sugere que, quando a pulsão amorosa tem a direção do ego (ego-ismo), simultaneamente as pulsões de ódio dirigem-se ao grupo, ao social (social-ismo) e vice-versa: quando o ódio do analisando se volta contra ele mesmo (si-mesmo, tendência narcísica), da mesma forma, o grupo será o objeto de amor. Ambas as apreensões se complementam numa gradação espectral.

As dimensões ou modelos pulsional e relacional são intrinsecamente incompatíveis. Contudo, a possibilidade de considerar o narcisismo e o socialismo como polos de todas as pulsões cria uma ponte entre os dois modelos, permitindo, assim, uma visão em conjunto. Podem, dessa forma, coexistir, possibilitando uma complementaridade, expandindo nosso equipamento para observação e apreensão daquilo que ocorre no campo psicanalítico.

É possível que a experiência clínica reforce a impressão que, tal qual o *splitting*, como descrito por Melanie Klein, a complementaridade também possa ser usada para promover ou paralisar o processo de desenvolvimento da personalidade.

Penso que o estado de mente que estou denominando provisoriamente "complementaridade", tomando de empréstimo o conceito de Freud (séries complementares) e da física quântica, constitui um paradoxo cuja função dependerá do grau de tolerância à frustração. Poderá ser utilizado para evitar a dor mental, como no exemplo proporcionado por Bion, na reversão da perspectiva, paralisando o processo de psicanálise e, por extensão, o desenvolvimento mental do paciente; ou, em caso de tolerância ao *insight*, poderá fomentar o desenvolvimento da personalidade. Por exemplo, a complementaridade estabelecida entre aquilo que é conhecido e o desconhecido da personalidade do indivíduo. O uso do conhecido substituindo o desconhecido, em caso de intolerância à frustração, conduz a um aniquilamento do ignorado, paralisando o desenvolvimento da personalidade. Considere a histórica intransigência da Igreja quanto às pesquisas e descobertas científicas e o recente e lamentável episódio envolvendo o papa e a Universidade La Sapienza, em Roma. De outro lado, a observação de crianças sugere que a atração pelo desconhecido pode ser um processo natural.

Bion é da opinião de que a apreensão e descrição do objeto psicanalítico requer três modelos conceituais, a saber: um modelo que considere uma extensão na área dos sentidos, outro na área dos mitos e, finalmente, outro na área da paixão. Uma interpretação só pode ser considerada satisfatória quando ilumina o objeto psicanalítico, e isso só pode ser alcançado quando no momento da interpretação é possível vizualizá-lo nessas dimensões.

Possivelmente, as dimensões que se estendem pelas áreas dos sentidos e do mito expressam a natureza dual do fenômeno psíquico, enquanto a dimensão da paixão, decorrente do encontro, estabelece o contexto no qual as primeiras se expressam. A presença da paixão se revela a partir do encontro emocional entre duas personalidades. Essa dimensão engloba tudo que é derivado e situa-se no espectro constituído por amor, ódio e conhecimento. Os vínculos, como descritos por Bion.

Penso que a presença do psicanalista e do paciente, no mesmo local e hora, constitui uma condição mínima para que possa ocorrer o processo de psicanálise. Se considerarmos que constituem um par irredutível, respeitando e preservando a alteridade bem como as incertezas que permeiam a relação, teremos, provavelmente, uma complementaridade essencial e com potencial para expansão do universo mental.

Referências

Bion, W. R. (1962). *Learning from experience*. London: Heinemann.

Bion, W. R. (1963). *Elements of psycho-analysis*. London: William Heinemann Books.

Bion, W. R. (1992). *Cogitations*. London: Karnac Books.

Bohr, N. (1927). *Princípio da complementaridade. Encontro de Volta*. Como, Itália.

Freud, S. (1974b). *O inconsciente*. Rio de Janeiro: Imago.

Freud, S. (1974a). Conferência XXII – Algumas ideias sobre desenvolvimento e regressão. In *Conferência introdutória sobre psicanálise* (Vol. XVI). Rio de Janeiro: Imago.

Philips, F. (1997). *A psicanálise do desconhecido*. São Paulo: Editora 34.

12. Enriquecer pelo fracasso – vicissitudes de *Transformações*

João Carlos Braga[1]

> *Certa vez lhe perguntei em Los Angeles o que pensava agora acerca de uma afirmação sua que havia me impressionado alguns anos antes: "A Psicanálise visa produzir uma mudança no aparelho mental que o torna capaz de aprender com a experiência". Sorriu e disse: "Sabe, é mais ou menos como agarrar um tigre e dizer: que gatinho bonito".*
>
> Hanna Segal, Reunião em Memória do Dr. Wilfred Bion.

O reconhecimento de que *Transformações* tem sido a teorização psicanalítica que mais me tem interessado nestes últimos oito anos me impôs algumas questões: o que identifico nesse livro que me tem mantido atraído? Quais ideias nele têm influenciado meu pensamento psicanalítico e a minha prática clínica? Por que tenho privilegiado essas ideias – e não outras? Como ficam, para mim, as teorizações de Freud e de Klein diante das propostas de

---

1 Membro efetivo e analista didata da Sociedade Brasileira de Psicanálise de São Paulo (SBPSP).

Transformações? Estaria eu supervalorizando a teoria das transformações, enredado em um movimento de idealização das ideias de Bion?

Embora o todo deste texto busque tratar desses pontos, cabem algumas explicitações mais gerais neste início. Uma resposta ampla remete a como sinto que *Transformações* tem enriquecido minha visão da mente humana. A resposta mais refletida aponta mudanças na maneira como me percebo enquanto analista e que relaciono com a incorporação da proposta fundamental nela presente: cultivar menos conhecimentos a serem utilizados e dar atenção às transformações do contato vivenciado na sessão analítica. Ainda outra resposta, esta possivelmente mais significativa, reconhece a intensa mobilização emocional que o estudo deste livro promove: interesse, desafio, irritação, encantamento, entremeados com momentos de um pensar sereno.

A outra face desses ganhos tem sido o conviver com fortes sentimentos de fracasso, de incompetência e de desamparo. Não é possível organizar com rigor lógico, em um sistema teórico, tão diferentes compreensões sobre estados mentais. Formam-se ilhas de entendimento, precariamente integradas. Há pouca familiaridade com a forma de comunicação e com as áreas de conhecimento de onde são extraídos a maior parte dos modelos que servem de andaimes para as formulações teóricas. Dificilmente se alcança a sensação de confiança advinda do estar em sintonia com o proposto por Bion. E, quando se a alcança, a própria teoria rapidamente acode: não seria uma transformação alucinatória?

Em plano maior, essa visão de fracasso também se apresenta na constatação de estar *Transformações* entre os textos menos valorizados da obra de Bion. É fácil identificar uma atmosfera de rejeição a esse livro, com críticas de hermeticismo, assim como insinuações de ser essa teorização uma construção meio delirante (Meltzer, 1978, cap. IX).

Essa combinação paradoxal de ganhos em fracassos conjugou-se, para mim, a "arruinados pelo êxito" (Freud, 1916/1974) e ofereceu-me uma aproximação a *Transformações* pela teoria das transformações.

Desdobramentos de Transformações

Sintetizo uma série de observações, na conjectura de Bion ter tido êxito ao escolher a forma de comunicação com que escreveu *Transformações*. Ao buscar estimular a experiência e os recursos do próprio leitor para transformar-se – e não se restringir a comunicar ideias –, cria um campo favorecedor ao crescimento da personalidade, e não ao aprendizado. Esse êxito tem no fracasso sua outra face, na medida em que essa proposta contribui para tornar o livro de grandes exigências para os interessados. A sintonia com o pensamento de Bion é difícil e demanda perseverança do analista, além de um estado de mente de confiança nas possibilidades de um colocar-se em disponibilidade ao fato selecionado, diferentemente do que é habitual para compreender um estudo científico.

Bion possivelmente ficou impressionado com como as teorias kleinianas estavam sendo arruinadas pelo êxito: compreensões valiosas tratadas como verdades – e não como aproximações a elas. Também Bion tinha consciência de que a utilização das teorias psicanalíticas revela similaridade ao funcionamento mental individual: na maior parte das vezes, as ideias servem para evitar o contato com a realidade – não o contrário.

São essas visões que compartilhamos?

Tenho feito duas observações curiosas: as propostas epistemológicas e metodológicas presentes em *Transformações* impregnam o pensamento psicanalítico entre nós, na Sociedade de São Paulo. Mesmo colegas que não se interessam por essa teoria, ao exporem suas formas de trabalho, revelam como têm incorporado seus postulados, como a incerteza do observado, a interferência do observador no ato de observação, o respeito à busca de ser o que se é, as inelutáveis transformações ao se representar o que foi vivido, a importante presença do alucinatório no funcionamento mental. Um campo fácil para se fazer essa observação são as supervisões.

Por outro lado, entre colegas com conhecimento dessa teoria, raramente acontecem discussões frutíferas sobre ela.

Podemos tomar esses fatos como sinais de um "enriquecimento pelo fracasso"? Ao fracassarmos em apreender racionalmente essas formulações de Bion, mobilizamos outras maneiras de transformar nossa experiência. "Descobrimos" por nós mesmos esses problemas psicanalíticos, e eles surgem fora da dimensão do conhecer: damos passos para experimentar como é uma dança, em vez de raciocinar como se deve dançar. Assim, ideias de *Transformações* não ficam presentes como hipóteses de um sistema teórico; simplesmente, tornam-se parte do equipamento mental do analista.

São essas experiências que compartilhamos?

Em *Transformações*, Bion nos pede que o acompanhemos em uma significativa mudança de rumos, que abramos mão do monopólio dos aspectos simbólicos e simbolizáveis da vida mental, e que também aceitemos o contato simultâneo com o que ainda não nasceu e com o que nunca nascerá para a dimensão representável. Isso implica em nada menos que abandonar o pensamento lógico e sua premissa básica de relações causa-efeito no funcionamento mental, ou seja, as formas de pensar em que desde sempre fomos treinados.

Embora apresentada como uma teoria da observação do ato analítico, a teoria das transformações inclui mudanças fundamentais no modelo de mente, na compreensão do processo psicanalítico, nos objetivos de uma psicanálise e na forma de ser do analista.

São essas compreensões que compartilhamos?

Transformações, *modelos para uma experiência emocional*

Experimento *Transformações* como um livro intimidante, um sistema de pensamento de difícil assimilação, que nos escancara a concomitância de amor e ódio ao contato com a realidade. Seu estudo é um exercício de tolerância à frustração e ao deslumbramento. Não há outro livro que tenha me favorecido tantas iluminações sobre o trabalho psicanalítico, e que tenha me exigido tantos esforços emocionais e intelectuais. Quando faço aproximações tentando organizar essas ideias em um sistema lógico de pensamento, chego a ter simpatia pela exasperação de Meltzer em sua afirmação de ser esse livro o produto de uma mente perturbada.[2] Já quando me é possível dele aproximar-me como estímulo para examinar o que vivo em meus contatos com o não mentalizado ou o desmentalizado, encanto-me com o brilhantismo das descrições dessas formas de funcionamento mental e encho-me de admiração pelo nível de abstração e pela condição de Bion em utilizar modelos que remetem a conhecimentos refinados de áreas tão diferentes como geometria, poesia, história da filosofia e epistemologia.

---

2 Seminário conduzido na SBPSP em 10 de agosto de 1998, com apresentação de Cecil J. Rezze: "*I think, both from the literary point of view and from the personal point of view, at that time, that he was in a very disturbed state of mind*". Ver também Meltzer (1978, Part III, cap. IX, p. 71): "*Is Bion patient B in disguise?*"

202   ENRIQUECER PELO FRACASSO

Colateralmente, impõem-se-me percepções de minhas limitações e deficiências.

Creio que muito do efeito que *Transformações* causa deve-se ao método singular com que é escrito. Se a comunicação de ideias que se utiliza do pensar lógico tiver como modelo os raios de um círculo que convergem para o centro, dando forma a um pensamento, em *Transformações* é como se o movimento das ideias fosse centrífugo, espalhando reflexos de um pensamento. Promove uma sensação desagradável de que não só as ideias nos escapam, mas que os pensamentos estão sempre em expansão para dimensões não alcançáveis pelo entendimento. Micro *big-bangs*, praticamente a cada página.

O doloroso esforço que exige é comparável ao de alguém que consegue envesgar os olhos e enxergar dois objetos, em vez de formar uma única imagem binocular. Há uma curiosa e desagradável experiência da visão de dois objetos que se sabe serem um só. A correspondente aproximação clínica está em imaginarmos uma mente funcionando não como um círculo, com um único centro, e sim como uma elipse, com dois centros, com uma área comum entre os domínios de cada centro. Uma forma de funcionamento mental como uma interação entre o vértice do não mentalizado e o vértice da mente desenvolvida – e não o de uma polarização entre ambos, com o obscurecimento de um ou do outro.

Seria adequado tomarmos *Transformações* como o *Pons asinorum*[3] no desenvolvimento do pensamento de Bion? Ou da Psicanálise? Na história da Matemática, a quinta proposição de Euclides em *Os elementos* recebeu esse apelido por ser vista como um teste

---

3   Bion (2000, pp. 122, 214 e 215), *Pons asinorum*, literalmente "ponte dos asnos". Expressão idiomática incorporada à língua inglesa, com o sentido de um problema que testa seriamente a habilidade de uma pessoa inexperiente.

da capacidade de compreensão do estudante, como uma passagem entre as proposições anteriores (mais acessíveis empiricamente) e as seguintes, que exigem crescente capacidade para abstração. Vamos tomar essa analogia de duas formas: no conjunto da obra e em *Transformações*. No livro, os três primeiros capítulos tratam da conjugação entre teorias psicanalíticas fundamentais de Freud e de Klein e a teoria dos grupos de transformações. Já os dois últimos capítulos tratam do colocar-se em harmonia com a realidade, nas transformações em vir a ser. Os capítulos intermediários (IV ao X) constituem um verdadeiro teste para as capacidades de abstrair e de tolerar frustrações do interessado, examinando as transformações em conhecer e em não conhecer. Em outros termos, para alcançar o "outro lado do rio" (as transformações em ser), vindo das teorias psicanalíticas clássicas, a ponte está no amálgama entre o pensar e o alucinatório.

Já em termos do conjunto da obra de Bion, *Transformações* é a ponte para uma nova forma de pensar a Psicanálise, que inclui, no campo da observação psicanalítica, funções não redutíveis ao pensamento. Sua aceitação muda radicalmente a visão do mental e vai muito além da apresentação de uma teoria de observação: expõe os confins do universo mental alcançado por Bion, sua visão pessoal e original de Psicanálise.

Essa analogia com o *pons asinorum* traz em si também a possibilidade de que, assim como aconteceu com o passar do tempo com a proposição de Euclides, a familiaridade maior com a teoria das transformações torne-a um conhecimento mais acessível aos psicanalistas.

204 ENRIQUECER PELO FRACASSO

Transformações *e as bionizações de Freud e Klein*

Os estudiosos da obra de T. S. Eliot cunharam o neologismo "eliotização" para nomear uma das características mais marcantes de suas poesias. Tomava trechos de outros autores e os incluía em seus versos, não como referência, mas como parte do *seu* pensamento. Sem uma menção às fontes, dá a impressão de que acreditava na cultura do leitor, em sua capacidade para identificar as matrizes das formulações que agora faziam parte de *sua* criação. Vou recorrer a esse modelo e à palavra "bionização" para expressar visão semelhante no campo psicanalítico, estando em *Transformações* a exposição mais explícita desse recurso.

É fácil identificar usos de conceitos de Freud e de Klein nas teorizações de Bion. Os mais evidentes são as formulações PS«D, a identificação projetiva como mecanismo normal de desenvolvimento mental, as ideias de cesura e de Édipo enquanto preconcepção. No entanto, há outros usos menos precípuos que ajudam a criar a visão de Psicanálise que nos acostumamos a relacionar com Bion. Detalhamentos dessa assimilação demandam extenso trabalho de exame, como o feito por Cecil J. Rezze (1991, 1994, 1995, 1997, 1999, 2003), partindo da experiência clínica. Uma aproximação abrangente permite assinalar essas conjunções conceitualmente mais significativas.

1. Um dos eixos do pensamento psicanalítico, a teoria da transferência, está presente em *Transformações* sob o conceito de transformações em movimento rígido (Bion, 1965/2004, caps. I e II). Não se trata apenas de um novo batismo, no entanto. Está em questão um novo modelo da mente. O campo examinado como transferência no modelo freudiano sofre ampliação significativa com o privilegiar a noção de experiência emocional, de sua inacessibilidade enquanto fato em si mesmo e dos processos envolvidos

em suas transformações, como a ênfase no presente. "Transferência" perde a condição de fenômeno patognomônico da relação analítica, reduzindo-se a uma das formas de transformações, das menos significativas.

2. As teorias kleinianas da cisão e da identificação projetiva, teorias que, com maior ênfase, Bion reconhece utilizar (no capítulo IV, por exemplo), têm um destino rico e bastante singular em *Transformações*. No capítulo III são examinadas como transformações projetivas. No quarto capítulo, as próprias transformações projetivas são reexaminadas, e vai surgir uma discriminação fina entre estas e as transformações em alucinose, ficando subentendido que as últimas estavam sendo indiferenciadas das primeiras; no capítulo VIII, as resultantes das identificações projetivas vão ser estudadas como as transformações em não conhecer. Essas diferentes aproximações têm a condição de diferentes visões de um mesmo objeto, alcançadas pela troca de vértices de observação.

3. O conceito de inconsciente, outro eixo fundamental do pensamento psicanalítico, também recebe novo tratamento. Há, por exemplo, a proposta que a polarização útil não seja a de consciente e inconsciente, mas sim a de finito e infinito, partindo do reconhecimento que os fenômenos mentais primitivos teriam "fístulas" acontecendo em dimensões infinitas, entre experiências não mentalizadas, envolvendo incontáveis fatores (Bion, 1965/2004, cap. IV). A abordagem desses fenômenos se torna possível pelo acesso ao que o analista tem disponível na sessão. O destaque ao "infinito" aponta como essas formulações ficam fora do campo da interpretação de significados. Contrapor-se-iam a estes os fenômenos mentais com qualidade simbólica, que podem ser vistos como tendo adquirido os limites de uma dimensão finita, sendo assim passíveis de serem contidos em expressões oníricas ou verbais.

206   ENRIQUECER PELO FRACASSO

A mudança é significativa. Se a proposta clássica da Psicanálise é deixar de lado os significados conscientes e interpretar o que é inconsciente, por meio de seu pareamento com teorias psicanalíticas, com *Transformações* a proposta passa a envolver uma dupla atividade para o analista: a atenção às transformações das experiências emocionais acontecendo na sessão e a identificação das conjunções constantes que vivencia.

4. A teoria estrutural da personalidade, já tinha sido devidamente "bionizada" com as teorias do pensar, das funções e da função α. A substituição de uma aproximação ao mental por meio das funções identificáveis na relação analítica – e não estruturas –, assim como o reconhecimento que o que observamos enquanto analistas são emoções e não instintos ou pulsões, modifica os parâmetros com que o analista pensa sua experiência. A ênfase na vida instintual desaparece com o privilegiar dos processos de fato acessíveis na relação analítica, diretamente apreendidos sensorialmente ou sob a forma de experiência emocional. As transformações em conhecer e em vir a ser, assim como os movimentos impeditivos a elas, tomam o lugar das manifestações do funcionamento e dos conflitos entre as instâncias psíquicas. O destaque ao "superego cruel" e "assassino do ego", favorece a percepção da polarização entre formas de transformações em crescimento mental e os seus impedimentos.

Transformações, *o coração da obra de Bion?*

Vou me limitar à hipótese de que o pensamento de Bion ganha singularidade entre os autores psicanalíticos, ao passar a examinar uma experiência analítica única pela adoção de vértices simultâneos, não excludentes. Essa proposta epistemológica está presente desde *Experiências com grupos*, mas é em *Transformações* que a encontramos em sua plenitude. A utilização da teoria dos grupos de transformações, assim como o desenvolvimento da Grade,[4] oferecem-lhe os instrumentos necessários para esse desenvolvimento.

Um "grupo de transformações"[5] tem, em Matemática, sentido semelhante ao conceito filosófico "conjunção constante". Em Psicanálise, corresponde a dois estados mentais diferentes em relação associativa, que ganham esclarecimento pela presença de um terceiro termo, o elemento identidade, obtido pela identificação da experiência emocional. A Grade é o instrumento que favorece o estabelecimento dos elementos relacionados, do elemento identidade e do meio em que a transformação ocorreu – se pensamento, alucinação ou o colocar em harmonia com a realidade. A grande mudança acontece no funcionamento mental do analista, que, para apreender o grupo de transformações, necessita abandonar a forma lógica de pensar. Quando Freud identificou a conjunção constante "sexualidade infantil e neurose", seguiu o caminho do pensamento científico da época e estabeleceu a relação causal entre ambos os estados mentais, conduzindo ao método de tratamento pela interpretação de significados. O analista que prioriza a conjunção transformações/invariâncias pensaria diferentemente: sexualidade infantil e neurose são elementos associados de um

---

4 A necessidade de examinar os pensamentos levou-o a criar um instrumento para identificar seus diferentes usos e graus de abstração. Com a Grade, ficou possível acompanhar e fazer notações sobre as transformações de uma experiência, como no exemplo "C2 > A1", no capítulo II. Com essa associação, não surpreende que em sua apresentação original (Bion, 1963/1997) apareçam as linhas básicas do que veio a ser desenvolvido em *Transformações*.

5 "Para meus objetivos, é conveniente considerar psicanálise como pertencente ao grupo de transformações" (cap. I). Um grupo é uma estrutura algébrica que se obtém por uma operação associativa para a qual existe um elemento identidade. Cada elemento associado possui um inverso (o segundo elemento) que, composto com o elemento dado, fornece o elemento identidade. Referência: *Encyclopedia Britannica do Brasil*, 1981, verbete Geometria, localização 1.4.

208 ENRIQUECER PELO FRACASSO

grupo de transformações, cujo elemento identidade é dado pela impossibilidade de pensar e de viver essa experiência emocional. Seu método de trabalho irá privilegiar a possibilidade de um pensamento evoluir de transformações em alucinose para transformações em psicanálise (em conhecer e em ser), sendo o método utilizado o oferecimento de um meio propiciador ao crescimento mental, formado por pensamentos oníricos, sonhos e mitos. Essa momentosa oportunidade é decorrência de modificações no funcionamento mental do analista, que se transfere das dimensões do alucinatório ("saber") e do "conhecer sobre" para a de colocar-se em harmonia com a realidade. Sua intervenção verbal buscará colocar em evidência como o pensamento identificado poderá ser reconhecido em situações da vida.

Uma primeira e decisiva mudança gerada por esse posicionamento é a relativização da utilidade psicanalítica da aplicação das teorias psicanalíticas, que fundam-se em instantâneos do funcionamento mental, por um único vértice, favorecendo modelos estáticos. Uma segunda, e não menos significativa, é a criação da visão de uma mente multidimensional e em múltiplos movimentos concomitantes.

Vale a pena considerar que essa visão vai perpassar o restante da obra de Bion.

O que proponho examinarmos é que a forma de pensar a mente presente em *Transformações* constitua o ápice das formulações especulativas de Bion. Incorpora, em nova apresentação, o que já examinara como o aprender com a experiência (conhecer e não conhecer) e amplia o exame da mente incluindo dimensões não representáveis, mas vivíveis: os pensamentos sem pensador e o existencial.

Algumas questões próprias à dimensão científica do conhecimento psicanalítico que surgem com esse posicionamento merecem atenção.

Transformações pode ser visto como o esforço de Bion em harmonizar a Psicanálise com os paradigmas das Ciências do século XX. Por exemplo, a troca de um modelo clássico de uma ciência de certezas, derivado do estudo do sensorialmente apreensível, para outro de incertezas, que surge do estudo do átomo e do universo. Para tanto, Bion necessitou estabelecer novos parâmetros epistemológicos para a Psicanálise, que demandaram novas formulações metodológicas, interligando-se com (e não substituindo!) os parâmetros epistemológicos e metodológicos anteriores. Como na Física, em que a teoria quântica não substitui as leis da gravitação universal. Em termos clínicos, isso implica que o vértice do existir é diferente do vértice das representações, e que ambos coexistem concomitantemente.

O apoio para essas novas formulações é buscado na Matemática, principalmente na Geometria, na passagem do estudo dos corpos sólidos, para o de seus movimentos. Os desenvolvimentos da Matemática do século XIX – como as teorias das invariantes, dos vetores, dos grupos e das matrizes – eram conhecimentos estudados por Bion (Sandler, 2005), o que torna difícil supor que ele não tivesse tido também contato com a teoria dos grupos de transformações, de Marius Sophus Lie (1870), a eles associada. A teoria dos grupos de transformações permite o cálculo dos diferentes movimentos de um corpo sólido no espaço euclidiano, e sua representação algébrica. Outra convergência significativa é a teoria psicanalítica das transformações permitir, com a identificação das invariantes nas formulações de um autor, classificar diferentes visões de Psicanálise, assim como foi feito com as Geometrias por Felix Klein, em 1872, utilizando a teoria de Lie.

Neste último sentido, *Transformações* pode ser lido como apresentando, em seus três primeiros capítulos, o exame, pela teoria dos grupos de transformações, das transformações freudianas e das transformações kleinianas,[6] que organizam experiências próprias aos funcionamentos neurótico e psicótico, respectivamente. Os capítulos IV a IX apresentam detalhado exame da conjunção da teoria do pensar com a teoria das transformações. O exame das transformações em conhecer e em alucinose pode ser visto como uma extensão da discriminação entre identificação projetiva realista e identificação projetiva excessiva, este último o sentido original desse conceito, como defesa de um *status quo* na personalidade. As transformações em alucinose terão esta última como base, enquanto as transformações em pensamento terão a identificação projetiva realista como fundamento. Os dois últimos capítulos do livro constituem a ultrapassagem de nova cesura, com o exame das transformações em ser, um campo próprio ao existir, e não mais ao representar. Utilizando o mesmo critério insatisfatório de nomear o tipo de transformação a partir do nome do autor que formulou as teorias que destacam as invariantes, poderíamos falar das transformações em colocar-se em harmonia com a realidade, como as transformações bionianas, pela importância que adquirirão em seu pensamento nos anos seguintes.

Embora os modelos que ganham maior destaque em *Transformações* sejam matemáticos, é necessário considerar que a teoria psicanalítica das transformações também se apoia na Filosofia, no conceito de Hume da conjunção constante (Sandler, 2005, verbete "constant conjunction") e no exame kantiano do processo de conhecer. Há uma superposição muito grande entre essas formulações, sugerindo nova "bionização". A sequência proposta por Bion, de reconhecermos a existência de uma experiência emocional que é inacessível em si mesma ("O"), de sua contraparte fenomênica ("T"), com seus processos de transformação ("Ta") e sua resultante

---

6 "Na prática, eu lamentaria o uso de termos como 'transformações kleinianas' ou 'transformações freudianas'. São usados aqui apenas para simplificar a exposição" (Bion, 1965/2004, cap. I, p. 19, notas de rodapé 2 e 6).

final ("Tb"), guarda muita semelhança com a descrição de Kant da sequência de elos entre o incognoscível e o representado pelo entendimento: fenômenos, qualidades primárias e secundárias do objeto, representação e conceito (Kant, 1781/1994, Parte Primeira, Teoria Elementar Transcedental – Estética Transcedental).

Se também lembrarmos que o modelo com que a ideia de grupos de transformações nos é introduzida, o do pintor do campo de papoulas, nos remete à dimensão estética, assim como várias outras referências durante o livro, temos identificado um tripé de que Bion serviu-se para criar a teoria psicanalítica das transformações.

Finalizando com a epígrafe

Na medida em que fundamenta os pontos de mudança para uma nova compreensão do funcionamento mental, *Transformações* surge como o livro epistemologicamente mais importante na obra de Bion.

O destino dessa teoria pode ser acompanhado na sequência do desenvolvimento das ideias de Bion: desaparece enquanto referência teórica, o que traz a impressão de ter sido um fracasso aos olhos do próprio autor. No entanto, um exame cuidadoso vai identificar nos textos que a seguem a presença das mudanças epistemológicas que a caracterizam, como o privilegiar das dimensões do existir, dos pensamentos sem pensador e do amálgama pensar/alucinatório. O que de fato fica abandonado por Bion é a Matemática como modelo para uma linguagem psicanalítica de precisão. Em outras palavras, vão-se os anéis e ficam os dedos; "some" o jargão teórico e "surge" o ser psicanalítico, como na assimilação bem-sucedida de um órgão transplantado.

212 ENRIQUECER PELO FRACASSO

Retomamos, assim, a epígrafe deste trabalho. O pensar psicanalítico que aflora com *Transformações* traduz mudanças não só no conhecimento psicanalítico, mas principalmente no psicanalista, como destacado pelas falas de cada um dos dois analistas.

Referências

Bion, W. R. (1997). The Grid. Apresentado na British Psycho--analytical Society em 2/10/1963. In W. R. Bion, *Taming wild thoughts*. London: Karnac Books. (Originalmente publicado em 1963).

Bion, W. R. (2000). *Cogitações* (E. H. Sandler e P. C. Sandler, trad.). Rio de Janeiro: Imago.

Bion, W. R. (2004). *Transformações – do aprendizado ao crescimento* (P. C. Sandler, trad.). Rio de Janeiro: Imago. (Originalmente publicado em 1965).

Eliot, T. S. (1981). *Poesia* (Ivan Junqueira, trad.). Rio de Janeiro: Nova Fronteira.

Encyclopedia Britannica do Brasil. São Paulo: Companhia Melhoramentos, 1981.

Freud, S. (1974). *Alguns tipos de caráter encontrados no trabalho psicanalítico*. In S. Freud, *Ed. Std. Obras Completas de S. Freud* (Vol. XIV). Rio de Janeiro: Imago. (Originalmente publicado em 1916).

Junqueira, I. (1980). Eliot e a poética do fragmento. In T. S. Eliot, *Poesia* (Ivan Junqueira, trad.). Rio de Janeiro: Nova Fronteira, Rio de Janeiro.

Kant, E. (1994). *Crítica da razão pura*. Lisboa: Ed. Fund. Calouste Gulbenkian. (Originalmente publicado em 1781).

Meltzer, D. (1978). *The kleinian development* (Part III: *The clinical significance of the work of Bion*). Clunie Press, Perthshire 1978.

Rezze, C. J. (1991). *A comunicação do analista, clínica e pressupostos teóricos.* Apresentado em reunião científica da SBPSP em 7/12/1991.

Rezze, C. J. (1994). *Transferência – Tentativa de rastreamento em Freud, Klein e Bion.* Apresentado em reunião científica da SBPSP em 3/8/1994.

Rezze, C. J. (1995). *Transformações na prática clínica e relação com inconsciente, sexualidade, recalcamento e transferência.* Apresentado em reunião científica da ASBPSP em 30/8/1995.

Rezze, C. J. (1997). *A fresta.* Apresentado em reunião científica do Núcleo Psicanalítico de Curitiba em 14/11/1997.

Rezze, C. J. (1999). *O sonho, o quase sonho e o não-sonho.* Apresentado em reunião científica da SBPSP em 29/4/1999.

Rezze, C. J. (2003). *Contribuição sobre 'Bernardo' e apreciações de André Green.* Apresentado em reunião científica da SBPSP em 19/3/2003.

Sandler, P. C. (2005). *The language of Bion – A dictionary of concepts.* London: Karnac.

Segal, H. (1980). Contribuições clínicas de Bion. In *Reunião em memória do Dr. Wilfred Bion* (Welington Dantas, do *Scientific Bulletin* da British Psycho-analytical Society, trad.). Bol. Científico n. 7 da SBPRJ. Agosto de 1981.

13. A interpretação: limites e rupturas de um conceito e de uma prática

Julio Frochtengarten[1]

Pretendo fazer, por meio de uma curta exposição, uma discussão sobre a *interpretação*, este que tem sido considerado o instrumento por excelência do nosso trabalho em psicanálise. Seria esperado que se perguntem o que estará me levando a isso. Esse instrumento perdeu sua força e eficácia? Ou mudaram os pacientes, e as novas patologias requerem uma adaptação do instrumento ou, quem sabe, até um novo instrumento? Ou foi a psicanálise que mudou e seu instrumento por excelência tem que ser repensado? Fiel à minha tradição clínica, finalmente apresentarei uma sessão como ilustração das ideias discutidas.

Penso que, se algo mudou, fomos nós, os psicanalistas, e nosso modo de compreender tanto a psicanálise como seu método e, consequentemente, nossos pacientes. Sendo assim, qualquer discussão sobre interpretação terá que incluir o que pensamos nós, hoje, sobre psicanálise, seus objetivos e os instrumentos para alcançá-los, bem como uma reflexão sobre seu modo de atuar, o método.

---

1 Membro efetivo e analista didata da Sociedade Brasileira de Psicanálise de São Paulo (SBPSP).

A interpretação surgiu em psicanálise ligada ao primeiro conceito de *transferência*. Neste, Freud afirmava que os pacientes substituíam figuras e modelos importantes da sexualidade infantil pela figura do médico. Essas substituições tinham o caráter de obstáculos, e à interpretação caberia estabelecer, por meio da palavra, as relações entre as figuras parentais e do médico, e os tempos passado e presente.

Vale ressaltar que a qualidade de obstáculo da transferência se devia à finalidade mesma da análise, qual seja, a recordação dos eventos traumáticos. A transferência era, então, algo inevitável e indesejável, mas que recebe de Freud, ao mesmo tempo, o caráter de algo útil para, a seguir, se alcançar o objetivo da recordação.

Mas, como as resistências são atuadas, elas se tornavam forças muito poderosas contra a própria análise, principalmente as chamadas transferências negativas e as positivas inconscientes. Nesse momento evolutivo, se compreendia haver uma oposição entre a relação real com o médico – para fora da qual o paciente seria arremessado – e a relação transferencial.

Mas Freud percebe que, para o paciente, a relação transferencial atuada também é real. E, nessa circunstância, ele deixa de colaborar, esquece as intenções de cura, torna-se indiferente aos argumentos e à lógica, não recorda as relações infantis, mas as reproduz de acordo com a atemporalidade do inconsciente e sua capacidade de alucinação. A transferência, estando a serviço da compulsão à repetição, coloca o analista diante de grandes problemas para obter as recordações.

É dentro dessas adversidades que o analista deveria empreender seu trabalho de interpretação. Talvez aqui a interpretação, como instrumento por excelência do analista, esbarra, pela primeira vez, num limite e perde parte de sua força, pois esta se dá num registro diverso das forças que levam o paciente a repetir. O analista, para seu sofrimento, está sempre no interior dessa luta intelectual × instintual, compreensão × ação.

Talvez em função das dificuldades enfrentadas com a almejada elaboração, no artigo "Recordar, repetir e elaborar", Freud (1914/1969c) começa a falar numa arte da interpretação.

Em 1920, em *Além do princípio do prazer*, a compulsão à repetição, até então um fenômeno clínico, passa a ser conceituada como característica inerente aos instintos; surgem daí dificuldades com o conceito de interpretação. Por estar ligado aos instintos de morte, o que é repetido compulsivamente não integra as cadeias associativas e, portanto, há toda uma área que não pode ser atingida pela interpretação. Conceitualmente, o trabalho do analista encontraria um novo limite. Mas, na clínica, as coisas se passam diferentemente, as análises progridem e os pacientes se beneficiam delas, o que é um alívio para os analistas; pois é provável que instintos de vida e de morte se apresentem fundidos.

Parte desses problemas se resolve com as diferenças introduzidas pela segunda tópica: uma parte originária do id é inconsciente, mas não recalcada; o próprio ego tem uma parte inconsciente; pode haver um masoquismo original (e não apenas secundário ao sadismo). Toda a psicanálise vai adentrar pela área das psicoses. E o instrumento do analista terá que sofrer, na prática e na teoria, as modificações correspondentes para ser efetivo nessas áreas de destrutividade, não inscrição, compulsão à repetição e reação terapêutica negativa.

Essas áreas poderão ser abordadas por meio da transferência positiva, o que vai depender de dois fatores mencionados por Freud em *Além do princípio do prazer*: a força relativa entre a psicanálise e as alterações que até o momento o ego já sofreu; e a força relativa entre os instintos de vida e os instintos de morte.

218   A INTERPRETAÇÃO

Como se pode ver, a interpretação não é mais um simples instrumento para restabelecer cadeias associativas ou preencher lacunas de memória. Como se dá a partir desse momento o trabalho do analista?

Em "Construções em análise", Freud sugere, além da interpretação, que o analista utilize um outro instrumento: a *construção*, algo que o analista coloca diante do paciente quando a este faltam as recordações. A construção seria uma conjectura que aguarda exame, e que "só o curso ulterior capacita decidir se a construção é correta ou inútil" (Freud, 1937/1969b, p. 300). Mesmo que a construção não dê lugar à recordação, seu resultado é semelhante, afirma ele. Isso quer dizer que as mudanças que ocorrem com o paciente não se dão por uma promoção de conhecimento. E mais: que o analista participa do processo, mas não mais como aquele que desvela e revela. Continua-se usando o termo *interpretação*, mas, como se vê, seu significado mudou muito.

Quando Klein (1952/1991) enuncia que desde o início da vida existem relações de objeto, ela indica também a existência de um ego primitivo, de funcionamento precário. A contraparte resultante disso é que os objetos são mistos de realidade e fantasia, amados e odiados, externos e internos, persecutórios e idealizados – pois eles são frutos de cisões, projeções e negações e também da flutuação entre os padrões oral, anal e fálico. Esses objetos, bem como as diversas modalidades de relação com eles, se presentificam na transferência, com o analista desempenhando aspectos do pai e da mãe distorcidos pelas projeções e introjeções. A dimensão primitiva da mente, com os elementos primitivos do complexo de Édipo e do superego, bem como o papel central da destruição e do sadismo, colocam agora o analista, na conceituação kleiniana, numa situação em que a transferência é total. Analogamente, o trabalho da interpretação se torna diverso daquele que era no modelo freudiano, em que a transferência era preestabelecida, do passado para o presente. A interpretação, então, terá que ser mais abrangente, interpretando todos os elementos da situação total, inclusive o medo da morte (que para Klein existe como algo representado), o sadismo, a destrutividade – visando a integração e a simbolização. Nesse modelo, divergindo do modelo freudiano, o analista tem essa possibilidade, pois, como ela escreve, "quando as ansiedades persecutória e depressiva e a culpa diminuem, há menos premência a repetir... antigos padrões" (Klein, 1952/1991, p. 79). Surgem grandes dificuldades para os analistas, pois estavam lidando com dimensões primitivas da mente – o que sempre causa muita angústia – e talvez fazendo algo mais próximo das construções do que interpretações. E os analistas se propunham ainda a discriminar, na experiência emocional, também total, que estavam vivendo, o que seriam representações do que seriam equações simbólicas. E, mais, deveriam encontrar a linguagem que pudesse atingir essas áreas precoces do desenvolvimento.

Das dificuldades de não estarem em posição de observadores neutros os analistas estavam cônscios. E, assim, seguidores da tradição kleiniana propõem aproveitar os sentimentos do analista na sessão para identificar sentimentos do analisando que são projetados "dentro" do analista (como ação, e não como comunicação). Formulam, assim, o uso da contratransferência como ferramenta de trabalho do analista. Vale ressaltar que essa proposta – do analista discriminar entre seus sentimentos quais lhe são próprios e quais são despertados pelo analisando – é sugestiva de que o analista analisado teria amplo acesso a seu inconsciente. Nisso se inclui o acesso às forças destrutivas derivadas do instinto de morte dentro de si, pois sua análise o terá levado à inscrição destas nas cadeias mnêmicas, o que, como dissemos, está amplamente de acordo com a teoria kleiniana. Apesar de se referirem a um analista ideal, e esse procedimento "é mais fácil de dizer do que de fazer" (Segal,

220 A INTERPRETAÇÃO

1977/1982, p. 123), o fato é que essas ideias levaram as emoções do analista na sessão a encontrar um lugar na teoria, o que diminuiu enormemente o sofrimento do analista.

E, se prescindirmos da postulação do analista ideal, como continuar trabalhando em psicanálise? Sempre estivemos acostumados a considerar que o vínculo com os pacientes fosse essencialmente verbal. Quando começamos a nos dar conta de que estamos emocionalmente envolvidos, percebemos que não estamos apenas observando, examinando e interpretando; mas que nosso próprio estado mental é afetado enquanto ouvimos o paciente. Com isso, a qualidade da observação que é possível em psicanálise tem que ser repensada.[2] Penso que é por esse caminho que vão os modelos e teorias de Bion, principalmente a partir de sua teoria das Transformações, na qual, apesar de conservar muito dos conceitos kleinianos, inclui fortemente a pessoa do analista. Se, de um lado, isso desorganiza todo o edifício conceitual anterior e, em consequência, aumenta significativamente a nossa perturbação, de outro, cria um continente para o analista real, que é irremediavelmente afetado pelo seu paciente na sessão. Por fim, penso que a teoria de Bion acabou contribuindo para uma construção objetiva da subjetividade.

Ao trazer para a psicanálise o conceito de *transformações*, este autor destaca que o analista está sempre observando a experiência emocional que vive com seu paciente de um viés que lhe é próprio, particular; e, seguindo Kant, assinala que a apreensão que pode ter é resultado de uma transformação que se opera em sua própria mente, e nunca a coisa-em-si. Ao comunicar suas transformações

---

2 Como declarou Eva Rosenfeld, uma das psicanalistas analisadas por Freud, em depoimento a Paul Roazen (1995): "Freud estava no cais e 'pescava' o relacionamento com a mãe, mas permanecendo no cais, ao passo que nós estamos 'no mar' com nossos pacientes" (p. 216).

para o paciente, o analista rompe o campo criado por este e um novo ciclo de transformações passa a ocorrer, determinando tudo que virá a seguir.[3] Se aceitarmos e encarnarmos essa proposta, estaremos ambos, paciente e analista, cada um de acordo com suas emoções, fazendo aproximações, maiores ou menores, dos eventos que se dão na sala. É possível que aí esteja o essencial do trabalho da análise. E que com cada uma de nossas intervenções verbais – quer ao buscar as palavras para nos expressarmos, quer ao transmiti-las ao paciente – rompe-se a característica central presente naquele momento.

Estamos em permanente tensão entre certezas e dúvidas quanto ao conhecimento da experiência emocional que vivemos com nossos pacientes: se, de um lado, alguma interpretação – nossa subjetividade, portanto, incluída – está sempre sendo feita, de outro, nunca sabemos ao certo quanto desse conhecimento foi sendo moldado por pensamentos e sentimentos pessoais, uma vez que a subjetividade não pode ser quantificada e desvinculada do objeto. Submeter nossas formulações para que sejam verificadas, comprovadas ou validadas pelas experiências seguintes também não aumenta nossa segurança. Trabalhar nessa constante tensão implica a humildade e reconhecimento dos limites do nosso conhecimento sobre o outro, o que é uma condição difícil de ser mantida, em função da onipotência e onisciência. A dor dessa limitação muitas vezes leva a nos considerarmos analistas dotados de neutralidade, agindo como se nosso inconsciente estivesse preservado e mantido fora da relação com o outro. Nestes momentos em que não podemos conter a experiência vivida e aprender com ela, substituímos a psicanálise por interpretações derivadas das teorias psicanalíticas. Porém esta não é uma escolha consciente: depende de

---

3 "Temos que nos lembrar que aquilo que observamos não é a Natureza em si, e sim a Natureza exposta ao nosso método de investigação" (Heinsenberg, 1958/1990, p. 48).

222 A INTERPRETAÇÃO

nossa própria análise, nossa formação pessoal, nossa escolha teórica e também nossa disposição e capacidade internas, variáveis e influenciáveis a cada momento.

Em nossa relação com o paciente estamos inteiros, com consciente e inconsciente, em convívio e sofrendo mútua interferência. Quando conseguimos nos manter nessa condição, continuamos a usar as teorias – transformadas pelo meu treinamento e aprendizagem –, mas no estágio de pré-concepções. Neste, as teorias são pano de fundo que permitem a justaposição entre a intuição e o que está acontecendo na análise; norteiam a observação e permitem expansões e enriquecimentos, resultando em formulações não saturadas.[4] Somente quando estou de fato nesse estado tenho condições de me examinar, e talvez examinar o outro, conhecer e reconhecer os modos característicos de meu funcionamento mental.

No cerne da relação com os pacientes há sempre uma emoção, que é de amor, ódio ou conhecimento. E é nesse meio emocional que vai se dando o pensamento possível, que tem por foco as emoções e vai criando significados de forma que aquela experiência passa a ser significante. Assim, entendo que a análise caminha da emoção ao pensamento, não o pensamento com função adaptativa ou desenvolvimentista, mas o pensamento-sonho. Conceitualmente, esse processo se dá por meio de uma função α que forma a *barreira de contato* que separa e une, seletivamente, elementos conscientes e inconscientes, e dá origem a esses pensamentos oníricos. Dizendo de outra forma: o analista é portador de ideias novas; ou, ao menos, propicia uma continência para que o paciente possa produzir, justapostos à experiência emocional que vive, pensamentos novos, abstrações e generalizações, e estabelecer relações. Com isso há um espessamento da experiência, pois o contato

---

4   Categoria D4 na Grade formulada por Bion.

com elementos presentes ainda não pensados favorece a formação simbólica e a integração de pensamentos dispersos.

Como analista estou no campo, incluído; o que é fonte de grandes dificuldades, pois, ao mesmo tempo, tenho que observar o que vivo e, se possível, me manifestar sobre algo relacionado às emoções que experimento com o paciente. Em vez de interpretar os estados de mente do paciente, faço pontuações e formulo algumas conjecturas e metáforas cuja potência para catalisar expansão mental dependerá também das possibilidades do outro. Evidencia-se, nesta forma de trabalhar, a dimensão investigativa do método analítico; não a investigação em si mesma, mas uma investigação que é modelo e pretende favorecer o aprender com a experiência emocional vivida e, assim, abrir novas possibilidades para o futuro do indivíduo. Em consequência, aflora também a dimensão alternativa desta: o não aprender com a experiência, o ataque ativo ao conhecimento, a área da não representação e dos vínculos negativos de amor, de ódio e de conhecimento[5] (que têm sido considerados por tantos autores). O aprendizado e o crescimento são funções dos objetos internos, de sua possibilidade sonhante. E um analista real, num vínculo emocional de conhecimento,[6] contribui para essa tarefa. Considerar este analista real vai incluir os nossos limites, seja porque o paciente afeta o nosso estado de mente, seja porque nossa própria análise também não foi – e não poderia ter sido – completa. Isso vai criando uma espécie de abrigo para as nossas dificuldades. E, em consequência, podemos nos beneficiar de saber dos limites da interpretação.

Passamos, então, nestes cem anos da história da psicanálise, de um analista que tem um modelo de desenvolvimento mental – implícito ou explícito – para si e para seu paciente, para um analista

---

5 Vínculos –L, –H, –K (Bion).
6 K.

que contribui para o crescimento possível; que, à medida que investiga, expande o campo que investiga (como escreveu Bion). Depararmos com todo o desconhecido e tudo que não sabemos e, ao mesmo tempo, depararmos com esta profusão de teorias na psicanálise são ambos motivos de grande sofrimento para todos nós. Mas, se nos damos conta desse sofrimento, podemos nos valer da ignorância para orientar o trabalho de investigação, acompanhar as expansões e crescimentos possíveis, ao contrário do que ocorre quando há um apego muito forte a modelos ou teorias sobre o desenvolvimento. Estou consciente de que todas essas afirmações provêm também de uma teoria, mas que tem me sido útil na clínica, pois sustenta minha observação em psicanálise.

* * *

Fiel à minha tradição clínica, penso que neste momento seria útil a apresentação de uma sessão como ilustração do que vem sendo dito.

A sessão a que vou me referir é a primeira após interrupção de vinte dias por férias do analista. Nas duas semanas anteriores a essa interrupção, a paciente, que estava desempregada, iniciou um novo trabalho e, por essa razão e questões de agenda, novos horários ainda não estavam definidos.

A paciente chega e está cinco minutos atrasada; parece estar um pouco afobada. Ao deitar me avisa que fez uma combinação no trabalho de forma a poder vir num dos horários que lhe foram propostos por mim, o que me parece uma tentativa de facilitar a combinação com horários que lhe disponibilizei. Fica então em silêncio, que, após alguns minutos, interrompo para dizer que ela parece estar mais à vontade lá no trabalho do que aqui comigo. A intervenção que faço tem a finalidade de, rompendo o clima que me parece de intensa angústia, abrir alguma possibilidade de conversa.

De fato, isso facilita que a paciente comece a se comunicar verbalmente, e o que se segue é uma comunicação feita com muita dificuldade: a voz me parece embargada, algumas palavras são cortadas, a voz é baixa, percebo que perco algumas delas, mas posso acompanhar o sentido geral. (A propósito, essa qualidade de expressão estará presente quase até o final da sessão.) Em meio à grande angústia, relata que sempre escutou, sobre si, que era uma pessoa fácil; e que ninguém havia lhe dito – como nestes dias o fizeram – que era pessoa de trato difícil; que o ambiente no trabalho também está difícil; afirma, convicta, que, se fosse hoje, não teria sido selecionada, até lhe falaram que não está liderando as pessoas nem tomando as iniciativas que deveria. Acrescenta ainda que, ao chegar em casa, só quer ficar fechada em seu quarto. E que há um mês não tem relações sexuais com o namorado, e dá razão ao que está convencida que virá da parte dele: o cancelamento do casamento que está próximo... Enfim, o clima emocional é de queixa de si mesma, de seu desempenho, de sua capacidade de se relacionar com os outros; e, ao mesmo tempo que parece estar de acordo que ela é "assim mesmo", há um esforço em me falar sobre o que sente. Estou presente, acompanho o relato e as emoções que o acompanham, mas não encontro condições de trazer algo novo, apenas faço algumas pontuações e assinalamentos e chamo sua atenção para a possibilidade que está tendo de conversar sobre esses sentimentos.

Noto que isso favorece que ela continue a falar, ainda angustiada, mas o tom de queixa e lamúria diminuiu ou desapareceu. Parece haver agora algum desdobramento e elaboração da experiência presente, pois a paciente me fala que sempre usou bebida alcoólica para ter mais facilidade de se relacionar socialmente, e

226   A INTERPRETAÇÃO

nem isso está fazendo no momento. Em compensação, não abre a boca quando está com amigos, acha-os bêbados e chatos. O que fortalece a impressão de elaboração da experiência vivida é quando diz que sempre fez análise por hábito, "é um costume lá em casa, meu pai, minha mãe, irmãos sempre fizeram e mandaram fazer análise"; mas desta vez está sendo diferente, sente necessidade de vir. O que ela expressa é um sentimento novo, pois ao longo do trabalho vejo sua enorme dificuldade em expressar e manifestar necessidade de ajuda, minha ou de qualquer outra pessoa. Vivo uma esperança quanto às possibilidades de lhe ser útil, pois, tendo se rompido o clima emocional anterior, se realiza ali, naquele momento, algo importante e raro com ela. É uma via de acesso para me comunicar com a paciente, pois o que era queixa de si mesma se transformou, na experiência emocional da sessão, em possibilidade de interlocução com o analista e elaboração. E é disso que procuro falar. Penso também no possível contato com a interrupção ocorrida na análise, pois, apesar das dificuldades presentes, tudo isso vem como um jorro; mas sobre estes meus últimos pensamentos nada digo.

Após alguns minutos de silêncio, mais tranquila, ela se lembra, como uma associação, de uma conversa recente em que o pai lhe contou de um jantar com alguém importante, "um presidente não sei lá do quê". Nesta ocasião, ele dizia que ele e a filha eram parecidos, enfrentavam as coisas. Ao que ela me pergunta: "como posso dizer agora para todos que eu pareço isso, mas nem sempre sou assim?". Associa também com o estado doentio e grave da mãe, que pode morrer; e que às vezes teme que estejam escondendo dela uma condição ainda mais grave. A paciente diz que nestes últimos dias chegou a querer se matar, ou de se deixar morrer: num determinado dia, dirigindo numa marginal, estava com muito sono, pensou em estacionar o carro um pouco, mas prosseguiu, pensando que talvez morresse num acidente. Logo depois estacionou o carro e aguardou melhores condições para dirigir. Experimento uma preocupação com suicídio que se desanuvia e se transforma em compaixão: estamos tendo uma conversa fortemente carregada de emoção, mas é uma conversa sobre sentimentos, pensamentos e imaginações, de amplo contato com o que ela vive. Pensando assim, me vejo mais livre da preocupação e aponto que, neste momento, ela também está à procura de melhores condições para lidar com a pessoa que é e a vida que tem.

Já é o final da sessão, mas ela ainda acrescenta que sempre foi vista como um trator, uma pessoa que conseguia o que queria porque ia atrás e não se detinha enquanto não alcançasse seu objetivo. Mas só agora percebe que isso pode não ser um elogio, uma qualidade, e sim uma mentira.

Considerando a sessão como um todo, me parece que não ocorreram interpretações, ao menos no sentido clássico do termo. As intervenções foram tentativas de comunicar o que vivi na experiência presente e chamar a atenção da paciente para o que ela própria vivia. Algumas dessas intervenções romperam o clima instaurado pela paciente e que impregnava a sessão, talvez sem que ela mesma se desse conta. Outras favoreceram a expansão de um clima emocional já presente, possibilitando o surgimento de fenômenos mentais novos – sentimentos, emoções, ideias, imaginações, sonhos... Assim, à medida que isso foi ocorrendo, surgiram, na relação verbal e experiencial com o analista, configurações até então desconhecidas (por não terem sido vividas), gradações de significados, novas articulações entre os pensamentos. Esse movimento expandiu a continência às emoções, as possibilidades de representações e o campo das comunicações possíveis, o que talvez traga novas possibilidades em seu viver.

228   A INTERPRETAÇÃO

Referências

Bion, W. R. (1983). *Transformações: mudança do aprendizado ao crescimento*. Rio de Janeiro: Imago. (Trabalho original publicado em 1965).

Freud, S. (1969a). Além do princípio do prazer. In S. Freud, *Edição standard brasileira das obras psicológicas completas de Sigmund Freud* (J. Salomão, trad. Vol. 18, pp. 11-85). Rio de Janeiro: Imago. (Trabalho original publicado em 1920).

Freud, S. (1969b). Construções em análise. In S. Freud, *Edição standard brasileira das obras psicológicas completas de Sigmund Freud* (J. Salomão, trad. Vol. 23, pp. 289-304). Rio de Janeiro: Imago. (Trabalho original publicado em 1937).

Freud, S. (1969c). Recordar, repetir e elaborar. In S. Freud, *Edição standard brasileira das obras psicológicas completas de Sigmund Freud*. (J. Salomão, trad. Vol. 12, pp. 189-203). Rio de Janeiro: Imago. (Trabalho original publicado em 1914).

Heinsenberg, W. (1990). *Physics and philosophy: the revolution in modern science*. London: Penguin Books. (Trabalho original publicado em 1958).

Klein, M. (1991). As origens da transferência. In M. Klein, *As obras completas de Melanie Klein, Vol. 3. Inveja e gratidão e outros trabalhos: 1946-1963* (pp. 71-80). Rio de Janeiro: Imago. (Trabalho original publicado em 1952).

Roazen, P. (1995). *Como Freud trabalhava*. São Paulo: Companhia das Letras.

Segal, H. (1982). Contratransferencia. In H. Segal, *A obra de Hanna Segal: uma abordagem kleiniana à prática clínica* (pp. 117-125). Rio de Janeiro: Imago. (Trabalho original publicado em 1977).

14. A "disputa" (*prise de bec*) entre Beckett e Bion: a "experimentação" do *insight* no resplendor da obscuridade

Luiz Carlos Uchôa Junqueira Filho[1]

> *O que é aquilo que sempre é, sem nunca tornar-se; e o que é aquilo que está sempre se tornando, e nunca é?*
>
> Platão (Timeus, parágr. 27)

I. Introdução

Dois fatos inspiraram-me a escrever este trabalho. Em primeiro lugar, o encontro ocorrido nos anos de 1934-1935 na Tavistock Clinic em Londres entre Samuel Beckett e Wilfred Bion. Aos 28 anos, Beckett, um jovem egresso do Trinity College de Dublin, sentia-se "deprimido... e confuso", estava incapacitado por uma série de distúrbios psicossomáticos como furunculose, dispneia e taquicardia, suas noites eram insones, acordava frequentemente com pesadelos pavorosos, chegando ao ponto de evitar dormir, com temor de vir

---

1 Membro efetivo e analista didata da Sociedade Brasileira de Psicanálise de São Paulo (SBPSP).

a sonhar.[2] Seu médico e amigo Geoffrey Thompson, convencido de que ele estava à beira de um colapso nervoso, sugeriu que fizesse análise, encaminhando-o à Tavistock, onde foi atendido por Bion, que, aos 39 anos, iniciava sua formação psicoterápica, após ter estudado História Moderna e Filosofia em Oxford e se graduado em Medicina em 1929.

As poucas informações que temos a respeito deste encontro psicoterápico são encontráveis na biografia de Beckett escrita por Deirdre Bair em 1978 (em especial, no capítulo 8), tendo chamado minha atenção o fato de que ele contabilizava suas sessões dizendo, com uma ponta de ironia, ter tido 134 "disputas" (*prises de bec*) com Bion. Segundo Didier Anzieu (1997), essa curiosa expressão francesa, usada por Beckett, além de evocar o patronímico "Becquet" de seus ancestrais huguenotes que emigraram para a Inglaterra, ainda, etimologicamente, evoca a palavra fácil, maledicente ou irônica (talvez aí a origem de nossa expressão "bom de bico"). Anzieu (1992, p. 44) num outro estudo, chega a conjeturar um pretenso comentário de Bion a respeito das artimanhas de Beckett: "*Il me donne la becquée et, quand je vais pour le prende il me flanque um coup de bec*" ("Ele me oferece um bocadinho mas, quando avanço para pegá-lo, acabo recebendo uma bicada").

É importante notarmos que naquela época nem Beckett era o grande literato que veio a ser agraciado em 1969 com o Nobel, nem Bion o grande psicanalista que no final da vida produziu a trilogia *Uma memória do futuro*, espécie de ilustração onírica de toda sua obra. No entanto, se fiarmo-nos na convicção bioniana da enorme importância das vivências pré e perinatais no desenvolvimento do psiquismo adulto, é de supor-se que já então ambos estavam às voltas com o esforço de organizar suas ansiedades primitivas

---

2 Décadas depois, Bion iria referir-se à angústia do psicótico que só consegue sonhar na presença do analista.

no sentido de garantir vidas maduras e criativas. A julgar-se pelas obras altamente originais que ambos vieram a produzir, é possível supor que na atmosfera eletrizante desses encontros tivesse surgido uma espécie de laboratório emocional, onde a transgressão e a ousadia gerassem continuamente *insights* "experimentais". Entenda-se por experimental, neste contexto, a interação de duas personalidades esquizoides possuidoras de uma *gestalt* modernista (Simon, 1988, p. 22) propensa a "experimentar, brincar, transgredir, ampliar limites, formular e encenar todas as implicações de suas ideias".

O segundo fato foi a oportunidade que tive de assistir *Film*, o único roteiro cinematográfico feito e filmado por Beckett e apresentado em 1965 no New York Film Festival. O eixo conceitual utilizado por ele foi extraído do filósofo idealista irlandês George Berkeley, para quem *"Esse est percipi"* ("Existir é ser percebido"): nesse sentido, mesmo se suprimirmos toda percepção exterior (animal, humana, até divina) em busca do inexistir, continuamos à mercê da autopercepção que garante o existir. Portanto, a única forma de escaparmos de "sermos percebidos" seria apelar para a solução extrema de *não-existir*.

No meu entender, as questões mais interessantes que *Film* oferece a nós psicanalistas são: a) permitir-nos contrastar a visão exterior (que poderíamos chamar de *outsight*) afinada para captação da realidade sensorial e a visão interior (o *insight* de nosso glossário técnico) burilada para apreensão da realidade psíquica; e b) nos fornecer subsídios para discutirmos as implicações psíquicas do uso da visão binocular.

Diante do exposto, pareceu-me bastante útil elaborar um trabalho tendo como ponto central a discussão da dialética existir↔in-existir, a partir das contribuições convergentes, mas autônomas, das duas obras em questão. Beckett, como sabemos, é o "poeta da indigência" (Souza Andrade, 2001), da nulificação, da desqualificação, da despersonalização, da desconstrução se preferirmos; Bion é o propositor da não-coisa (*no-thing*) como objeto que confronta o sujeito com a possibilidade de pensá-lo ou evacuá-lo – no caso extremo, Bion (1965, cap. 7) nos descreve o "supremo objeto não-existente", aquele que abomina qualquer partícula de existência.

II. Outsight *e* insight

Film começa e termina com o *close* de um olho, referência explícita à famosa imagem do olho cortado por uma lâmina de *Le chien andalou*, de Buñuel e Dalí, que poderia simbolizar a visão exterior passível de ser atacada sensorialmente: esta visão do "olho da cara" prevalente nos personagens de Beckett é necessariamente opinativa e, por isso, vulnerável às ansiedades esquizoparanoides. O *insight* psicanalítico, por seu lado, refere-se à visão interior propiciada pelo olho da mente (*the mind's eye*, na expressão de Shakespeare), sempre de prontidão para recolher as percepções da posição depressiva ou, nos termos de Bion, para unificar-se (*be at one*) com o objeto através da *rêverie*, enxergando-o a partir do interior do próprio sujeito.

Grotstein (2007) denominou seu último livro de *A beam of intense darkness*, em alusão à famosa recomendação de Freud de que o analista deveria cegar-se artificialmente para melhor captar a realidade psíquica. Segundo ele, Bion teria, numa ocasião, traduzido essa passagem de Freud em carta a Lou Andreas Salomé da seguinte maneira: "Ao conduzirmos uma análise, é preciso emitir *um facho de intensa escuridão* de modo que algo que até então tenha ficado obscurecido pelo resplendor da iluminação possa cintilar ainda mais na escuridão".

Introduzi o oxímoro "resplendor da obscuridade" no título deste trabalho para ressaltar que tanto Bion como Beckett valeram-se desse recurso expressivo na abordagem de seus objetos de investigação. De fato, Webb e Sells (1997) fizeram um interessante estudo comparativo entre a linguagem apofática dos místicos neoplatônicos e as formulações de Lacan e Bion, que visam uma apreensão do conhecimento psíquico por um caminho que se movimenta do "não saber" em direção ao "saber". O significado nesses casos emerge em função da tensão surgida entre uma proposição afirmativa (a catáfase) e outra que a nega (a apófase). Do mesmo modo, Souza Andrade (2001, p. 69) analisa uma reflexão de Moran sobre seu encontro com Molloy que resulta num autocancelamento pelo uso da epanortose, a figura de estilo que retoma um fluxo narrativo para reinterpretá-lo em sentido contrário.

"Emitir um facho de intensa escuridão" não é uma recomendação prescritiva de algo a ser obtido pela vontade, mas a sugestão de que, se adentrarmos ao "aposento dos pensamentos virgens" (Keats, carta a Reynolds, 3/5/1818) do analisando desassistido da iluminação ilusória obtida pela utilização da memória, desejo e conhecimento do analista, então estaremos aptos a desenvolver uma percepção que consiga captar os "pensamentos selvagens" do analisando, situados sempre num espectro infra ou ultrassensorial.

Certos artistas utilizam a técnica pictórica para produzir uma ilusão sensorial chamada de *tromp l'oeil*: o princípio subjacente a esse procedimento é explorar áreas de autoengano no observador, exatamente aquilo que ocorre nas instâncias de prestidigitação. Em vez de o olho ser enganado, trata-se aqui muito mais do olho deixar-se enganar. Cônscios do quanto a visão se deixa seduzir pelo óbvio, o artista e o mágico camuflam o truque desviando a atenção do espectador do sítio onde ele se concretiza.

Sabendo que o psiquismo humano está vulnerável a uma variedade inesgotável de operações de autoengano, compete ao psicanalista instruir-se a respeito desse jogo de lusco-fusco que constitui, em última análise, a essência da metapsicologia. De fato, a metapsicologia, no meu entender, é o conjunto de operações econômicas que o psiquismo utiliza visando representar emoções por meio de "artimanhas estéticas". Espera-se, portanto, que o psicanalista, lançando no palco da sessão analítica um facho de intensa escuridão, consiga rastrear às avessas o enredo criado pelo analisando-dramaturgo, habilitando-o a reconhecer a "ilusão mental" do principal personagem da análise, ele mesmo.

Bion (1991, p. 271) oferece-nos um diálogo entre P.A. (psicanalista) e Paul (São Paulo):

> P.A.: – A *"penetrante flecha de escuridão" é o que eu gostaria de usar para iluminar o que Freud chama de áreas escuras da mente.*
>
> Paul: – *"Usai olhos encaramujados, duplamente escurecidos", como disse Gerald M. Hopkins, "e encontrarás a luz embrionária".*

III. Visão monocular → Visão binocular

Em *Film*, nós, espectadores, somos conduzidos a reboque da câmera, ou seja, pegamos carona numa visão monocular. O personagem, designado no roteiro como O (curiosamente o mesmo signo usado por Bion em *Transformações* para referir-se à Verdade Última), revela-se ao final também reduzido à monocularidade.[3]

---

3 O tapa-olho, em inglês, é designado por *film*, sugerindo assim um interessante jogo de palavras com *Film*, como se a parte e o todo se superpusessem.

São várias as referências à visão binocular espalhadas pelo filme: *o pince-nez*, os dois orifícios na cadeira de balanço, os dois botões que amarram a pasta de documentos, os olhos da gravura na parede e assim por diante. O personagem, na concepção cinematográfica, é "dividido" em objeto (que é perseguido) e em olho (que persegue): até o final do filme não fica explícito que o "perseguidor da percepção" não é um agente extrínseco, mas o próprio *self*. Para que isso aconteça o personagem é sempre visto pelas costas ou, no máximo, num ângulo lateral que não exceda 45°, garantindo a ele uma "zona de imunidade" (expressão de Beckett) que o protege da angústia de ser percebido.

Em sua obra literária, Beckett está perfeitamente cônscio dessas questões, abordando-as de diversas maneiras. Vejamos, por exemplo, o reconhecimento por parte de Molloy (Beckett, 2007, p. 78) das limitações da monocularidade:

> *E tendo só um olho, de um total de dois, que funcionava mais ou menos como convém, calculava mal a distância que me separava do outro mundo, e muitas vezes estendia a mão que se encontrava claramente fora do seu alcance e muitas vezes batia contra sólidos apenas visíveis no horizonte. Mas mesmo quando tinha meus dois olhos era assim, me parece, mas talvez não, pois já vai longe esse período da minha vida e guardo dele uma lembrança mais que imperfeita.*

A seguir, Lousse utiliza-se da visão binocular Mãe↔Mulher para espreitar Molloy, invertendo o sentido da espreita da cena primária e justificando a descrição caústica que Beckett faz das

236   A "DISPUTA" (*PRISE DE BEC*) ENTRE BECKETT E BION

mães como "putas uníparas"[4] (ou seriam seres mono-panópticos focados em vigiar os filhos/maridos incansavelmente, como sua própria mãe?):

> *Lousse, eu a via pouco, ela não se mostrava muito, a mim, por discrição talvez, temendo me afugentar. Mas acho que ela me espiava muito, escondida atrás das moitas, ou das cortinas, ou agachada no canto de um quarto do primeiro andar, com a ajuda de binóculos talvez. Pois ela não tinha dito que desejava antes de tudo me ver, tanto indo como vindo, quanto parado, em repouso? E para ver bem é preciso o buraco da fechadura, a frestinha entre as folhas, tudo o que impede de ser visto e ao mesmo tempo só deixa ver do objeto fragmentos por sua vez. Não? Sim, ela me inspecionava, pedaço por pedaço, e sem dúvida até a minha intimidade ao ir deitar, ao dormir e ao despertar, nas manhãs em que me deitava. (p. 81)*

Um pouco mais adiante vemos exaltada a visão binocular naquilo que ela tem de mais operativo, que é a possibilidade de fundir duas imagens alternativas em uma só:

> *O que quer que seja, vejo uma mulher que, enquanto está vindo na minha direção, para de vez em quando e se volta para as companheiras. Apertadas como ovelhas,*

---

4   Há uma lógica intrínseca neste ataque mortífero à capacidade procriadora das mulheres, na medida em que, para Beckett, nascer é passar a habitar um vale de lágrimas. Para um pós-kleiniano como Bion, a capacidade de elaborar a frustração habilita o indivíduo a construir uma mente no agora "Vale de Construção da Mente" (Keats, carta a George Keats, fev.-maio/1819).

observam-na afastar-se e fazem sinais encorajadores, rindo sem dúvida, pois creio ouvir risos, ao longe. Depois, vejo-as de costas, refazendo o caminho, e é agora que ela se volta para mim, mas sem se deter. Mas talvez esteja fundindo duas ocasiões numa só, e duas mulheres, uma que vem na minha direção, timidamente, seguida por gritos e risos das companheiras, e outra que se afasta, com o passo bem mais decidido. Pois as pessoas que vinham na minha direção, na maioria das vezes, eu as via vir de longe, é uma das vantagens das praias. Eu as via como pontos negros ao longe, podia vigiar suas manobras dizendo a mim mesmo, Está diminuindo, *ou,* Está aumentando. *Sim, ser pego desprevenido, era por assim dizer impossível, pois me virava com frequência também para a terra. Vou lhes dizer uma coisa, enxergo melhor à beira-mar! Sim, esquadrinhando em todas as direções essa vastidão por assim dizer sem objeto, sem vertical, meu olho bom funcionava melhor, e quanto ao ruim, havia dias em que ele também tinha de se revirar. E não apenas enxergava melhor, mas era menos difícil, para mim, arrear com um nome as raras coisas que via. Estas são algumas das vantagens e das desvantagens da beira-mar. (pp. 109-110)*

Beckett utiliza como estrutura dramática básica a interação entre pares de personagens que, em geral, representam a interação entre funções psíquicas complementares ou antagônicas:[5] é o caso

---

5 Na era informática que vivemos, é significativo reconhecer que se trata, essencialmente, de uma configuração binária, sem esquecermos a importante ressalva de que binário é zero e um, e não um e dois.

de Mercier e Camier, Vladimir e Estragon, Pozzo e Lucky, Nagg e Nell, Hamm e Clov. Hamm, por exemplo, ocupa, tirânico, o centro de uma constelação onde, em função de sua cegueira, funciona como um astro sem luz própria, dependendo, para existir, do trabalho diligente de Clov, que vasculha o mundo em busca de luzes que possam iluminá-lo:

> Hamm – *Por acaso você já viu meus olhos?*
>
> Clov – *Nunca teve a curiosidade, enquanto eu dormia, de tirar meus óculos e espiar meus olhos?*
>
> Hamm – *Levantando as pálpebras? (Pausa) Não.*
>
> Clov – *Qualquer dia vou mostrá-los a você. (Pausa) Parece que ficaram completamente brancos. (Pausa) Que horas são?*
>
> Hamm – *A mesma de sempre.*
>
> Clov – *(Gesto em direção à janela direita) Você já olhou?*
>
> Hamm – *Olhei.*
>
> Clov – *E então?*
>
> Hamm – *Zero.*
>
> Clov – *Não.*

Quanto mais Hamm incita Clov a perscrutar o mundo através da visão monocular de uma luneta que ele deve acessar na janela, mais o resultado final é nulo; quanto mais sua aflição vai demandando a visão das ondas do mar, das gaivotas, enfim, do horizonte do mundo, Clov vai acumulando uma fieira de zeros, deixando, assim, claro que o desentendimento entre eles não só impedia a constituição de uma visão binocular, mas também parecia projetar no entorno a cegueira de Hamm. Como bem nos lembra Souza Andrade (2005, p. 15) em sua apresentação da tradução de *Fim de partida* (de onde extraí o trecho acima), a relação sadomasoquista entre Hamm (evocação de martelo em inglês) e Clov (associado a *clou*, prego em francês) caracterizaria uma disputa estéril entre dois pontos de vista (vértices na terminologia de Bion) que nunca se encontram.

Christopher Ricks (1990, p. 61), em sua brilhante análise sobre as "palavras moribundas de Beckett" constituintes da sua "sintaxe da fraqueza", dá-nos um belo exemplo da constituição daquilo que eu chamaria de "palavra monocular" para descrever o mundo. Ele cita a passagem em que Hamm demanda peremptoriamente a Clov uma única palavra que possa resumir o mundo que ele vislumbra com sua luneta através da janela:

> *Hamm – O que é o todo?*
>
> *Clov – O que vem a ser o todo? Numa palavra? É isso que você quer saber? Espere um pouco (direciona a luneta para fora, olha, abaixa a luneta, vira-se para Hamm), cadavérico (corpsed).*

Rastreando a origem semântica de *corpse*, somos informados que, como verbo transitivo, ele representa o ato de matar, de produzir um defunto, mas, como gíria teatral, significa "desconcertar um ator durante sua apresentação através de algum erro". Kenneth Branagh, o ator inglês, estende o termo para o riso incontrolável que pode "baixar" no artista durante sua encenação, jogando-o para fora do *script* original. Isso sugere um estado análogo à *hamartia* grega, que é usada na Ilíada (Brandão, 1986, p. 77) no sentido de errar o alvo, errar o caminho, cometer uma falta, tropeçar por irreflexão: para Beckett, portanto, a palavra monocular síntese da precariedade do mundo bem poderia ser "descarrilamento".

Um lindo exemplo de "palavra binocular" nos é oferecido pelo próprio Beckett ao comentar os neologismos expressivos de Joyce: insatisfeito com a eficácia da palavra *doubt* (dúvida) para significar estados extremos de incerteza, ele substituiu-a pela expressão *in twosome twinminds*, que evoca, com raro poder de síntese estética, a imagem do "encontro de duas mentes gêmeas divididas".

Vários estudiosos da obra de Beckett, inclusive o próprio Ricks (1990, pp. 47-48), chamam atenção para um aspecto *sui generis* da sua biografia, que foi a necessidade, depois de ter se mudado para Paris, de produzir uma obra binocular, ou seja, em francês *e* inglês, quase que simultaneamente. O francês teria se apossado de Beckett por ser uma língua que lhe permitia expressar com simplicidade o jorro de sentimento que lhe invadia quando sob efeito do tropismo que o impelia em direção ao sol negro da morte. Uma boa maneira de acompanhar esta "palavra binocular" de Beckett seria observar a construção poética forjada para dar conta da extinção de "isto":

imagine	*just think*
imagine si ceci	*just think it all this*
un jour ceci	*one day all this*
un beau jour	*one fine day*
imagine	*just think*
si un jour	*if one day*
un beau jour ceci	*one fine day all this*
cessait	*stopped*

Confrontado com esse exemplo, fica claro como o francês permite uma fluidez e harmonia ausente do inglês. A fisiologia da visão binocular, segundo Bicas (2004), nos ensina que essa visão ocorre pela superposição dos campos visuais de cada olho numa estreita faixa de otimização: aquém e além dela, ocorre diplopia e confusão, sendo necessária supressão fisiológica (cortical) para eliminá-las; por outro lado, é importante assinalar as benesses da visão binocular normal, que são, em resumo, a percepção simultânea, a fusão e a visão estereoscópica.

Nesse sentido, talvez pudéssemos dizer que, para Beckett, a versão poética em francês era produto de uma visão binocular que cooptou o pragmatismo descolorido do inglês por meio da estética expressiva da língua francesa, gerando assim uma binocularidade essencialmente beckttiana: afinal de contas, *ceci cessait* não é muito mais bonito e elegante do que *all this stopped*?

Bion (1962, p. 54), como sabemos, foi o introdutor do conceito de visão binocular em psicanálise ao tentar resolver as contradições implícitas na teoria da consciência como órgão sensorial da qualidade psíquica, proposta por Freud. Ao sugerir que a proliferação de elementos α produz uma barreira de contato que determina, *concomitantemente*, a separação de qualidades conscientes das inconscientes, Bion nos disponibilizou um acesso privilegiado à gênese de duas funções cruciais do funcionamento psíquico, a de *correlação* e a de *auto-observação*. Por isso mesmo, no entanto, ele nos alerta que "o registro imparcial da qualidade psíquica do *self* fica comprometido [já que] a visão de uma parte pela outra é, por assim dizer, 'monocular'".

Depois dessa formulação, Bion sentiu-se possuidor de um potente instrumento de observação do desenvolvimento emocional, levando-o a recomendar a absoluta necessidade, ao longo de uma análise, de ajudarmos o paciente a utilizar a sua visão binocular para integrar suas vivências pré e pós-natais, seu endoesqueleto com seu exoesqueleto, suas percepções infrassensoriais com suas percepções ultrassensoriais, em suma, seu Soma e sua Psique. Aliás, a esse respeito, Bion nos sugere um belo modelo para entendermos o duplo trânsito entre essas duas áreas, o qual ilustra como uma desintegração somato-psicótica[6] cede lugar a uma integração psico-somática: usando as pinturas feitas numa tela de vidro por Picasso (1956/2003) e os dois diferentes vértices de observação, o do próprio pintor e o do cineasta que o filmava de frente, é possível acompanharmos a inversão especular da imagem e, assim, ecoar a inversão permanente entre o sensorial e o psíquico na visão humana do mundo.

IV. Existir←→In-existir

A nostalgia das "velhas palavras" nunca deixou de assombrar Beckett. Poderíamos entender esse sentimento como expressão de sua certeza de ter nascido com uma mensagem clara ao mundo, passível naquele então de ser tão só vagida, já que impossibilitada de ser proferida. Sim, porque, ouvindo Beckett proliferar seu lamento variado sobre o tema único do *nada*, é difícil não acreditar que esse grito de alerta já não estivesse presente ao nascer:

> *A expressão de que não há nada a expressar, nada com que expressar, nada a partir do qual expressar, nenhum poder para expressar, nenhum desejo a expressar, junto com a obrigação de expressar. (Beckett, 1949/1983, 1949)*

---

6 Bair (1978, p. 372) sugere que nenhum personagem de Beckett condensa melhor que Molloy suas preocupações com as precariedades humanas: alienação, isolamento, exílio e separação mente-corpo.

*Nada a fazer. (Fala inaugural de Estragon, Beckett,
1952/2006, 1952)*

*Não ter sido enganado é o melhor que me terá ocorrido,
o melhor que terei feito, ter sido enganado, querendo
não ser, sabendo ser, e não me enganando de não ser
enganado. (Beckett, 1953/1989, 1953)*

*Pois não saber nada, não é nada, não querer saber
nada também não, mas não poder saber nada, é por
aí que passa a paz, na alma do pesquisador incurioso.
(Beckett, 2007, 1963)*

É possível conjeturar-se que Beckett refira o "ter sido enganado" ao fato de ter nascido sem consulta prévia, ou ao fato de ter
tido um nascimento incompleto.[7] Sua visão cética em relação ao
nascimento fica bem expressa na construção do neologismo *womb-
tomb*, de nítida inspiração joyceana e que condensa o espanto
de Vladimir em *Esperando Godot*, diante da trajetória inexorável
que catapulta o ser do útero para o túmulo. Foi assim que, junto
com Sébastien Chamfort, por quem nutria afinidades de alma gê-
mea, Beckett chegou a cunhar esta máxima cortante: "Viver é uma
doença que o sono suaviza a cada dezesseis horas de modo paliati-
vo: a morte é o remédio".

---

7 Beckett afirmava ter tido o *"insight* da sua vida" durante uma conferência de
   Jung na Tavistock que ele assistira por insistência de Bion, e na qual ele equa-
   cionou a sua catástrofe pessoal à circunstância de só poder ter nascido "par-
   cialmente".

Paul Sheehan (2000, p. 12) discutindo os *Texts for Nothing* de Beckett (1967), alerta-nos que a "vacuidade da inexistência" seria o desejo fútil e inatingível de "nunca ter existido", tentando impor-se ao "já não existir" mais modesto da não-existência. É interessante observarmos em Beckett um padrão de "ameaça expectante": do mesmo modo que a partida tem seu fim anunciado mas nunca consegue terminar, que Malone descreve interminavelmente sua morte mas "esquece" de morrer, o próprio Beckett parece execrar sua existência mas, ao cabo e ao fim, transforma seu sofrimento na matéria-prima de sua obra e, "numa curiosa combinação de Descartes e Schopenhauer, acaba subvertendo a máxima: choro, logo existo" (Souza Andrade, 2001, p. 47).

É curioso notar-se que, no decorrer de suas obras, Beckett e Bion não fazem qualquer referência explícita às formulações do outro, talvez por discrição, ou mesmo por criptomnésia, mas o fato, no entanto, é que eles exploraram os mesmos assuntos com notável semelhança. Darei um exemplo claro a esse respeito. Em diversas ocasiões, indagado sobre a chave de acesso à sua obra, Beckett respondeu que ela seria encontrada em dois enunciados: "O zero é mais real do que nada" e "Onde nada vale a pena, nada deve ser desejado".

O primeiro enunciado é encontrado em *Murphy* (Beckett, 1938, p. 138), obra inaugural de Beckett escrita provavelmente durante o período em que estava em psicoterapia com Bion. A frase em questão dizia:

> *Não a paz entorpecida de sua [dos sentidos] própria suspensão, mas a paz positiva que surge quando os algos* (somethings) *cedem lugar, ou talvez simplesmente são adicionados, ao Nada* (nothing), *este Nada do qual*

dizia gargalhando o Abderita[8] que o zero (naught) *é mais real.*

Bion (1965, cap. 11), em linha com Platão, Kant, Berkeley, Freud e Klein, estava convencido de que uma cortina de ilusão nos separa da realidade, a qual, portanto, é desconhecida e incognoscível. Ele utiliza o signo 0 (evocando o zero matemático) para designar a realidade última de qualquer objeto abarcando: a) Formas Platônicas e os fenômenos que as evocam; b) a "divindade", "deus", e "suas" encarnações; e c) a Realidade Última ou Verdade. Seu postulado é que a realidade não se presta a ser conhecida, mas somente a ser "existindo": ansia, portanto, pela existência de um verbo transitivo "existir (ou ser)" a ser usado somente com o termo "realidade". Só se pode "estar em uníssono" com 0, ou "sendo" 0.

Como depreendemos dessas duas exposições, o zero é um conceito fundamental para ambos, mesmo reconhecendo-se que para Bion ele era um ponto de chegada, enquanto para Beckett constituía um ponto de partida.

O segundo enunciado caro a Beckett foi extraído de um aforismo de Arnold Geulincx, um seguidor de Descartes, por quem ele se encantou em Paris, formulado em latim: *Ubi nihil vales, ubi nihil velis*. Ressalte-se aqui o uso estratégico da palavra *nihil*, que, com sua aura niilista, remete-nos ao universo da desvalia e da falta de significado associados à impotência e à falta de desejo ou paixão (Stevens, 2005, pp. 1-2).

---

8 Referência a Demócrito de Abdera, que usava um termo aritmético para representar a nulidade, mas que admitia ser combinado com algo mais para gerar "alguma coisa" (*something*): daí a conclusão de que *"Naught is more real than nothing"*. Sheehan (2000, p. 11) refere-se a essa passagem como "O longo gargalhar silencioso do cognoscente não-existente".

Nesse caso, a correlação inevitável é com a recomendação de Bion de que o analista deveria abster-se positivamente de memória e desejo, de modo a desvencilhar-se dos fios de sensorialidade que acabariam por tecer a trama da cortina de ilusão, impedindo a dupla analítica de produzir uma transformação em 0.

Contrastemos brevemente as perspectivas existenciais do homem na visão de nossos autores. *In Terra Bionensis*, os habitantes são convidados a serem competentes "administradores da dor psíquica", levando-os a ter que enfrentar o sofrimento "se possível através da ciência, ou então, valendo-se de qualquer outro método disponível, inclusive a religião", como Bion comentou algures. Além do mais, eles são esclarecidos de que o medo de morrer está ligado à vontade de viver: portanto, se o medo for excindido, o mesmo ocorrerá com a vitalidade, o entusiasmo e a criatividade, deixando a pessoa num estado de vazio aniquilador. Por isso, são orientados para se abrirem à multiplicidade de vértices (Bion, 1970, cap. 8) como única fórmula de agir (*act*) pensando o sofrimento, em vez de atuá-lo (*act out*).

Os personagens de Bion, apesar de não apresentarem sua perplexidade a respeito da própria existência de forma escarrada como os de Beckett, nem por isso deixam de se torturar em sua intimidade com seus dilemas, abordando-os de vários vértices:

> Padre: – (*Dirigindo-se ao Psicanalista, P.A.*): *Você está sendo extremamente autocontraditório ao propor que ela (a Psicanálise) é uma ciência e é verdadeira. Seria preciso que ela tivesse um ponto de referência fora de si mesma. Você não pode acreditar na Verdade mais do que lhe é permitido "acreditar em Deus". Deus é ...*
>
> Roland: – *Ou não é.*

P.A. – Não. "Deus é ou não é" não passa de uma formulação humana em conformidade com princípios humanos de pensamento. Não tem nada a ver com a realidade. A única "realidade", da qual sabemos indiretamente são as várias esperanças, sonhos, fantasias, memórias e desejos que nos habitam. A outra realidade existe, é, gostemos dela ou não. Uma criança pode querer punir uma mesa que a tenha machucado após uma contusão. Mas ela pode desejar punir-se por "sofrer" uma contusão. Ela, em última análise, pode sentir-se compelida a acreditar que, além do mais, existe uma mesa que não é nem boa nem má, que independe de ser gostada ou não, ou de ser punida ou perdoada. Nós podemos decidir punir nosso Deus ou nos punir por acreditarmos "nele" ou "nela" ou "nessa coisa". Isto não afetará a realidade que continuará a ser real, a despeito de quão in-pesquisável, in-cognoscível ou além da capacidade humana de apreensão seja o seu existir/ não-existir.

A contribuição notável de Bion em relação aos mecanismos de mudança de vértices é fruto, basicamente, de sua experiência com psicóticos, que o levou a perceber que a psique possui dois recursos poderosos para lidar com a "mudança catastrófica" (Bion, 1970, cap. 12) implícita no desenvolvimento emocional: a *reversão de perspectiva* e a *visão binocular*. Mesmo quando esses recursos falham, como na maior parte dos colapsos psicóticos, a psique ainda tenta se organizar a partir de um amplo acervo de sintomas mentais, sendo a única e importante exceção oferecida por aquilo que Bion denominou de "supremo objeto não-existente". Esse objeto é violento, voraz, invejoso, cruel, assassino e predatório, não respeitando a verdade, as pessoas e as coisas. Seu modelo operativo seria o personagem pirandelliano que, ao encontrar o autor e nascer, revela-se uma consciência imoral turbinada por uma determinação invejosa de possuir tudo aquilo que os objetos que existem possuem, incluindo a própria existência. Clinicamente, a psique que alberga essa condição parece entreter uma fantasia em relação a um objeto autocontraditório, que o obriga a existir minimamente com o intuito de poder sentir que não existe. A progressão dessa situação conduz a um cenário descrito psiquiatricamente como "estupor catatônico",[9] em que a psique fica aniquilada das noções de espaço e tempo e imersa num estado de não-emoção.

Um destaque especial deve ser dado à condição clínica de certas personalidades descritas por Bion (1959) como albergando um objeto interno que ataca qualquer tipo de vínculo entre objetos, ameaçando o narcisismo primário ao conferir realidade a objetos não-*self*. Nesses casos, as interpretações do analista podem ser tão minusculamente fragmentadas que o paciente teme adormecer e, durante esse período de inconsciência, sofrer uma drenagem da própria mente, mergulhando num estado de *mindlessness*.[10] Tudo se passa como se o *self* ameaçado de eclipsar-se pela presença de um não-*self* poderoso, resolvesse evadir-se deste "terror sem nome" (Bion, 1962, p. 116) por meio de um processo de autoaniquilamento: ataca-se a percepção da angústia, não a sua origem.

Em *Transformations*, Bion (1965, p. 151) associa a presença ou ausência de um objeto, sua existência ou não-existência, ao "desenho" que se possa obter dele, pela utilização geométrica de pontos e linhas: à não-existência do objeto, reage-se com depressão. Por

---

9 Beckett sugere que, de tanto identificar-se com um paciente em estado de estupor catatônico no hospital psiquiátrico, Murphy ficou igual a ele.

10 Até hoje, ainda não encontrei uma tradução adequada para esse termo, que sugere um estado de "liquefação mental" muito parecido com algumas descrições de Beckett, como veremos a seguir.

outro lado, o estado do objeto, se ele está íntegro ou fragmentado, se é objeto total ou parcial, depende de sua condição aritmética, se ele constitui uma unidade ou frações da unidade: no caso do fracionamento, o sujeito reage pela mobilização de ansiedades persecutórias.

In Terra Beckttensis, por sua vez, os recém-nascidos são prontamente vacinados contra a potência, o êxito e a esperança. Em 1956, Beckett, numa entrevista ao *The New York Times*, declarou: "Eu lido com a impotência, a ignorância. Parece haver um tipo de axioma estético de que a expressão é realização. Acho que hoje em dia aquele que presta a mínima atenção na sua própria experiência, descobre a experiência de um não-conhecedor, um não-pode-dor (*uncanner*), aquele que não tem como, não pode. O outro tipo de artista, o apolíneo, me é completamente estranho"[11] (citado por Souza Andrade, 2001, pp. 186-187). Um pouco antes, ele dissera: "O herói kafkiano está perdido mas não é espiritualmente precário, meu povo, no entanto, está caindo aos pedaços. Ao fim da minha obra, não há nada a não ser o pó, o nomeável. Em meu último livro, *L'Innomable*, há uma desintegração completa. Nada de "eu", nada de "ter", nada de "ser". Nada de nominativo, nada de acusativo, nada de verbo. Não há meio de ir adiante.[12] A última das coisas

---

11 Esta vivência coincide totalmente com o conceito de "capacidade negativa" proposto por Bion (1970, p. 125).

12 Lancei-me desavisadamente à leitura de *O inominável* (1999) e me percebi sofregamente engolindo trechos assim: "Não, estive sempre sentado, neste mesmo lugar, com as mãos nos joelhos, olhando para a frente como um grão-duque num viveiro de pássaros. As lágrimas deslizam pelas minhas faces sem que eu sinta necessidade de piscar os olhos. O que me faz chorar assim? De quando em quando, não há nada aqui que me possa entristecer. Talvez seja o cérebro liquidificado. A felicidade passada, em todo caso, me fugiu totalmente da memória, se é que ali esteve alguma vez. . . . Nada muda aqui desde que estou aqui, mas não me atrevo a concluir que não venha a mudar nunca. . . . Estou desde que estou, aqui minhas aparições alhures foram feitas por terceiros. . . . Não, não é que seu sentido me escape, pois o meu também me escapa igual-

que escrevi – *Textes pour Rien* – foi uma tentativa de escapar da atitude de desintegração, mas falhou" (citado por Souza Andrade, 2001, pág. 186).

Em *Dream of Fair to Middling Women* (Beckett, 1949/1983), o personagem Belacqua, tomado emprestado de Dante, passa longas horas na cama curvado, sozinho no escuro, pensando no melhor método de anular sua existência, ou imaginando o livro que escreveria, no qual iria "expressar silêncios com mais competência do que jamais homem algum teria feito reluzir as borboletas da vertigem".

A descrição da "zona escura" da mente de Murphy pode ser tomada como ilustrativa do espaço interior caótico no qual os personagens de Beckett vão mergulhando de modo inexorável:

> *Um fluxo de formas, uma perpétua junção e disjunção de formas... nada além de formas porvindo e se desintegrando em fragmentos de um novo porvir, sem amor ou ódio ou qualquer princípio de mudança inteligível. Aqui nada existia além de comoção e formas puras de comoção. Aqui ele não era livre, mas um grão de pó*

---

mente. Tudo aqui, não, não o direi, não podendo. Não devo minha existência a ninguém, essas luzes não são as que clareiam ou queimam" (pp. 7-8). Após cerca de vinte minutos dessa leitura, senti-me tonto e nauseado, sendo obrigado a interrompê-la e permanecer em repouso. O que teria se passado? Nos dias subsequentes, gradualmente, fui percebendo que a experiência da leitura me induzira a um estado de *mindlessness*, em que eu me sentira totalmente impotente. Fiquei aliviado alguns dias depois quando descobri um comentário crítico sugerindo que, neste texto, "instaura-se como princípio de ordenamento do discurso o desequilíbrio, uma espécie de labirinte verbal, vertigem que contamina tanto o leitor, como o mundo representado." (R. Champigny, "Adventures of the First Person", in M. Friedman (ed.), *Samuel Beckett Now*, Chicago/Londres, The Univ. of Chicago Press, 1975, pp. 119-128, citado por Souza Andrade, 2001, p. 151).

no escuro da liberdade absoluta. Ele não se movia, não passava de um ponto na geração incessante e incondicionada, bem como na extinção, da linha. (Beckett, 1938/1993, pp. 65-66, tradução livre do autor)

Stevens (2005, p. 18), ao comparar a noção de "nada" em Bion e em *Murphy*, comenta que, "como os vínculos com outros seres humanos são vividos como impregnados de crueldade e pavor, ele é levado a uma idealização de um estado de não-sentimentos, não--ligações, não-pensamentos, e a uma necessidade de encontrar um continente inanimado (a cadeira de balanço) e um espelho que não enxerga e não sente (Mr. Endon)": ou seja, o protagonista de *Film* repete literalmente vários dos conflitos de Murphy.

V. Epílogo

Em resumo, a obra de Bion qualifica-o como o expoente maior da *capacidade negativa* no campo psicanalítico, enquanto a obra de Beckett o credencia como o grande rapsodo da *incapacidade positiva*.

Um aspecto fundamental a ser assinalado é que, numa leitura superficial, ambas as obras parecem ter ignorado a sexualidade, mas, a meu ver, esta é uma interpretação equivocada. Talvez fosse mais verdadeiro imaginarmos que, cônscios da esterilidade dos esforços humanos para combater a morte, a suprema ausência (de vida), eles pintam a fertilidade com tons sóbrios, remetendo-a à sua mera condição coadjuvante.

Anzieu (1992, p. 29), a partir da leitura de um curto texto de Beckett escrito em francês em 1969 e denominado "Sans" (Sem), faz uma aguda observação de que esse termo é homófono de "Sens"

(Sentido) e de "Sang" (Sangue), palavra praticamente ausente da obra beckettiana. É verdade que suas escassas referências à sexualidade ressaltam ou a degradação da mulher, presente já em sua poesia inaugural, cujo título, na tradução de Paulo Leminski, ficou *Prostitutoscópio* (1930), ou sua desvitalização mecânica, como exposta em *Malone Morre* (Beckett, 2004, p. 109), em que Macmann "se esforça para fazer seu sexo entrar no da parceira como quem tenta enfiar um travesseiro numa fronha, dobrando-o em dois e empurrando-o com os dedos" – levando-o a concluir com desalento que "dois é companhia".[13]

No período epistemológico da obra de Bion, a sexualidade fica condensada de modo abstrato em torno da configuração continente-contido ($♀ ♂$), mas na Trilogia ela sofre ondas sucessivas de encarnação nos fatos da vida real, por exemplo, no latejar sanguíneo de Alice ao excitar-se por meio do contato carnal com Rosemary.

Film nos permite acompanhar a progressiva restrição da visão (visão binocular→visão monocular→grau zero de visão) e, paralelamente, uma escalada de negativização da condição social, da sexualidade, da memória, da identidade, das funções corporais e mentais. Na medida em que o *self* vai deixando de ser percebido e de perceber-se, ele vai se extinguindo e sua sobrevivência vai sendo acompanhada pela checagem do próprio pulso: o sangue fica reduzido assim a um mero sinal vital.

Tanto Bion como Beckett potencializam suas visões de mundo a partir de indagações existenciais essenciais: "Como pensar o impensável, como nomear o inominável, como conhecer o incognoscível (O Nada ou 0)?" Suas formulações argutas nos ensinam que o

---

13 O narrador de *O inominável* não tinha nariz nem sexo, pois "Por que deveria ter um sexo se sequer tenho nariz?" Esta é uma observação sábia, pois, sem o faro adequado quanto a seu objeto, a sexualidade sofre uma série de descarrilamentos e, de fonte de vida, transforma-se em fonte de desastres.

existir é indissociável do inexistir, que a coisa implica na não-coisa, que a positividade emerge da negatividade.

Beckett, como Schopenhauer, persegue o "paraíso perdido da não-existência" e proclama, com orgulho, que sua obra, ao contrário do *work in progress* de Joyce, contenta-se em ser um simples *work in regress*.

Bion, como Milton, busca a potência da forma no "infinito vazio e informe".

Referências

Anzieu, D. (1992). *Beckett et le psychanalyste*. Thise/Besançon: L'Aire/Archimbaud.

Anzieu, D. (1997). *Crear/destruir* (Cap. X: Beckett y Bion). Madrid: Biblioteca Nueva.

Bair, D. (1978). *Samuel Beckett – A biography*. New York: Touchstone.

Beckett, S. (1983). *Disjecta*. London: John Calder. (Originalmente publicado em 1949).

Beckett, S. (1989). *O inominável* (Waltensir Dutra, trad.). Rio de Janeiro: Ed. Nova Fronteira. (Originalmente publicado em 1953).

Beckett, S. (1993). *Murphy*. London: Routledge. (Originalmente publicado em 1938).

Beckett, S. (2004). *Malone Morre* (Paulo Leminski, trad.). São Paulo: Códex. (Originalmente publicado em 1951).

Beckett, S. (2006). *Esperando Godot* (Fabio de Souza Andrade, trad.). São Paulo: Cosac Naify. (Originalmente publicado em 1952).

Beckett, S. (2005). *Fim de partida* (Fabio de Souza Andrade, trad.). São Paulo: Cosac Naify.

Beckett, S. (2007). *Molloy* (Ana Helena Souza, trad.). São Paulo: Ed. Globo.

Bicas, H. (2004). Fisiologia da visão binocular. *Arq. Bras. Oftalmol.*, *67*(1).

Bion, W. R. (1959). Attacks on Linking. *Int J. Psycho-Anal.*, *40*(5-6).

Bion, W. R. (1962). *Learning from experience*. London: Heinemann.

Bion, W. R. (1965). *Transformations*. London: Heinemann.

Bion, W. R. (1970). *Attention and interpretarion*. London: Heinemann.

Bion, W. R. (1991). *A Memoir of the future*. London: Karnac Books.

Brandão, J. (1986). *Mitologia grega* (Vol. 1). Petrópolis: Ed. Vozes.

Grotstein, J. (2007). *A Beam of intense darkness: Wilfred Bion's legacy to psychoanalysis*. London: Karnac Books.

Picasso, P. (1956/2003). *The mistery of picasso*. The Milestone Collection (DVD).

Ricks, C. (1990). *Beckett's dying words*. Oxford: Oxford Univ. Press.

Sheehan, P. (2000). *Nothing is more real: experiencing theory in the "Texts for Nothing"*. Recuperado de http://www.bbk.ac.uk./english/conf./another beckett/sheehan/

Simon, B. (1988). The imaginary twins. The case of Beckett and Bion. *Int. Rev. Psycho-Anal.*, *15*, 331-352.

Souza Andrade, F. (2001). *Samuel Beckett: o silêncio possível*. São Paulo: Ateliê Ed.

Stevens, V. (2005). Nothingness, no-thing, and nothing in the work of Wilfred Bion and in Samuel Beckett's *Murply*. *Psychoanal. Review*, *92*(4).

Webb, R., & Sells, A. (1997). Lacan and Bion: psychoanalysis and the mystical language of unsaying. *J. of M. Klein and Obj. Relations*, *15*(2), 243-264.

15. Cesura e dor mental

Luiz Tenório Oliveira Lima[1]

I. Nove pontos para reflexão (trechos extraídos do ensaio "A cesura" – Bion 1977/1997, tradução do autor)

1. Nas ciências físicas, o ser humano trata com a matéria física; os psicanalistas tratam com caráteres, personalidades, pensamentos, ideias e emoções.

- Qualquer que seja a disciplina, existe uma linha primitiva, fundamental e inalterável – a verdade – que serve de base e limita o trabalho do cientista, do religioso e do artista.

- Posto que nos ocupamos de caráteres humanos, também nos concernem as mentiras, os enganos, as evasões, as ficções, as fantasias, as visões, as alucinações; . . . (p. 53)

2. Posso imaginar que existam ideias impossíveis de expressar com mais força, porque estão sepultadas no futuro que ainda não

---

1 Membro efetivo da Sociedade Brasileira de Psicanálise de São Paulo (SBPSP).

256 CESURA E DOR MENTAL

ocorreu, ou no passado que está esquecido e das quais dificilmente se pode dizer que correspondem ao que chamamos pensamento. (p. 55)

3. . . . Quando o analista não sabe com segurança qual é o obstáculo com que se choca, tem uma intuição sem seu conceito correspondente, em tal caso caberia dizer que essa intuição é "cega". Qualquer conceito, identificação projetiva por exemplo, é vazio se carece de conteúdo.

[Entre a intuição e a interpretação – a formulação conceitual (a ideia transitiva)][2]

. . . sua função (do analista) implica inevitavelmente usar ideias transitivas ou ideias em trânsito. Do mesmo modo, o analisando, mediante suas associações livres, está tratando de formular uma experiência que percebe. (p. 56)

4. Há algum método de comunicação, bastante "penetrante" para atravessar a cesura e remontá-la desde o pensamento consciente pós-natal até a experiência pré-natal onde pensamentos e ideias têm sua contraparte em "tempos" e "níveis" mentais, nos quais não são pensamentos ou ideias? (pp. 57-58)

[A penetração do coito como imagem pictórica]

O analista está limitado ao que lhe oferece a experiência de sua própria vida, por uma parte, e por outra ao que, segundo ele, são os fatos que se manifestam em sua presença. (p. 59)

---

2 Os comentários do autor aparecem entre colchetes ao longo do texto.

5a. A aptidão do analisando de fazer bom uso da possibilidade de êxito que lhe é apresentada é um sinal que indica que superou a situação que Freud descreve como intrauterina, para irromper na situação que é consciente e pós-cesural. Não sugiro que o fato esteja vinculado com o dramático episódio do nascimento em si, mas que, se levarmos em conta essa situação dramática, torna-se mais fácil usá-la como modelo para compreender episódios muito menos dramáticos. . . . quando o paciente se confronta com o desafio de passar de um estado mental a outro. (p. 61)

5b. Como o nascimento, a cesura do casamento é dramática: é possível que dificulte perceber que os fatos que ocorrem no momento do casamento e mesmo posteriormente recebem a influência de outros fatos ocorridos muito antes. (p. 63)

Cito parte de um poema de Yeats que se refere precisamente a esse dilema:

Solomon and the Witch

For though love has a spider's eye

To find out some appropriate pain,

Aye, though all passion's in the glance,

For every nerve, and tests a lover

With cruelties of Choice and Chance;

And when at last that murder's over

Maybe the bride-bed brings despair,

For each an imagined image brings

258 CESURA E DOR MENTAL

And finds a real image there;[3]

... em termos teóricos, diria que fatos que se encontram no *útero do tempo* chegam a manifestar-se na vida consciente da pessoa em questão, que, portanto, tem que agir na situação que agora se tornou real. (p. 63, grifo meu)

6. Certos pacientes manifestam que têm uma determinada experiência e acrescentam em seguida os motivos desta experiência como parte integrante da sua formulação. Esta permanente repetição sugere um estado mental próprio da pessoa que vive somente em um mundo causal. (p. 65)

7. O importante não é que o paciente seja psicótico borderline, psicótico ou neurótico, mas que é uma personalidade total menos ... (p. 67)

8. Na experiência psicanalítica nos ocupamos tanto da transição desde aquilo que não conhecemos para algo que conhecemos ou que podemos comunicar, como da transição desde aquilo que conhecemos e podemos comunicar para o que ignoramos e não podemos reconhecer porque é inconsciente e inclusive pode ser pré-natal ou prévio ao nascimento de uma psique ou uma vida mental, porém que forma parte de uma vida física na qual, em algum momento, um impulso físico se converte imediatamente em ação física. (pp. 68-69)

---

3 Embora o amor tenha olho de aranha/ para encontrar a dor apropriada,/ Ah, embora toda paixão esteja no vislumbre,/ Em todo nervo confronta o amante/ com as crueldades da escolha e do acaso;/ E quando por fim esse homicídio termina/ talvez o leito nupcial traga desespero/ já que cada um chega com uma imagem imaginada/ e ali encontra uma imagem real.

9. Então? Investiguemos a cesura; não o analista, nem o analisando, nem o inconsciente, nem o consciente, nem a sensatez (racionalidade), nem a insanidade, mas a cesura, o vínculo, a sinapse, a (contra-trans)ferência, o transitivo-intransitivo. (p. 71)

II. Um sonho, uma sessão e algumas anotações

Tive um sonho estranho, diz o paciente quando se deita no divã.

Relata: "Estava em uma 'caravela', lembrava, também, de dentro, janelas de madeira de um 'trem' antigo. Uma coisa 'medieval', antiga. Nesse ambiente, muitas pessoas se movimentavam. Havia preparativos que sugeriam que ali muitas pessoas seriam enforcadas".

O paciente diz: "Eu achava estranho tantas forcas sendo construídas nos diversos quartos. Via as cordas sendo dependuradas com aqueles nós típicos".

- As pessoas se movimentavam para lá e para cá falando em celulares e usando agendas eletrônicas; pareciam tranquilas e estavam alegres.

- Não havia uma autoridade responsável.

Diz: "Eu estava preocupado em evitar o enforcamento de tantas pessoas. Não sabia a quem recorrer, procurava alguém, mas não encontrava, mas mesmo assim me sentia tranquilo".

"Apesar da movimentação com os enforcamentos, o clima não era pesado."

O analista pensou numa situação em uma empresa moderna – o paciente é executivo em uma grande empresa.

O paciente prossegue com várias associações. No dia anterior ao sonho, foi ao interior onde a empresa em que trabalha tem uma sucursal. Fala das demissões recentes e dos remanejamentos na cúpula da diretoria.

Retornando ao relato do sonho, diz que, no sonho, ficava olhando a movimentação de todos e as inúmeras forcas sendo montadas por operários. Diz: "Estamos todos no mesmo barco". E relata mais duas linhas de associações, que sintetizo como se segue:

1. Uma conversa no dia anterior com um dos diretores da empresa que está com câncer e em tratamento quimioterápico. Foi uma conversa penosa. Pensa: "Estamos todos no mesmo barco em face da morte".

2. No mesmo dia, enquanto dirigia no trânsito, ouviu no rádio a notícia do centenário de nascimento da escritora francesa Simone de Beauvoir. Essa notícia desencadeou em sua mente lembranças de leituras na juventude de vários livros: *A náusea*, de Jean Paul Sartre; *O segundo sexo*, da própria Simone; e o romance *A peste*, de Camus. Lembrou-se então das aulas de religião no colégio, quando tomou contato com esses autores e a obra do pensador Teilhard de Chardin. Ali, ao contrário do que era de se esperar, em um colégio católico, segundo ele, tornou-se cético e materialista.

Comentários sucintos do analista:

• O barco do sonho como a empresa e a sua análise – uma navegação atual que remete a angústias em relação ao momento presente e ao passado arcaico.

• O barco como "o barco da vida", a morte, a passagem do tempo (passado e futuro). O presente atual como futuro do passado juvenil.

[A apresentação destas anotações e dos nove pontos extraídos do ensaio de Bion "A cesura" tinha a finalidade de funcionar como estímulo num grupo de discussão, coordenado pelo autor, por ocasião da Jornada "Psicanálise: Bion: transformações e desdobramentos", de 2008.

Espero que, com a publicação destas anotações, o leitor possa se sentir estimulado a pensar essas questões relacionando-as com sua própria experiência clínica.]

Referência

Bion, W. R. (1997). *La tabla e la cesura*. Barcelona: Gedisa Editorial. (Originalmente publicado em 1977).

16. Apreendendo a psicanálise com Bion

Odilon de Mello Franco Filho[1]

Advertência inicial

O que vocês lerão a seguir não se trata propriamente de um texto. Talvez possa ser considerado um *pré-texto*. Também poderá ser visto como um *pretexto* para estabelecer uma comunicação entre nós sobre Bion.

Apresento aqui dois blocos distintos de ideias. No Bloco 1 alinho algumas considerações pessoais sobre Bion e sobre a maneira como transformamos seu trabalho, ao nos apropriarmos dele em nosso cotidiano clínico. No Bloco 2 dou a palavra ao próprio Bion, destacando algumas ideias que colhi em seu livro *Cogitações* (Bion, 1992/2000).

Minha sugestão é: o grupo, antes da discussão, escolhe se desejará discutir o Bloco 1 e/ou o Bloco 2. Também poderá decidir

---

1 Foi membro efetivo e analista didata da Sociedade Brasileira de Psicanálise de São Paulo (SBPSP).

se deseja discutir ou não todos os itens de cada Bloco, podendo rejeitar os que lhe parecerem de menor importância.

Com esse método, pretendo que estabeleçamos uma certa interatividade criativa, não apenas comigo e com Bion, mas entre todos os presentes. Vale lembrar que, em seus escritos, Bion quase sempre insistia no fato de que eles não existiam para veicular verdades, mas para estimular os leitores a pensar por conta própria. Quando estimulamos nossa criatividade e liberdade de pensamento é que estamos aproveitando a leitura de Bion. Espero que esse nosso método de trabalho esteja em concordância com a adesão que declaramos em relação às suas ideias.

Bloco 1 – Bion: identificação ou imitação

Proponho que discutamos essa questão sob duas perspectivas.

Bion como autor

Bion não é um autor fácil de ler, pelo menos para nós de cultura latina, se é que essa razão minimiza o problema. Entrar em contato com os escritos de Bion requer, antes de mais nada, certo grau de experiência clínica psicanalítica, conforme ele mesmo advertiu. Sua leitura supõe também estarmos mais ou menos familiarizados com as características centrais dos autores que ele cita. E estes são numerosos. Encontramos citações de cientistas, literatos, filósofos, místicos, além de psicanalistas. Seu estilo também não é nada fácil, pois foge dos cânones habituais de comunicação que estamos acostumados a ver em escritos de nossa área. Aliás, podemos até dizer que, na escrita de Bion, há vários estilos presentes, conforme o assunto que está tratando, ou a fase de sua produção psicanalítica. Há passagens que constituem devaneios não fáceis de acompanhar.

Nosso esforço de "compreensão" do que nos comunica a escrita de Bion pode nos levar a resultados desencorajadores. Ele mesmo nos sugere que nos deixemos levar pela leitura do texto, sem querer "destrinchá-lo", ou tentar vê-lo como uma peça completa e organizada em torno de uma lógica acadêmica. Ele é mais radical ainda: convida-nos a "esquecer" o texto para que possamos dar espaço às nossas próprias transformações, que poderão surgir até em nível de sonho. No seu escrito "A cesura" (Bion, 1977), essa recomendação é explícita.

Diante dessas características todas de sua escrita, fica evidente que Bion não quer ser tomado como modelo de escritor. A não consideração desse fato pode levar a distorções bizarras, quando, para testemunhar a adesão às ideias de Bion, o analista pode tentar mimetizar seu estilo (ou sua falta de estilo), engendrando textos sofisticados, plenos de citações literárias e filosóficas e com os indefectíveis sistemas de notação quase matemática que ele empregava. Nessas condições, fica-se no campo da imitação, e não no campo de uma saudável identificação. Não custa lembrar que, quando Bion citava autores significativos para ele, não os estava imitando, apenas os usava como fonte de inspiração dentro de uma cultura que lhe era familiar por formação e por vivência.

Enfim: um Bion divulgado como hermético se torna presa fácil de um misticismo que é um desserviço ao seu trabalho e à sua imagem.

Este item a respeito de Bion como autor poderia ser finalizado com a seguinte pergunta: Bion, autor de quê? Pessoalmente, creio que Bion foi autor de umas poucas teorias. As questões da *Rêverie*, da Função α, seriam alguns desses pouco exemplos. Vejo sua maior contribuição, como autor, no fato de Bion desenvolver questões pertinentes à postura do analista diante de seu objeto de estudo. Ele parece mais interessado em questionar os métodos pelos quais tentamos compreender a situação analítica do que em chegar a teses sobre as origens das fantasias ou as "razões" do complexo de Édipo, por exemplo. Nesse sentido, Bion não pretende instituir mais uma escola psicanalítica a competir com outras na compreensão de mecanismos cada vez mais regressivos. Seu objetivo parece ser apenas contribuir para que os analistas apurem seu "olhar" no encontro com os objetos psicanalíticos. Nesse plano de preocupações epistemológicas, o que ele diz poderia interessar a analistas de quaisquer escolas (preconceitos à parte, claro). Ele não estimula competições entre escolas. Apenas faz recomendações de como o analista pode "organizar" sua experiência no *setting*, segundo alguns referenciais calcados em rigorosas posturas de observação. A esse respeito, o texto "A cesura" é um exemplo desse rigor e poderia alimentar o desenvolvimento do pensamento de qualquer grupo psicanalítico, independente de qual seja sua denominação corrente em nosso meio. Bion não é um bioniano.

Bion como clínico

Em seus escritos, Bion citou largamente muitas das experiências clínicas que viveu, mencionando até as interpretações que lhe ocorreram naqueles momentos. Mas acredito que não é dessas citações que podemos extrair a noção mais aproximada da realidade da clínica que exercia. Para mim, a fonte de informação mais contundente sobre a possível forma de trabalho dele está em suas reflexões sobre material clínico que fazia nas chamadas "Supervisões", muitas das quais nos chegaram por meio de registro direto. Acho que quem quiser conhecer Bion não pode deixar de tomar contato com seus "Seminários".

Nas gravações mencionadas, pode-se perceber sua maneira humilde de falar sobre o papel e o "poder" do analista, sobre as limitações do método analítico (uma vez ele perguntou: "o que esperar de um método em que a intervenção do analista se faz somente pela palavra?"). Ao mesmo tempo, nota-se o respeito pelo paciente e a presença de "compaixão" por ele.

Diante das perguntas que lhe eram feitas, Bion evitava sistematicamente dar respostas completas e definitivas. Por vezes, até se desviava de algumas perguntas. Em minha interpretação, acho que o fazia não por uma atitude *blasé*, mas propositalmente, para não viver ali um papel de guru que emite palavras de salvação. Queria evitar a mitificação de sua pessoa, mesmo porque devia intuir que a mitificação é a etapa prévia de fantasias de canibalização.

Outra coisa que chama atenção em suas intervenções é o fato de, em nenhum momento, citar explicitamente os conceitos e as teorias que punha em seus livros. Em minha memória das supervisões que ouvi, não há registro de nenhuma citação direta sua de questões como Função α, *Rêverie*, Elementos β, Vínculos K, L, H, Elementos Bizarros, Grade etc. No entanto, essas questões estão lá, presentes no bojo de suas observações, em linguagem coloquial. Não são repetidas como conceitos formais, mas fazem parte de referências e intuições que, por estarem presentes muito profundamente, não precisavam ser nomeadas com um vocabulário técnico ou acadêmico. Enfim, Bion não precisava imitar a si mesmo!

Trabalhando com intuições, pondo-se com *paixão* na relação com o analisando, nem por isso Bion descambava para uma atitude de "vale-tudo" como se o que a pessoa sente fosse o critério único de verdade e fonte única da interpretação. Sua fala, mesmo espontânea, era despojada de maneirismos que pretendem dar a impressão de alguém que tem o direito de falar ao paciente tudo o que lhe passa pela cabeça.

268   APREENDENDO A PSICANÁLISE COM BION

Este é o Bion que se formou em mim, o Bion que me levou a *apreender* a Psicanálise nos escritos de sua autoria, nas gravações de seus seminários, no contato direto que tive a oportunidade de ter com ele e em minha análise pessoal. Por tê-lo em tanta consideração e, por gratidão, espero não estar imitando-o no meu cotidiano nem nesta fala.

Bloco 2 – Bion, por ele mesmo

Seguem-se algumas citações textuais de Bion (1992/2000), que retirei do livro *Cogitações*.

Poderemos discuti-las todas ou somente algumas delas.

1. *Suponho que o efeito permanentemente terapêutico de uma psicanálise, caso exista algum, depende da extensão em que o analisando tenha sido capaz de usar a experiência para ver um aspecto de sua vida, a saber, ver como ele mesmo é. A função do psicanalista é usar a experiência dos recursos para contato que o paciente consegue lhe estender, para elucidar a verdade a respeito da personalidade e das características mentais do paciente, exibindo-as a ele, paciente, de modo que este possa ter uma razoável convicção de que as asserções (proposições) que o analista faz a seu respeito representam fatos.*

Segue-se que uma psicanálise é uma atividade conjunta, do analista e do analisando, para determinar a verdade; que, sendo assim, os dois estão engajados – não importa quão imperfeitamente – em algo que pretende ser uma atividade científica. (p. 126)

2. *A causa é aquele fato que selecionamos para dar coerência aos elementos cuja relação entre si não é percebida; também pode ser*

vista como irrelevante ou inimiga do sistema dedutivo científico do observador. Em particular, as hipóteses que agem como premissas em relação ao sistema reúnem-se com o senso comum do observador e com os elementos para os quais se deve achar uma causa, de modo a mostrar que o tempo liga os elementos entre si, ao invés de os separar. A causa visa a refutar ou negar a ideia ou a possibilidade de que o tempo separe um elemento do outro, do mesmo modo que, em outros contextos, pode ser desejável descobrir um fato que demonstre a coerência dos elementos que, de outra maneira, suporíamos estar separados pelo espaço, e não ligados por ele

Portanto, não é que existam muitas opiniões diferentes sobre a causa de certo evento, mas sim muitos sistemas dedutivos científicos diferentes e, portanto, muitos elementos diferentes que podem ser selecionados como sendo a intersecção da classe "causa" e da classe "efeito". (p. 179)

3. A causa, como o fato selecionado, são equiparáveis, por serem, ambos, ideias com o poder de se associar a uma experiência emocional, a qual em um dado momento, origina um senso de síntese criativa e consciência de objetos separados e ainda não sintetizados. Toda experiência emocional de obtenção de conhecimento é simultaneamente uma experiência emocional de ignorância não esclarecida. . . .

O fato selecionado relaciona-se à síntese de objetos sentidos como contemporâneos ou sem qualquer componente temporal. Assim, o fato selecionado difere da causa; esta se relaciona à síntese de objetos dispersos no tempo e, consequentemente, com um componente temporal. (p. 283)

4. Uma ciência, em última instância, permanece ou sucumbe enquanto é uma técnica válida para a descoberta, e não em virtude

270 APRENDENDO A PSICANÁLISE COM BION

do "conhecimento" ganho. O conhecimento sempre está sujeito a ser substituído; de fato, o critério pelo qual se julga a vitalidade de um assunto é a substituição de descobertas por novas descobertas. (p. 199)

5. As reações terapêuticas positivas e negativas são, em essência, o mesmo; são reações terapêuticas que visam a desviar a atenção da psicanálise. Assim como a insistência em "cura" é um objetivo para iniciar a análise, as reações terapêuticas são objetivo para continuar ou parar; são "coberturas", "racionalizações", "razões" desempenhando um papel como escravas das... o quê? Paixões? Ou alguma incógnita, como ódio à dúvida? (p. 310)

6. A ansiedade emerge porque sabemos que os analisandos chegam com uma ideia de cura, e sabe-se, quase com certeza, que eles não irão conseguir – nem podem conseguir – aquilo que denominam "cura". Quase – mas não totalmente. Mesmo supondo que alguém possa conduzi-los a algo melhor – uma suposição muito ampla –, até isso está longe de ser uma certeza. E daí? Seria possível dizer simplesmente: "Tente?". Muita análise – e a psicoterapia muito mais – é ridiculamente onipotente e otimista. (p. 320)

Referências

Bion, W. R (1977). *Two papers: The Grid and Caesura*. Rio de Janeiro: Imago.

Bion, W. R. (2000). *Cogitações*. Rio de Janeiro: Imago. (Originalmente publicado em 1992).

17. Extensões no âmbito Menos

Paulo Cesar Sandler[1]

Uma bússola psicanalítica

Norte: "A coisa mais verdadeira neste mundo é que somente o afeto torna o homem necessário" (Goethe, 1774, p. 63).

Sul: "Queremos ouvir de nosso paciente não apenas o que ele sabe e esconde de outras pessoas; ele deve nos contar aquilo que *não sabe*" (Freud, 1938b, p. 174; itálico de Freud). E seus desenvolvimentos por meio de Bion: "Nada se ganha em se dizer ao paciente aquilo que ele já sabe" (Bion, 1965, p. 167). E ainda: "A característica dominante da sessão é o desconhecido na personalidade e não aquilo que o analista ou o analisando pensam que sabem" (Bion, 1970/2007, p. 87).

Leste (ou aurora): "O mais próximo que o par psicanalítico chega de um 'fato' é quando um ou outro tem um sentimento" (Bion, 1979b, p. 100).

---

1 Membro efetivo e analista didata da Sociedade Brasileira de Psicanálise de São Paulo (SBPSP).

Oeste (ou poente): "Em psicanálise se admite que uma teoria é falsa quando ela não parece servir ao 'bem' da maioria da humanidade. E é uma ideia comum do bem. A ideia completa de 'cura', de atividade terapêutica, permanece não verificada. É amplamente determinada pelas expectativas do paciente, embora isto seja questionado numa boa análise (como eu a concebo). Mas na física nuclear uma teoria é considerada boa quando ela ajuda a construção de uma bomba que destrói Hiroshima. Muito do pensamento sobre a psicanálise impede a possibilidade de considerar boa uma teoria que destruiria o indivíduo ou o grupo. Não será possível um exame científico minucioso das teorias psicanalíticas, até que inclua uma avaliação crítica de uma teoria que, pela sua própria solidez, pudesse conduzir a uma destruição da estabilidade mental, por exemplo, uma teoria que aumente a memória e cobice um ponto que torna a sanidade impossível" (nota de Bion em sua transcrição de *O futuro de uma ilusão* de Sigmund Freud, cap. II, p. 14; organizado por Francesca Bion (Bion, 1992, p. 378)).

Independente de se concordar ou não, é inegável que em muitos lugares considera-se certas teorias propostas por W. R. Bion como obscuras. Alguns encontram dificuldades em aplicá-las clinicamente (Edward Joseph, ex-presidente da IPA, em entrevista ao periódico *IDE*, 1983). Entre tais teorias, podemos citar: o âmbito Menos; Transformações e Invariâncias; e sua última teoria dos vínculos (Bion, 1962a, 1965, 1970/2007).

Talvez as dificuldades sentidas se liguem a algumas características da obra de Bion. Embora seja um argumento de ordem geral para toda a psicanálise, sua obra se desenvolveu como um sistema de teorias interdependentes, tanto de psicanálise propriamente dita como de observação do ato analítico. Ao serem colocadas em prática, funcionam como um todo – "aparato", como ele dizia, se a pessoa puder perceber o *éthos* da palavra, não seu sentido concreto.

Como as engrenagens de uma transmissão de automóvel – na *hora* que funcionam. Como na psicanálise, por serem imateriais, os fatos e suas teorias (mais facilmente materializáveis, sempre um problema) não se apresentam de modo imediato ao observador, nem de um modo mais corrente, de modo social ou racional. Desenvolvidas a partir de experiência empírica com pacientes ao longo de um certo tempo, foram expressas de um modo específico e não comum. A escrita de Bion é *compactada*, condensando muita informação; lança mão de aforismos (como nos sábios do iluminismo), metáforas (quase poéticas e científicas) e parábolas (no sentido da tradição mística). Demanda do leitor uma atenção e sincronismo contínuos com suas eventuais evocações espontâneas obtidas por sua experiência em análise.

Como na obra de Freud ou em qualquer área do conhecimento científico, essas teorias surgiram a partir de fatos clínicos que até então não eram observados, embora existissem, mas haviam se tornado observáveis devido às teorias que lhes haviam precedido. As teorias de Bion enfocam alguns temas básicos originados de aquisições anteriores iniciadas por Freud e Klein:

(i) *insights* de Freud e Klein sobre a falta de capacidade ou disposição de tolerar frustração;

(ii) Édipo;

(iii) sonhos e associações livres;

(iv) a defusão dos instintos.

A reprodutibilidade do fenômeno científico em psicanálise depende de seu método: e o método é, basicamente, a personalidade do investigador, do analista. Em análise, métodos e objetos de estudo – a mente humana – se superpõem, o que acrescenta algumas dificuldades de observação e aproveitamento dessa observação.

274 EXTENSÕES NO ÂMBITO MENOS

Isso ocorre em outras disciplinas, como na Física, indicando não ser um privilégio que deixe o analista muito gabola da especificidade de seu campo nem tampouco descorçoado de sua ciência... Além da necessidade, portanto, de observação participante, sua imaterialidade exclui sistemas de aferição científica por meio de instrumentos concretos, externos, como microscópios, tomógrafos ou ressonâncias. Essa aferição é feita pela própria Análise, inclusive a do Analista. Para poder "interpretar" (ou construir; Freud, 1937) o analista precisa ser a um só tempo uma pessoa sintética (compactante), direta, e capaz de mudar de vértices; mas ao mesmo tempo manter-se orientada por alguma invariância, sempre ligada ao fenômeno ou pessoa observada e a seus (do analista e do paciente) pontos de vista.

Limitações nas teorias sobre ódio

De 1974 a 1981, a tentativa de lidar com alguns tipos de manifestações do ódio e do amor levou-me à percepção de fenômenos cujo encaminhamento era insatisfatório analiticamente. A resistência a eles era tanto negativa (aumentava) como positiva (em pessoas com tendência sádica), e sugeria que não se lidava com o assunto. Uma das manifestações mais frequentes é que algumas pessoas – analistas e pacientes, e nisto me incluo durante alguns anos – facilmente restringíamos o que poderia ser unicamente uma *apreciação* de manifestações dos instintos de morte a um *julgamento* de juízos de valor. Nos termos de Melanie Klein, não se consegue tolerar fenômenos depressivos, que correspondem à apreciação da culpa, sem colori-los com sentimentos persecutórios. Sentem-se julgados ou julgam-se de modo brutal ante a mera menção do fato. Enquanto que em alguns pacientes a "realização" da culpa conduz a um movimento mais livre em direção à posição depressiva e volta delas a uma renovada experiência da posição esquizoparanoide, outros pacientes sentem-se apenas perseguidos; não se segue nenhum incremento na autoconsciência nem de resultados analiticamente terapêuticos; não se conseguem os estados de "estar-uno-a" nem de "tornar-se" e, em consequência, aumentos de alternativas mentais para um desenvolvimento onto-genético da psique. Assim, pareceu-me impossível lidar com esse problema com as teorias psicanalíticas disponíveis. Enfatizo, por experiência própria, que o analista pode também levar a coisa para seu juízo moral. No meu caso, e vi isso em outros, se revestia, como autodefesa, de ideias parecidas ao conceito pseudomédico de "cura".

Em 1981, após sete anos de análise pessoal, tive contato com sugestões de Bion a respeito de um âmbito Menos. Elas me pareceram iluminar essas questões destituídas de juízo de valor, mas, mesmo assim, em um sentido que parecia puramente *destrutivo*. Algo de uma força aniquilante. Isso coincidia com alguns dos trabalhos de Green, também dessa época. Mais contato com a obra de Bion foi me mostrando um outro sentido para o que hoje chamo de âmbito Menos, que me parecia ser *constitutivo*, de uma parte em um todo, se bem que paradoxal. Nesse momento fui vendo que a primeira conotação do âmbito "Menos" limitava tanto a minha visão como a de outros colegas, ou seja, a de "curar os pacientes", que tinham que se "livrar" da situação. Mas isso rejeitava o "todo paradoxal", que me parecia mais desafiador. Nesse todo, a experiência acumulada mostrou que as duas conotações, e teorias de Bion, poderiam estar unificadas, mesmo que sua exposição na obra não o estivessem explicitamente. É o que tento fazer aqui.

Contradições, paradoxos e os dois princípios do funcionamento mental

Proponho distinguir dois tipos de relacionamento entre um par de opostos (Sandler, 1997, 2003): considerá-los como contradições ou paradoxos.

Contradição

Expressa aqui uma formulação verbal derivada de uma expressão latina (*Contra dictvm*). Pode ser vista como expressando um estado mental de guerra. O relacionamento entre os polos é parasítico, destinado à destruição mútua ou de um dos dois (Bion, 1970/2007, p. 95), com vencidos e vencedores. Foi chamado, durante muito tempo, de dialética, significando duas línguas. Em suas formas primitivas, por exemplo, entre os sofistas, era vista como o que eu chamo de contradição: uma das séries triunfaria sobre a outra, por meio de retórica. Contradições admitem resolução, em termos de certo ou errado. Contradições são o desfecho do triunfo do desejo, que, por sua vez, é composto por fantasias de superioridade sobre a dor; e sobre fatos como *eles são*. Contradições estão sob a égide da defusão dos instintos de vida e de morte (Freud, 1920). Adquire-se temporariamente, na área da consciência, um estado de imobilidade inanimada.

Paradoxo

Proponho usar o termo paradoxo, o precursor em grego da mesma ideia (*Para doxa*), para descrever o âmbito platônico dos *noumena*, realidade última incognoscível, como ela é, e seus fenômenos, ou sua contraparte sensorialmente apreensível. Isso implica duas séries de conhecimento (cada série de conhecimento forma um *doxa*) correndo paralelamente – como o contraponto desenvolvido por Bach na música. No paradoxo, via Kant, se desenvolveu a dialética de Hegel. Ela implica um produto proveniente de um par de opostos: a "síntese". A investigação desse desenvolvimento para uso de analistas aparece em outros estudos (Sandler, 1997, 2003).

Consegue-se um *Sentido de Verdade* quando a pessoa realiza que o objeto amado e o objeto odiado são um único objeto, diz Bion em uma notável integração de Hegel, Freud e Klein (Bion, 1961). O sentido de verdade depende de uma capacidade para lidar com diferenças sem que um único entre os dois estados, ou nas relações interpessoais, as pessoas que os defendem, ou as ideias defendidas por pessoas, sobrepujem ou marquem a extinção do outro estado, pessoa ou ideia.

Na área do pensamento humano, parece haver uma evolução de estados paranoides primitivos – onde se fantasia a propriedade da verdade absoluta – em direção a um sentido mortífero de se lidar com diferenças. Sociologicamente, que diferenças reduzem-se a amigos e inimigos.

Paradoxos demandam tolerância – da dor e da tensão vívida envolvida no não-saber a resposta final (teleológica) e absoluta para seja lá o que for. Não prevalecem os sentimentos de satisfação de desejo; não se busca o entendimento completo. *A falta de resolução do paradoxo é uma experiência a ser sofrida.* O paradoxo é a essência da vida; é um fator de desenvolvimento do senso comum (uso o termo segundo Locke, 1690, e Bion, 1959/1992).

Paradoxos são pares antitéticos que se relacionam por simbiose e conduzem à síntese. Tolera-se a invariância básica da vida: a diferença. Paradoxos compõem o *éthos* básico dos sistemas vivos, quando eles podem evoluir da condição de pares opostos até a condição de duplas criativas. Biologicamente, são casais; no âmbito do pensamento, casais dialéticos: a prole e a síntese, respectivamente.

Tenho defendido que uma atitude analítica que mereça tal nome, além das qualidades a ela outorgadas por Freud (percepção do inconsciente, via sonhos e associações livres, e chegar-se a ver como se estruturou o complexo de Édipo), é a tolerância de paradoxos.

A Contradição pode maturar, mediante o aproveitar-se repetidamente os testes da realidade, que possibilitam respeito aos fatos. A pessoa que aprende da experiência tolera vácuos na satisfação do desejo e do conhecimento. A base mais precoce da maturação parece ser a experiência do não-seio: o seio jamais satisfaz a pré--concepção do seio (Bion, 1961/1963). Mas em algumas pessoas a clivagem do ego é de tal modo eficiente que os ataques à percepção da frustração ficam expressas por hipocrisia, religiosidade, autoritarismo e uma soberba pretensão à posse da verdade absoluta.

O âmbito Menos e o negativo

Menos (*Minus*, na grafia inglesa, ou com o símbolo quase-matemático "-"), na terminologia de Bion, é, por definição, um âmbito não concreto, imaterial, que complementa o âmbito positivo "sensível" (que pode ser apreendido sensorialmente), a realidade material. No final de sua vida, como aconteceu com quase toda sua obra, Bion o expressa sem usar a terminologia teórica que propôs anteriormente:

> BION – *Não entendo.*

EU-MESMO – *Talvez eu possa ilustrar com um exemplo de algo que você conhece. Imagine uma escultura, que fica mais fácil de entender se a estrutura for feita para função de ser como que uma armadilha para a luz. Revela-se o significado pelo padrão formado pela luz assim apreendida, e não pela estrutura, o trabalho de escavação em si. Sugiro que eu poderia aprender a falar com você de tal modo que minhas palavras "armadilhassem" o significado que elas não expressam, nem poderiam expressar. Assim, eu poderia comunicar este significado de um modo que, no presente, é impossível de ser comunicado.*

BION – *Como "pausas" em uma composição musical?*

EU-MESMO – *Um músico, com certeza, não negaria importância destas partes da composição onde nenhuma nota estaria soando, mas há muito a ser feito ainda, na arte hoje disponível, e seus procedimentos bem estabelecidos de silêncios, pausas, espaços em branco. A "arte" da conversação, conforme é levada a cabo no intercâmbio de conversação na psicanálise, requer uma extensão no âmbito da não-conversação...*

BION – *E há algo de novo nisto? Você deve ter ouvido, como eu, que você não sabe sobre o que está falando, e que está sendo deliberadamente obscuro.*

EU-MESMO – *Eles estão me lisonjeando. Estou sugerindo um objetivo, uma ambição, que me capacitaria a ser deliberada e precisamente obscuro: na qual eu pudesse usar certas palavras com o poder de ativar precisa e instantaneamente, na mente do leitor, um pensa-*

280 EXTENSÕES NO ÂMBITO MENOS

mento ou cadeia de pensamentos que viessem entre ele e os pensamentos e ideias que já lhes fossem disponíveis e acessíveis. (Bion, 1975, pp. 189-191)

Pode-se acrescentar: pausas não são apenas tão importantes como notas "positivas", que produzem som, mas elas tornam possível o ritmo, o mistério dinâmico e pulsátil da vida como *ela é.* A literatura extrai verdade no leitor, pela evocação de emoções poderosas, formulações verbais que permitem os "lábios nada formarem... e o Silêncio eterno é a coisa que a pessoa cuidaria de ouvir", na formulação de Gerard Manley Hopkins (*The Habit of Perfection*, 1918). Ao "nada formar", a verdade emerge. Parthenope Bion Talamo recomendou que prestássemos "intensa atenção para nada em particular" –- associações livres, em termos de Freud. Outro modo de colocar é o âmbito numênico de Platão, reexposto por Kant; um conceito limite, negativo. Em outra investigação, tento demonstrar o fato que que Freud dotou o conceito de número de utilidade prática, ao lançar mão de um termo mais utilizado no período iluminista na Alemanha, *unbewusste* – literalmente, desconhecido – mais conhecido como "inconsciente" (Sandler, 1997a, 1997b, 2000a, 2000b, 2000c).

"O âmbito do pensamento pode ser concebido como um espaço ocupado por não-coisas" (Bion, 1965, p. 106). Bion parece ter iluminado o valor contrapontístico do âmbito Menos, (-), já na sua teoria do pensar: a criança que tolera o não-seio pode pensar o seio (Bion, 1961/1963). A ausência física é a condição para pensar.

Uma fonte clínica para a teoria

Como no modelo dado por Ester Hadassa Sandler, em seu estudo "Verde e Cinza" (Sandler, 1998), vamos agora tentar acrescentar ao cinza da teoria o verde da prática – um mais um exemplo de par antitético, tolerado por Freud, com a ajuda de Goethe, em "Neurose e Psicose". ["Meu bom amigo, cinza é a teoria,/ e apenas verde, a árvore de ouro da vida" – citação de *Faust*: parte I, cena 4 (Freud, 1924, p. 149)]. Um exemplo clínico pode ilustrar o valor contrapontístico do âmbito Menos: uma paciente, mãe de um menino, depois de um ano de análise, engravidou e deu à luz um segundo menininho. Jamais mencionara qualquer desejo de ter uma filha, nem tampouco nenhum interesse por menininhas. A tolerância do analista em relação à falta de menção verbal ao sexo de seus filhos, e a qualquer tipo de assunto sexual, abriu a possibilidade de que este analista sentisse algo que pode ser comparado, sensorialmente, a um tipo de "odor" de um ardente desejo. Isso era indicado pela *falta* de reivindicações explícitas – fato notável, pelas evidências de sua doçura em muitas questões. O analista expressa sua ideia para a paciente. A paciente demonstra nítido alívio e lembra de um sonho "com um menino de nome feminino".

Precisamos enunciar para nossos pacientes aquilo que nenhum de nós sabe: "pensamentos sem um pensador" (Bion, 1962a, p. 111; 1962b, pp. 83-86; 1963, p. 35). Diante das emoções subjacentes, não-faladas, imateriais, e não-sensorialmente apreensíveis do paciente, o analista coloca à disposição sua "intuição analiticamente treinada" (Bion, 1965). Em um "relâmpago entre duas longas noites", o casal analítico compacta toda sua experiência, afetos, paixão, e consideração à verdade. Quando o âmbito do negativo se introduz, amalgamam-se destruição perigosa com criatividade sublime, no bojo do mistério dos instintos de vida e morte. Na sessão psicanalítica, o *insight* pode ser considerado como um tipo de prole deste ato criativo, imaterial.

282 EXTENSÕES NO ÂMBITO MENOS

Menos K

Para representar três vínculos básicos entre pessoas e entre pessoas e coisas, Bion usou símbolos quase matemáticos : L = amor; H = ódio; K = conhecimento. Cada um é uma das manifestações dos três instintos humanos básicos – de vida, de morte e epistemofílicos – no âmbito das relações humanas. Ou seja, Bion descreve algo que pertence ao âmbito dos fenômenos; Freud descreveu (não) coisas que pertencem ao âmbito dos númena.

Na quarta citação que serve de moto para este estudo, chamado de Oeste, ou poente, Bion observou um tipo de atividade destrutiva, negativa; um movimento ativo destinado a esvaziar o significado de seja lá o que for. Esta é justamente a definição de "Menos K" (–K): *uma tentativa de provar que des-entender é superior a entender.* Alguns pacientes se ocupam de provar sua superioridade sobre o analista

> *por meio de derrotar suas tentativas de interpretação. Pode-se demonstrar que eles criam mal-entendidos sobre as interpretações, para provar que uma capacidade de des-entender é superior a uma capacidade para entender. . . .há uma superioridade moral e superioridade da potência do DES-aprender" (Bion, 1962b, pp. 95 e 98).*

–K permitiu que Bion observasse uma situação que denominou Menos continente/contido: – ♂ ♀. Cria um sentido de nada, em termos de vida, ou, com a permissão de um neologismo, uma "nadisse". Esse sentido difere de uma não-existência; pode-se representar este último, matematicamente, como Zero. Na prática clínica, aparece como "uma asserção invejosa da superidade moral destituída de qualquer moral" (Bion, 1962b, p. 97). O Menos continente/contido

> *mostra-se como um objeto superior, asseverando sua superioridade ao encontrar defeito em tudo. A característica mais importante é seu ódio de qualquer novo desenvolvimento na personalidade, como se o novo desenvolvimento fosse um rival a ser destruído. Portanto, caso alguma tendência para procurar a verdade, que eventualmente venha a emergir, para estabelecer contato com a realidade... em K, o clima conduz à saúde mental. Em –K, nenhuma ideia pode sobreviver, em parte por causa da destruição advinda do esvaziamento e em parte por causa do produto do processo de esvaziamento. (Bion, 1962b, p. 98)*

O des-entendimento em sua forma mais desenvolvida: destruição temporária da verdade

–K não é falta de conhecimento. Tem um significado, "abstraído, que deixa a representação oca" (Bion, 1962b, p. 75). É conhecimento a serviço do prazer. Seu desfecho: uma destruição temporária da apreensão da verdade, tanto no indivíduo como, *a fortiori*, no grupo.

Essa observação clínica abriu um novo campo de investigação: a observação dos processos de alucinose, que em 1965 desenvolveram a formulação de –K.

Quando –K predomina, perdem-se as Invariâncias de vista, e os caminhos a elas (Transformações em K e em O, ou em psicanálise,

284 EXTENSÕES NO ÂMBITO MENOS

que conduzem, ainda que imperfeitamente, a determinadas Invariâncias); a pessoa fica perdida nas Transformações (Rígidas e Projetivas), expressas em sua mídia preferida, as Transformações em alucinose. Bion refina, neste momento da sua obra, sua descrição do âmbito do negativo: "um inferno feroz de ávida não-existência" (Bion, 1965). O paciente sente que existe uma "superioridade do método de alucinose sobre o método psicanalítico".

Bion define um espaço –K, que é o "espaço" da alucinação: o lugar onde o espaço costumava estar. Fica preenchido com objetos violenta e invejosamente ávidos de toda e qualquer qualidade, coisa, ou objeto, por sua "obsessão" (por assim dizer) de existência (Bion, 1965, p. 115).

O estudioso percebe que o conceito de Menos K evoluiu, no trabalho de Bion, da função de vínculo para a função de Transformação. Os dois conceitos são interdependentes. –K, o vínculo é um fator das transformações em alucinose.

Contribuições de Green

Desde 1973, André Green retomou um dos modelos do âmbito Menos descrito por Bion em 1962: um violento gerador de não-existência. No *Le travail de le négatif* (O trabalho do negativo),[2] descreve clinicamente como os pacientes sentem uma "negativação".

---

2 Green não cita Bion, mas usa um termo filosófico, cunhado por Hegel: negativo (Sandler, 2009). No entanto, de seus contatos e principalmente do relato de Bion no volume III de *Uma memória do futuro*, a relação pode ser feita; obtive confirmação disso em correspondência pessoal com o Dr. André Green. O assunto foi retomado em uma videoconferência, na Sociedade Brasileira de Psicanálise de São Paulo (SBPSP – Green, 2003).

A pessoa nutre a sensação de abrigar um "buraco".[3] Trata-se de um objeto perverso negativo, em um vácuo afetivo, buraco feito de não-existência. Na sessão de análise, aparecem verbalizações plenas de concretude, com um palavrório "pleno de som e fúria, não significando nada", caso usemos as palavras do Bardo. O paciente não pode introjetar; parece capaz apenas de "excorporar" (Green, 1997a, 1997b; corresponde ao que eu coloquei como efeito da função anti-α; Sandler, 1997a).

De acordo com Green, o paciente não pode tolerar "o limite duplo".[4] Assim, o paciente não transforma em "mensagens do inconsciente" algo que lhe vai na mente, de um modo que tais mensagens pudessem se prestar à verbalização. Eu acrescentaria, pudessem se prestar a uma pictorialização, logo depois, imagens pictográficas e, finalmente, verbalização. Esse processo foi descrito por Ferro como a contraparte "narrativa" dos elementos α (Ferro, 2005).

A não-existência ("nenhumisse") se incrementa quando falta a pictorialização e a não-verbalização. A pessoa não dispõe de "visão binocular" (Bion, 1962b), podendo apenas dispor de preconceitos monoculares. Muitos anos depois, Green descreveu de modo preciso um caso clínico em que perturbações do pensar resultaram em fobia de pensar (Green, 2000). Essa fobia impede o aparecimento de associações livres. Green pensa que o "trabalho do negativo" é um fator dessa deficiência.

---

3   Green fala da sensação, mas em outros pontos (como na Mãe Morta) parece falar que a sensação corresponde a uma realidade. Há questões na discriminação que ele faz da alucinose e da realidade psíquica que fogem ao escopo deste trabalho. Aqui, coloco apenas como sensação, tanto alucinada como alucinógena.

4   Que entendo como um paradoxo a ser tolerado, equivalente ao que Bion chamava de barreira de contato, a interface entre consciente e inconsciente, caindo numa tela-β, plena de concretudes; ver Sandler (2005) para definições desses termos e onde encontrá-los na obra de Bion.

286   EXTENSÕES NO ÂMBITO MENOS

Sumário provisório: o âmbito Menos e sua intolerância

A partir da prática clínica, tornou-se claro que os termos "negativo" e Menos indicam as seguintes contrapartes na realidade:

(i) Uma natureza de *não-coisa* inseparável de *coisa*. Proponho denominá-la "âmbito do Menos contrapontístico". Para se poder exercer a função de analista e de paciente, para viver, é necessário tolerar um equilíbrio paradoxal, (ó) entre "positivo" (material, sensorialmente apreensível) e "negativo" (imaterial, psíquico, "ultra e infrassensorial").

(ii) Um âmbito criado pela avidez, advindo de intolerância da não-coisa (ou intolerância ao Menos). Esse estado ávido de mente incapacita a possibilidade de abstrair o seio de sua "concretude", pois a apreensão fica limitada ao nível da sensorialidade. "Nada" subtitui a "não-coisa". Não tolerar o âmbito Menos-contrapontístico resulta em uma prevalência "avidamente ávida" e "avidamente destrutiva" do próprio âmbito Menos, sem seu contraponto. Para essa intolerância de Menos, proponho a denominação, após Green, de "o âmbito do negativo".

Definindo –L e –H ("Menos Amor" e "Menos Ódio")

Este âmbito me parece fornecer iluminação para lidar com alguns problemas na clínica psicanalítica até agora vistos como manifestações de Ódio; minha observação mostra que tentar uma abordagem sob tal ótica tem sido mal-sucedida, do ponto de vista psicanalítico.

Bion não define explicitamente (teoricamente) –L e –H como define –K. Deixou apenas algumas pequenas indicações negativas sobre o Menos Amor e Menos Ódio. Não deve causar espécie que sejam negativas. Além de estarem de acordo com o assunto, definir-se o que a coisa não é pode ser um passo para se descobrir o que ela é. Em ciência – na química estequiométrica, por exemplo – é esse o método para descobrir certos compostos. Bion alerta apenas que menos L não equivale a Ódio, e que menos H não equivale a Amor (em *Learning from experience*). Pequena contribuição, porém significativa; caso contrário, simplesmente resultaria em uma duplicidade de nomes para a mesma coisa. Do ponto de vista clínico, volta a explorá-las em *A memoir of the future*. Mas nessa época não apelava para terminologias teóricas.

Proponho defini-los claramente para poder lidar com algumas questões clínicas. Defino –L e –K estritamente dentro dos padrões de Bion quando ele definiu –K.

Definindo Menos L

Aplicando a definição de Bion para Menos K (–K), para Menos L (–L), pode-se com segurança afirmar *que Menos L seria uma tentativa de provar que des-amar é superior a amar*. O des-amar implica alguma experiência de amor seguida pelo desfazer dessa experiência, e continuar desfazendo-a. Isso quer dizer necessariamente que –L traz em seu bojo ódio? Não. E talvez seja isso o que complica muito a situação para a pessoa e para sua análise. Em Menos L, diz Bion, Ódio *não* é o impulso primário.

Em Menos Amor, –L, existe um outro componente instintivo, misto de Amor e Ódio, que foi visto por Klein pela primeira vez. Trata-se da *violência de sentimentos* e, portanto, de emoções. Bion deixou alguns escritos sobre isso, mas publicados postumamente (em *Metateoria*) – e, por motivos desconhecidos hoje, não levou a investigação muito adiante, a não ser nos estudos sobre Alucinose (*Transformations*) e menções em *Uma memória do futuro*. Em menos Amor, –L, o Ódio não é apenas negado e projetado como nos casos de identificação projetiva; ele não pode ser experimentado, nem mesmo de modo ínfimo. Fica sujeito a uma negação contínua. Esta equivale a uma *negativação* do Ódio. Esse ponto é mais bem desenvolvido com uma das analogias matemáticas de Bion, na qual, por motivos de tempo, não vamos nos estender agora. Podemos dizer que conduz a se destruir as qualidades que Bion atribuiu ao "ponto" indestrutível. Ou seja, a matemática seria uma das tentativas precoces e certamente não bem-sucedidas da humanidade lidar com a psicose. Em Menos Amor, –L, evita-se em fantasia a psicose, que pode ser sentida no caso de amor apaixonado.

Suponho que esta violência também se origine de intolerância da frustração (Bion, 1960). Odiar o ódio transforma ódio em uma área proibida ao bebê. Assim, Menos Amor, –L parece ser movido primariamente por avidez (ver Menos H, abaixo). A origem disto pode ser vista numa observação de Klein: não é apenas o ódio que destrói o objeto, mas a violência do amor (Klein, 1934). Esta violência torna Amor (L) em Menos Amor (–L).

Se inveja é algo que "jaz solitária, esperando para se tornar maligna" (Bion, 1975, p. 10), a questão de –L como dependente de emoções violentas (narcísicas e esquizoparanoides) pode ser enunciada em termo de impulsos invejosos sempre crescentes e avassaladores. Emoções amorosas são levadas até às suas últimas consequências, invejosas acima de tudo. A defusão dos instintos de vida dos de morte é inevitável, e o ódio é negado. Neutralizado na mente, a pessoa o sente como extinto.

Em Menos Amor, um amor "pensa" sobrepujar o próprio Amor; ou "vencer" Amor em seu próprio campo. Dessa forma, podemos perceber por que Bion afirma que "Amor é inibido por amor" (Bion, 1960/2000, p. 125). Sendo esses processos inconscientes, o seio des-amoroso é desconhecido e não "sabe" que é desamoroso; só sabe funcionar como des-amoroso, pensando ser amoroso. O seio des-amoroso, desconhecido e desconhecedor de si, indica a seriedade da situação. Ela pode ser mais bem expressa nas palavras de Bion, "dizendo-se que o impulso para viver, necessário antes que haja um medo de morrer, é uma parte da bondade retirada pelo seio invejoso", que penso ser o seio movido por Menos Amor, –L (Bion, 1962b, pp. 96-97). O medo de morrer é totalmente negado. Negação geralmente possibilita que a parte negada assuma o comando do comportamento da pessoa, pois passa despercebida.

Enfatizo que inexiste falta de Amor em –Amor. Este amor pode ser visto como perverso; nega que o seio, concretamente considerado, é sempre frustrador. Na pessoa que tolera frustração (repito, em algum grau, e o que se pode estudar é o grau), a pré-concepção do seio que só vai se modificar após encontrar uma "realização" (o seio real externo) aceita o fato de que esta "realização" NUNCA preenche de modo satisfatório a pré-concepção, em termos de desejo. Menos Amor (–L) impede que o seio seja real para a criança, esvaziando sua realidade maior odiada, o seu caráter frustrador.

Menos Amor, –L, se expressa por usos do amor onde falta a intenção amorosa. Mimos, seduções surgem como expressando amor. Não têm a intenção de adicionar amor a amor, mas de imobilizar um pseudoamor perverso que imobiliza a emoção amorosa, de um modo concreto. Menos Amor não conduz a evolução, casamento nem criação. –L é "homo-", autossuficiente.

O mecanismo de Idealização e sua forma um pouco mais específica, pelo menos dentro das preocupações dos integrantes do

290 EXTENSÕES NO ÂMBITO MENOS

movimento analítico, e de mais fácil identificação na sessão, em função dos cuidados quanto às fantasias transferenciais (na classificação tipológica da teoria das Transformações e Invariâncias, Transformações em Movimento Rígido, preferencialmente, conjugadas a Transformações Projetivas), a Idealização do analista, podem ser consideradas com ação de Menos Amor. O conluio, por parte do analista que se permita estimular idealização, retribuindo –L com o mesmo –L, seria sinônimo de "Menos análise". As aparências sensorialmente apreensíveis indicam uma análise feliz e bem-sucedida, agradável em tudo. Isso produz sociedades de admiração mútua. Amar sua análise precisa excluir propagandas do analista.

Se a pessoa nega a dor envolvida no objeto parcial des-amoroso, ela substitui Amor por Menos Amor. Retornemos novamente para as observações de Bion sobre –K. Aplicando-a para –L; o objeto des-amado torna-se objeto de algo perverso, sentido como amor. O amor estará fadado a se transformar em des-amor. O esvaziamento do amor é sempre e cada vez mais necessário até que o próprio processo de esvaziamento passa a ser visto pela pessoa, sob o vértice de L (Amor).

Menos Amor é um amor a serviço do prazer. Dele deriva a destruição do belo e da verdade. A pessoa que martelou a *Pietà* de Michelangelo ou a que tingiu de tinta a *Mona Lisa* de Da Vinci não o fizeram por ódio à arte apenas, mas por manterem um vínculo Menos Amor parasítico com arte; ou, muitas vezes, com o artista.

Alguns, entre os pacientes descritos por Bion como estando ocupados em provar a superioridade da alucinose sobre o método psicanalítico (Bion, 1965, pp. 142-143), tentam transformar a sessão analítica em uma atividade para extrair amor a todo custo. O fenômeno de transferência (transposição de sentimentos e ideias ligados realisticamente ou não a figuras parentais) é complicado por prematuridade, tenacidade e executado de modo tênue (transferência psicótica tênue e tenaz, na formulação original de Bion, 1956), no mais alto grau de idealização. É feita de modo instantâneo e prévio até mesmo à primeira entrevista. Implica des--amor ao analista como ele (ou ela) é. As tentativas de derrotar o analista que tenta conseguir uma interpretação, como já indicado em Menos K, assumem uma forma mais específica. A pressão para des-entender (*misunderstand*) a interpretação se faz por torná-la em enunciados emocionais anunciando monocromaticamente amor mútuo. A superioridade moral e superioridade da potência de DES-amar no amor sedutor e sexual são alcançados pelo paciente de modo fácil, pois a consecução de uma relação amorosa real sempre é a alternativa mais difícil e dolorosa. Amor real demanda abstinência e renúncia. Menos Amor abomina abstinência e não admite renúncia. Amor real sofre para sempre o fantasma ou a dor da perda; –L prefere o não-nascimento ("para que colocar filhos neste mundo cruel?" é a pergunta típica) e pode imaginar alívio caso ele ocorra.

Definindo Menos H

Destina-se provar que des-odiar é superior a odiar. As mesmas considerações sobre inveja impedindo qualquer relacionamento diferente de um que seja parasítico são válidas aqui. O seio não pode ser sentido como moderador dos sentimentos aterrorizantes e aniquiladores. O seio que é sentido como mau é "co-optado". Transforma-se alucinatoriamente em um falso seio bom. Se a inveja é excessiva, a Mãe sob Menos amor nutre Menos Ódio na sua prole.

–H não é falta de ódio. É o triunfo do ódio por uma absoluta clivagem do amor e de ódio. Existe a "superioridade moral e superioridade na potência" do DES-odiar. O complicador aqui é que um Amor excessivo, ávido e danificador do objeto é o instinto que prevalece. Produz o que Freud delineou em 1920, como a defusão dos instintos. É uma moralidade excessiva desprovida de ética.

Ilustração clínica de –L e –H: o hipócrita hipercrítico

Uma pessoa, de resto inteligente, de enorme capacidade de bom humor e capaz, utilizava muito de seu esforço para ficar criticando tudo e a todos. O intuito parecia ser sincero, de ajuda a outros – sua profissão era uma profissão ligada ao "cuidar".

Tornava-se rapidamente hipercrítico com amigos, que, supunha, inconscientemente, sentir-se-iam honrados ao receber suas críticas. Isso capilarizou-se em trivialidades e ocorria em qualquer minuto de seu dia; à noite, os sonos eram sem sonhos (ele não se lembrava dos sonhos).

Em certo momento, via em casa um filme, lá dos anos cinquenta. Na tela, um enorme conjunto habitacional inspirado nas ideias de Le Corbusier, nos arredores de Paris, para as classes operárias. Era um aspecto quase irrelevante, de um filme irrelevante, a não ser por um dado relevante no momento: tratava-se de um filme de suspense, um passatempo. Tendo informação amadorística em arquitetura, essa pessoa elaborou uma avaliação crítica bastante completa e pertinente sobre o que ele sentia ser um ambiente propenso a estimular o crime, ligado ao lucro fácil das construtoras, que logo se tornaria um pardieiro. Para provar sua tese, citou os recentes distúrbios muçulmanos na França, perpetrados por pessoas que lá viviam desde a época da feitura do filme, quando os edifícios eram uma novidade.

Seus comentários eram verdadeiros e bem colocados; uma análise sociológica que talvez merecesse atenção. No entanto, destituídos de amor e interesse reais nas condições de vida dos muçulmanos e nas situações sociais lamentáveis que descrevia. O comentário tornou-se sádico, numa perversidade autopromocional. Estragou a situação real que até então estava sendo vivida no momento – assistir um filme em família, por lazer. Não podia aproveitar construtivamente da oportunidade; aproveitou-se sadicamente, de modo destrutivo de uma parte não tão relevante do filme. Autoimolado em ácidas críticas, incomodou sua esposa e filhos, mas continuou convencido do quão informado e esperto era. Um ditado popular se aplicou a esta pessoa, neste momento: "Perde o amigo, mas não perde a piada".

Seu bom humor logo se degradava em mordacidade, e dali para o sarcasmo. Esse homem perdeu quase todos os amigos, mas nunca perdeu seus sentimentos de superioridade. As pessoas gostavam dele, pois era cordial e fazia amigos com facilidade. Mas os amigos se afastavam à medida que o convívio se tornava uma estafante sessão de extrair o amor incondicional de todos. O narcisismo maligno, para usar um termo caro a psicanalistas norte-americanos, parecia ser um fator em –H (Menos Ódio). *"Foul is fair, fair is foul"*, parecia ser seu moto sádico, como nas feiticeiras em *MacBeth*, mas como gozo sádico, e não como apreciação da realidade.

O impulso para viver, necessário antes que possa haver um medo de morrer, torna-se alucinado porque a bondade que o seio invejoso trataria de extinguir (como em –K e –L) nunca sequer existiu; ou era tão escassa e frágil que, na prática, acabava não sendo nada. A pessoa sente que agressão e até exploração (como na exploração e não no uso do objeto descritos por Winnicott, 1969) são boas e poderiam ser chamadas de amor. Caso exista alguma capacidade de amar nessas pessoas, ela não pode ser desenvolvida em amor, mas em não-amor. Não se segue nenhum tipo de amor à verdade.

O hipócrita hipercrítico consegue fazer uma mímica de amor. Logo o seu des-odiar, como superior ao odiar, aparece; uma característica marcante era que ele não conseguia odiar seus inimigos. Alucinou amigos onde não existiam e passou a ser explorado por eles, na medida em que exibiam traços psicopáticos. Ele os ajudava, como amigos ajudam amigos, mas recebia ódio, inveja e violência. Parecia ter a capacidade de encontrar amigos errados; mas o que ocorria era tentar manter a ideia de que des-odiar era melhor do que odiar. No final das contas não é amor nem ódio, mas apenas um caso de estupor e confusão estuporosa. A criança tenta enlouquecer o seio – e, se o seio pudesse ficar louco, pelo menos ele poderia ser sentido como vivo, e aí seria suscetível de ser amado ou odiado. Esse padrão explorador, uma identificação projetiva do seio explorador, torna-se um padrão de vida da pessoa. Espera que seus atos de agressão e crítica ácida sejam crescentemente sentidos como merecedores de boas-vindas, aplausos e admiração. A pessoa não aprende da experiência e monocordicamente os aplica mais e mais, esperando que acabem dando certo. Obviamente, pode encontrar um par complementar e sentirem que deu certo.

O semblante e postura dessa pessoa são de complacência e adaptatividade. Por vezes, chega às raias da servilidade. Mas, ao observador atento, é uma falsa amabilidade. A pessoa que escolhe o relacionamento por meio de –H insiste que é um ser superior, que tudo compreende. Assevera sua superioridade ao sempre encontrar falhas nas pessoas que são capazes de odiar. Ou de ficar reclamando contra uma reclamação que tenha sido realística e justa. No final das contas, não sobra amor nem ódio, na mesma proporção que se nega existência a amor e ódio reais.

A pessoa tenta evocar ódio e emoções vivas em toda e qualquer pessoa com a qual se relaciona. Em análise, este tipo de paciente abomina o vínculo K e vive tentando evocar Amor e/ou Ódio no analista.

A tragédia deste caso é que ocorre simultaneamente uma tentativa desesperada de aprender a ter experiências emocionais reais, não meras imitações de experiências emocionais. Mas como tê-las, na medida em que se mantém cuidadosamente toda e qualquer experiência emocional real longe? O aparelho de percepção da realidade fica gradativa e crescentemente danificado. A pessoa se torna perseguida e se isola cada vez mais, ou é isolada pelo grupo, lançando mão de alucinose em uma escala logarítmica. Penso que isso ocorre no que Bion descreveu como o aparelho que precisaria ser usado para se conseguir "consciência consciente" da realidade interna e externa. Que, por sua vez, fica considerada como um fragmento indesejável. É, em consequência, expelido, em *phantasia* (uso o termo proposto por Freud para fantasia inconsciente), da própria personalidade. O próprio aparato é sentido como algo que deve ser expelido. Como tal, seu destino é ser locado no meio exterior. O paciente destituído de uma consciência consciente fica em "um estado que não se sente vivo nem morto" (Bion, 1956/1967, p. 38).

Até o ponto que a minha experiência clínica foi, apreender esses fatos à luz de –H e –L pareceu-me uma extensão útil das descrições generalizadas feitas por Melanie Klein a respeito dos ataques ao seio, das descrições de Bion a respeito dos ataques ao aparato de percepção, que culminam com a própria ejeção fantasiosa desse aparato, e da confusão mental que se segue, no que conceder à vida e à morte. Menos H e Menos L criam uma tendência a se lidar com o animado com métodos que seriam mais bem-sucedidos quando aplicados ao inanimado – e, mesmo neste último caso, nem sempre o são.

O tipo hipercrítico-hipócrita odeia K (conhecer), e favorece L, H, −L e −H (amor, ódio, Menos amor e Menos Ódio). Sua tendência ao estado inanimado pode ser vista em análise por meio da criação daquilo que Bion denominou, "tela-β" − que substitui a barreira de contato, que era um "processo vivo" (Bion, 1962b, p. 24). "Graças à tela-beta, o paciente psicótico tem uma capacidade de evocar emoções no analista; suas associações . . . evocam interpretações . . . menos relacionadas com sua necessidade de obter interpretações psicanalíticas e mais relacionadas com sua necessidade de produzir um envolvimento emocional" (op. cit.). O vínculo K torna-se uma impossibilidade; a abordagem analítica, drasticamente danificada.

Conclusão

> *Fausto − Que nome tens tu?*
>
> *Mefistófeles − Este é um assunto menor / Para alguém que despreza termos definitivos / E não se se seduz por fachadas/ E enxerga nos seres, somente sua essência*
>
> *Fausto − Com alguém de sua espécie que se revela capaz de ler / Já pelo nome se revela não estimado/ Com os selos de Blasfêmia, Mentiroso, Destruidor? Quem és tu?*
>
> *Mefistófeles − Sou parte da Energia / Que o Mal sempre pretende e o Bem sempre cria. (Goethe, 1832, p. 51).*

Referências

Bion, W. R. (1947). Psychiatry in a time of crisis. *Brit. J. Med. Psych.*, *21*, 81-89.

Bion, W. R. (1962a). A theory of thinking. In W. R. Bion, *Second thoughts*. London: Heinemann Medical Books.

Bion, W. R. (1962b). *Learning from experience.* London: Heinemann Medical Books.

Bion, W. R. (1963). *Elements of psychoanalysis.* London: Heinemann Medical Books.

Bion, W. R. (1963). Experiencias en grupos (A. Nerbia, trad.). Buenos Aires: Paidós. (Originalmente publicado em 1961).

Bion, W. R. (1965). *Transformations.* London: Heinemann Medical Books.

Bion, W. R. (1967). Commentary. In W. R. Bion, *Second thoughts.* London: Heinemann Medical Books.

Bion, W. R. (1967). Differentiation of the psychotic and non--psychotic personalities. In W. R. Bion, *Second thoughts.* London: Heinemann Medical Books. (Originalmente publicado em 1956).

Bion, W. R. (1967). Attacks on linking. In *Second thougths.* London: Heinemann Medical Books. (Originalmente publicado em 1957).

Bion, W. R. (1990). A memoir of the future (Vol. I: *On Dream*). London: Karnac Books. (Originalmente publicado em 1975).

Bion, W. R. (1992a). 25 Julho 1959 In *Cogitações*, editado por Francesca Bion, p. 50. Versão brasileira, por Ester Hadassa Sandler e Paulo Cesar Sandler. São Paulo: Imago editora, 2000. (Originalmente escrito em 25 de julho de 1959).

Bion, W. R. (1992b). 27 Julho 1959. In *Cogitações*, editado por Francesca Bion, p. 56. Versão brasileira, por Ester Hadassa Sandler e Paulo Cesar Sandler. São Paulo: Imago editora, 2000 (Originalmente escrito em 25 de julho de 1959)

Bion, W. R. (1992c). O Sonho. In *Cogitações*, editado por Francesca Bion, p. 57. Versão brasileira, por Ester Hadassa Sandler e Paulo Cesar Sandler. São Paulo: Imago editora, 2000 (Originalmente escrito em 28 de julho de 1959)

Bion, W. R. (1992d). Trabalho onírico-alfa. In *Cogitações*, editado por Francesca Bion, p. 76. Versão brasileira, por Ester Hadassa Sandler e Paulo Cesar Sandler. São Paulo: Imago editora, 2000 (Originalmente escrito em 10 de Agosto de 1959)

Bion, W. R. (1992e). Consideração pela verdade e pela vida. In *Cogitações*, editado por Francesca Bion, p. 255. Versão brasileira, por Ester Hadassa Sandler e Paulo Cesar Sandler. São Paulo: Imago editora, 2000 (Originalmente escrito em torno de 1960).

Bion, W. R. (1992f). Torre de Babel: possibilidade de usar um mito racial. In *Cogitações*, editado por Francesca Bion, p. 234. Versão brasileira, por Ester Hadassa Sandler e Paulo Cesar Sandler. São Paulo (Originalmente escrito em torno de 1960).

Bion, W. R. (1992g). Metaeoria. In *Cogitações*, editado por Francesca Bion, p. 252. Versão brasileira, por Ester Hadassa Sandler e Paulo Cesar Sandler. São Paulo: Imago editora, 2000 (Originalmente escrito em 11 de fevereiro de 1960).

Bion, W. R. (1992h). Compaixão e verdade. In *Cogitações*, editado por Francesca Bion, p. 136. Versão brasileira, por Ester Hadassa Sandler e Paulo Cesar Sandler. São Paulo: Imago editora, 2000 (Originalmente escrito em 1960).

Bion, W. R. (1992i). Animismo, ataques destrutivos e realidade. In *Cogitações*, editado por Francesca Bion, p. 142. Versão brasileira, por Ester Hadassa Sandler e Paulo Cesar Sandler. São Paulo: Imago editora, 2000 (Originalmente escrito em 17 de fevereiro de 1960).

Bion, W. R. (1979a). *Bion in New York and São Paulo*. Perthshire: Clunie Press.

Bion, W. R. (1979b). *A memoir of the future* (Vol. III: *The Dawn of Oblivion*). Perthshire: Clunie Press.[5]

Bion, W. R. (2000). Compaixão e Verdade. In Francesca Bion (ed.) *Cogitações* (Ester Hadassa Sandler e Paulo Cesar Sandler versão brasileira). Rio de Janeiro: Imago. (Originalmente publicado em 1960).

Bion, W. R. (2007). *Atenção e interpretação* (P. C. Sandler, versão brasileira). Rio de Janeiro: Imago. (Originalmente publicado em 1970).

Dupeis, J. (1989). *Em nome do Pai (uma história da paternidade)* (A. P. Danesi, versão brasileira). São Paulo: Martins Fontes. (Originalmente publicado em 1987).

Ferro, A. (2005). BION: theoretical and clinical observations. *Int. J. Psychoanal.*, 86, 1535.

Freud, S. (1909a). Notes upon a case da obsessional neurosis. S.E. X.

Freud, S. (1920). Beyond the principle of pleasure S.E. XVIII.

Freud, S. (1924). Neurosis and Psicosis. S.E. XIX.

---

5 Todas as obras de Bion, com exceção do *Aprender da experiência*, foram republicadas na versão em português do Brasil, de Paulo Cesar Sandler e Ester Hadassa Sandler, a pedido da Editora Imago e do Estate of Wilfred R. Bion, a partir de 2004. O primeiro volume de *Uma memória do futuro* foi publicado pela Editora Martins Fontes, em 1990, e os outros dois, pela Editora Imago, em 1996.

Freud, S. (1937). Constructions in analysis. S.E. XXIII.

Freud, S. (1938a). Analysis terminable and interminable. S.E. XXIII.

Freud, S. (1938b). Splitting of ego in the processes of defense. S.E. XXIII.

Freud, S. (1938c). An outline of psycho-analysis. S.E. XXIII.

Goethe, J. W. (1774). Die Leiden des Jungen Werthers. In *Goethe Werke – Jubiläumsausgabe* (Vol. I). Frankfurt/ Leipzig: Insel Verlag, 1998

Goethe, J. W. (1981). *Fausto* (Jenny Klabin Segal versão brasileira). São Paulo: Editora Itatiaia e Edusp. (Originalmente publicado em 1832).

Goethe, J. W. (1998). *Faust. em Goethe Werke - Jubiläumsausgabe*. Vol. III. Frankfurt/Leipzig: Insel Verlag. (Originalmente publicado em 1834).

Green, A. (1973). On negative capability. *Int. J. Psico-Anal.*, 54, 115.

Green, A. (1975). The analyst, symbolization and absence in the analytical setting. *Int. J. Psico-Anal.*, 56, 1.

Green, A. (1986). Le travail du négatif. *Rev. Franç. Psychanal.*, 50, 489.

Green, A. (1997a). The intuition of negative in playing and reality. *Int. J. Psico-Anal.*, 78, 1071.

Green, A. (2000). The primordial mind and the work of negative. In W. R. Bion, *Between past e future* (P. B. Talamo, F. Borgogno & Silvio Merciai, eds.). London: Karnac Books. (Originalmente publicado em 1997b).

Green, A. (1999). *The work of negative*. London: FAB.

Green, A. (2000). The central phobic position. *International Journal of Psycho-Analysis, 81*(3), 429-451.

Green, A. (2003). *Quatro Questões para Andre Green/4 Questions pour André Green* (ed. bilíngue). São Paulo: Departamento de Publicações da SBPSP.

Grotstein, J. (1981). Wilfred R. BION: the man, tha analyst the mystic. In *Do I Dare Disturb the Universe?* Beverly Hills: Caesura Press.

Hegel, G. W. F. (1971). *Filosofia da Mente* (W. Wallace e A. V. Miller, English versions). Oxford: Oxford University Press, 1971. (Originalmente publicado em 1817-1820).

Hopkins, G. M. (1918). The Habit of Perfection. In *The Works of Gerard Manley Hopkins*. Ware: The Wordswroth Poetry Library.

Isaacs, S. (1952). The Nature and Function of Phantasy. In M. Klein, P. Heimann, S. Isaacs & J. Riviere (Eds.), *Developments in psycho-analysis*. London: The Hogarth Press. (Originalmente publicado em 1946).

Kant, I. (1994). Critique of Pure Reason (M. T. Miklejohn, english version). In *The Great Books of Western World*. Chicago: Encyclopaedia Britannica Inc. (Originalmente publicado em 1781).

Kershaw, I. (1999). *Hitler: 1889-1936: Hubris*. New York: WW. Norton.

Klein, M. K. (1946). Notes on Alguns Schizoid Mecanismos. In *Developments in psychoanalysis*. M. Klein, P. Heimann, S. Isaacs, J. Riviere, ed. London; The Hogarth Press e The Institute of Psychoanalysis, 1952 (Originalmente publicado em 1946).

Klein, M. K. (1950) The Oedipus complex in the light of early anxieties. In *Contributions to Psychoanalysis*. London: The Hogarth Press. (Originalmente publicado em 1946).

Löwy, M. & Sayre, R. (1992). *Revolta e Melancolia – O Romantismo na contramão da modernidade*. Versão brasileira por G. J. F. Teixeira. Petrópolis: Editora Vozes, 1995. (Originalmente publicado em 1992).

Sandler, E. H. (1999). *Um estudo em verde e cinza*. Mimemog. Presented at a Scientific Meeting, SBPSP.

Sandler, P. C. (1997a). The apprehension of psychic reality: extensions on Bion's theory of alpha-function. *Int. J. Psico-Anal.*, 78, 43.

Sandler, P. C. (1997b). *A apreensão da realidade psíquica* (Vol. I). Rio de Janeiro: Imago.

Sandler, P. C. (2000a). *Origens da psicanálise na obra de Kant* (A Apreensão da Realidade Psíquica, Vol. III). Rio de Janeiro: Imago.

Sandler, P. C. (2000b). *Turbulência e urgência* (A Apreensão da Realidade Psíquica, Vol. IV). Rio de Janeiro: Imago.

Sandler, P. C. (2000d). What is thinking: an attempt to an integrative study of W.R. Bion's contributions to the processes of knowing. In *W. R. Bion, Between past e future*. P. B. Talamo, F. Borgogno, S. A. Merciai, editors). London: Karnac Books. (Originalmente publicado em 1997c).

Sandler, P. C. (2001a). *Goethe e a psicanálise* (A Apreensão da Realidade Psíquica, Vol. V). Rio de Janeiro: Imago.

Sandler, P. C. (2001b). Le projet scientifique de Freud en danger un siécle plus tard? *Rev. Franç. Psychanal.*, número hors-série, 181-202.

Sandler, P. C. (2001c). *Psycho-analysis and epistemology: friends, parents or strangers?* Presented at the Congress of IPA, Nice, July 2001, Official Panel, Epistemology

Sandler, P. C. (2003). *Hegel e Klein: a tolerância de paradoxos* (A Apreensão da Realidade Psíquica, Vol. VII). Rio de Janeiro: Imago.

Sandler, P. C. (2005). *The language of Bion. A dictionary of concepts.* London: Karnac Books.

Sandler, P. C. (2006). The Origins of Bion's work. *Int. J. Psico-Anal.*, *87*(1), 180-201.

Sandler, P. C. (2009). The Realm of Minus. In *Analytic Function and the Function of the Analyst*, (Vol. II, A Clinical Application of Bion's concepts). London: Karnac Books.

Winnicott, D. (1969). The Use of an object. *Int. J. Psico-Anal.*, *50*, 711.

18. Da transferência e contratransferência à experiência emocional em *Transformações*

Stela Maris Garcia Loureiro[1]

> *A ciência que hesita em esquecer seus fundadores está perdida.*
> Alfred North Whitehead (filósofo inglês)

> *Para se esquecer algo é preciso primeiro tê-lo conhecido. Uma ciência que ignora seus fundadores é incapaz de saber quanto caminhou e em que direção. Ela também está perdida.*
> Alvin W. Gouldner (sociólogo contemporâneo)

Diversos conceitos psicanalíticos são usados neste trabalho, tendo como pano de fundo os desenvolvimentos do corpo teórico nos eixos Freud ←→ Klein ←→ Bion. Particularmente, procurarei seguir as evoluções do conceito de *transferência* e suas repercussões

---

[1] Membro efetivo e analista didata da Sociedade Brasileira de Psicanálise de São Paulo (SBPSP).

306　DA TRANSFERÊNCIA E CONTRATRANSFERÊNCIA À EXPERIÊNCIA...

clínicas e, em seguida, o conceito de *contratransferência*, até alcançar Bion em sua teoria das *transformações*.

I. Evoluções do conceito de transferência

Conhecemos que as bases freudianas da *transferência* apoiam-se em conceitos que, para preservarem sua coerência interna, necessitam ser correlacionados ao corpo mais amplo da teoria. Assim, a noção de *transferência* em Freud está conjugada permanentemente às noções de *recalcamento* da sexualidade infantil e suas vicissitudes, à noção de *interpretação, inconsciente, resistência* etc. A *transferência* é exatamente o retorno do recalcado que se atualiza na relação psicanalítica por meio da reedição de experiências pretéritas na figura do analista. Retorno esse que se atualiza também nos sintomas dos pacientes neuróticos e na vida quotidiana por meio dos sonhos, dos atos falhos e chistes.

Com M. Klein, ao estabelecer a noção de *Posição Esquizoparanoide (PS)*, a observação *psicanalítica* deixa de lado a noção de inconsciente recalcado e passa a lidar com mecanismos relativos a fenômenos até então estranhos à clínica analítica, necessitando-se da elaboração de novos conceitos, como a noção de *mundo interno (MI)*, a teoria *das relações de objeto* e outros conceitos básicos como a *identificação projetiva* de conteúdos do *self* para o interior do objeto. É com a clínica de M. Klein que se destaca a importância das noções de *MI*, campo da experiência emocional que se constitui e organiza a partir das relações de objeto, das angústias, fantasias, defesas estruturadas segundo outra noção, revolucionária no referencial psicanalítico, a noção de *posição* caracterizando a existência *das posições* esquizoparanoide *(PS)* e depressiva *(PD)*. O conceito freudiano clássico de *transferência* evolui para a noção de *identificação projetiva*, formulada em 1946 por Klein. Essa evolução se torna possível a partir da percepção de aspectos primitivos da personalidade, seja na área do desenvolvimento emocional das crianças, seja na área das perturbações psicóticas. Destaca-se aqui uma visão microscópica do funcionamento mental na qual ganha realce e operatividade o *caráter identificatório* (indiscriminação *self*-objeto) das relações de objeto projetivas e introjetivas. Assim, a noção de *transferência* em Klein contém o interrogo das projeções e introjeções em sua dimensão identificatória. Desenvolve-se a concepção de *transferência* como situação total (M. Klein e Beth Joseph), como uma tentativa de ampliar o campo da observação psicanalítica, buscando abranger toda a experiência emocional em curso na clínica que, então, se renovava.

Alguns kleinianos introduziram a noção de "transferência psicótica", no cuidado com pacientes esquizofrênicos, ao tentarem aplicar a noção de identificação projetiva aos aspectos da transferência clássica. Hoje, percebemos a incongruência conceitual, embora já contivesse nessa percepção a busca de ampliação do campo dos fenômenos neuróticos em direção aos fenômenos psicóticos.

Bion, entretanto, a partir de seu trabalho clínico, procurou articular e ampliar o corpo teórico da psicanálise na direção de "algo" que pudesse dar conta de alguns eventos referentes à experiência emocional em curso, no sentido de objetivar as suas vicissitudes e buscar sua operatividade, para além da dinâmica transferência/contratransferência: campo desenvolvido desde sua teoria do pensar e na elaboração de sua trilogia epistemológica.

Mais uma vez, ressaltamos a necessidade de harmonizar-se a coerência referencial para se alcançar a necessária e devida correlação de conceitos. Assim, para haver integração de noções teórico-clínicas é importante que se faça sua discriminação no interior de seu corpo conceitual mais amplo.

308   DA TRANSFERÊNCIA E CONTRATRANSFERÊNCIA À EXPERIÊNCIA...

De modo análogo, a noção de *contratransferência* se constitui em instrumento de pesquisa para muitos analistas da escola inglesa, ao se utilizarem das próprias respostas emocionais como meio de acesso ao inconsciente do paciente. Instala-se a base das controversas britânicas, na época da Guerra, em meados do século passado, mas, hoje, ainda há o uso ampliado do conceito de contratransferência, trazendo dúvidas e confusões conceituais.

As expansões conceituais descritas acima permitiram, portanto, a passagem da *transferência* clássica à noção de *identificação projetiva* e à consideração da transferência como situação total, e forneceram instrumentos de acesso ao funcionamento mental para além das neuroses. Com as noções de *mundo interno, relações de objeto*, ansiedades precoces e posições *PS* e *PD*, resgatou-se a importância das relações objetais, do campo das experiências emocionais no trabalho analítico, e emergiu, então, a questão polêmica do uso da contratransferência. Ou seja, a implicação e envolvimento do psicanalista em sua prática clínica, tão distante de sua desejável neutralidade e isenção emocional.

II. Evoluções do conceito de contratransferência

Freud não se interessou tanto pela questão da *contratransferência*, a não ser para destacar seu aspecto negativo e indesejável no trabalho analítico: "Não devemos abandonar a neutralidade para com o paciente, quando a adquirimos por manter controlada a contratransferência" (Freud, 1915/1969, p. 214).

Já em texto anterior, "Recomendações aos médicos que exercem a psicanálise" (Freud, 1912/1969), podemos identificar sua genial intuição ao apreender que os conteúdos inconscientes do paciente podem ser captados pelo analista de forma singular: "o médico deve voltar seu próprio inconsciente, como um órgão receptor, na direção do inconsciente transmissor do paciente". Destaca-se a metáfora do telefone:

> *O médico deve ajustar-se ao paciente como um receptor telefônico se ajusta ao microfone transmissor. Assim, como o receptor transforma de novo em ondas sonoras as oscilações elétricas na linha telefônica que foram criadas por ondas sonoras, da mesma maneira, o inconsciente do médico é capaz, a partir dos derivados do inconsciente que lhe são comunicado, de reconstruir esse inconsciente, que determinou as associações livres do paciente. (Freud, 1912/1969, p. 154)*

Freud jamais propôs o uso da *contratransferência* no trabalho clínico, embora hoje possamos admitir que suas observações acima indicassem uma percepção das variações desse uso no trabalho analítico no futuro da psicanálise. Ele sempre insistiu na necessidade de reduzir manifestações *contratransferenciais* pela análise pessoal do analista, que deveria manter-se em atitude de abstinência e neutralidade diante do paciente. A situação analítica deveria ser estruturada como uma superfície projetiva, na qual se destacaria apenas a *transferência* do paciente:

> *As outras inovações na técnica relacionam-se com o próprio médico. Tornamo-nos cientes da "contratransferência" que nele surge como resultado da influência do paciente sobre seus sentimentos inconscientes e estamos quase inclinados a insistir que ele reconhecerá a contratransferência em si mesmo e a sobrepujará. (Freud, 1912/1969, p. 154)*

Mais além: "notamos que nenhum psicanalista avança além do quanto permitem seus próprios complexos e resistência internas". "O médico deve ser opaco aos seus pacientes e, como um espelho, não lhes mostrar nada, exceto o que lhe é mostrado" (Roudinesco & Plon, 1998, p. 134).

Ao notarmos em Freud um afastamento nítido ao uso da *contratransferência* no trabalho clínico, percebemos também em seu corpo teórico as raízes para uma experiência emocional até então não conceituada, mas que certamente iria além da *transferência* e da *contratransferência*: "todos possuem no seu próprio inconsciente um instrumento com que podem interpretar as expressões do inconsciente dos outros" (Roudinesco & Plon, 1998, p. 134).

O diálogo entre o inconsciente do analista e do analisando baseava-se na complementaridade e correlação das associações livres e da atenção flutuante.

M. Klein, além de Freud, recebeu influência de seus analistas – Ferenczi e Abraham –, embora ambos adotassem pontos de vistas diferentes em relação ao uso da contratransferência. Mas, como Freud, Klein considerava a contratransferência como um fator inadequado e inconveniente, interferindo negativamente na relação analítica.

Com a extensão da psicanálise a novos campos de trabalho clínico, a *contratransferência* se tornou um objeto de interesse crescente. Assim, na análise das crianças e dos psicóticos, as reações inconscientes do analista ganharam relevo e suas reações emocionais passaram a demandar maior atenção.

Klein não aceitou as ideias de Paula Heimann no sentido do uso dos sentimentos e emoções do analista como fonte de informação sobre o paciente. Mas, na atualidade, os analistas kleinianos usam o conceito de *contratransferência* no sentido mais amplo, ou seja, como estado mental induzido no analista como resultado da ação verbal e não verbal do paciente, realizando assim a fantasia da *identificação projetiva.*

Bion, como kleiniano, na década de 1950, ao trabalhar com grupos, usou pela primeira vez a noção da *identificação projetiva* como ferramenta na utilização da *contratransferência.* Assim, inicialmente, ele participou da corrente de analistas kleinianos que aplicaram a noção de *identificação projetiva na dimensão contratransferencial* desde seus primeiros trabalhos com grupos e também no período do trabalho com psicóticos. Citando Bion:

> *No tratamento de grupo, muitas interpretações – e entre elas, as mais importantes – têm que ser feitas fiando-se nas próprias reações emocionais do analista. Acredito que essas reações dependem do fato de o analista do grupo encontrar-se na extremidade receptora daquilo que Melanie Klein chamou de identificação projetiva. (Bion, 1961, p. 136)*

Encontramos em R. Money-Kyrle (1956/1996), no seu clássico artigo "Contratransferência Normal e alguns de seus desvios", as seguintes observações:

> *Vou tentar formular o que parece acontecer quando a análise está transcorrendo bem. Acredito que há uma oscilação razoavelmente rápida entre a introjeção e projeção no trabalho clínico. À medida que o paciente fala, o analista vai como que ficando introjetivamente identificado com ele e, tendo-o compreendido dentro de si, reprojeta-o e faz a interpretação. . . . Na medida em que o analista pode compreendê-las, essa relação satis-*

*fatória – que chamarei de normal – persiste. Em parti-
cular, os sentimentos contratransferenciais do analista
estarão limitados à empatia com o paciente, sobre a
qual está baseado seu insight. (p. 350)*

Betty Joseph (1985/1990), em seu texto *Transferência: a situação total*, nos diz:

*Muito de nossa compreensão da transferência vem
através de nosso entendimento de como nossos pacientes agem sobre nós para sentirmos coisas pelas mais variadas razões; como tentam atrair-nos para dentro de
seus sistemas defensivos; como eles inconscientemente
atuam* (act out) *conosco na transferência, tentando
fazer com que atuemos com eles; como transmitem
aspectos de seu mundo interno, desenvolvidos desde a
infância – elaborada na vida infantil e adulta, experiências que muitas vezes estão para além da utilização
das palavras e que com frequência só podemos apreender por meio de sentimentos evocados em nós através
de nossa contratransferência, usada no sentido amplo
da palavra.*

Bion partilhou do uso da *contratransferência* como recurso
técnico extremamente útil. Em seu texto "A linguagem e o esqui-
zofrênico" (Bion, 1955), cita:

*O analista que ensaia, em nosso atual estado de igno-
rância, o tratamento de pacientes psicóticos, deve estar
preparado para descobrir que, em uma considerável*

extensão de tempo analítico, a única evidência em que uma interpretação pode basear-se é a que se propicia através da contratransferência.

Bion, depois dessa primeira fase de adesão ao uso da *contratransferência*, demonstra sua capacidade ao reformular suas ideias e mudar sua atitude diante dessa questão. Resgata a concepção de Freud e Klein de que a *contratransferência,* entendida em seu sentido mais restrito, refere-se a sentimentos inconscientes do analista, portanto não disponíveis à função analítica e que constituiriam nada mais do que a *transferência* do analista não analisada em relação a seu paciente indicando também, tal qual Freud e Klein, a necessidade de reanálise dos analistas.

Em *Uma memória do futuro*, Bion (1979) enfatiza o caráter inconsciente da *contratransferência*, dizendo:

> ... *não se esqueçam que a contratransferência é por definição inconsciente, portanto, eu não conheço na realidade a natureza de minha contratransferência. Eu conheço teoricamente mas isto é apenas saber sobre a contratransferência – isto não é conhecer a coisa em si.*

Bion (1962/2004), em seu livro *Aprendendo com a experiência*, usa os termos "continente" e "contido" ampliando a noção de identificação projetiva (*IP*) de M. Klein:

> *Melanie Klein descreveu um aspecto da identificação projetiva relacionando com a modificação dos medos infantis; o bebê projeta uma parte da sua psique, a saber, seus sentimentos maus, para dentro do seio bom.*

*Daí, no seu devido tempo, eles são removidos e rein-
trojetados. Durante sua permanência no seio bom, eles
são sentidos como tendo sido modificados de maneira
tal que o objeto que é reintrojetado se tornou tolerável
para a psique do bebê.*

*Abstrairei a partir da teoria acima, para uso como
modelo, a ideia de um continente no qual um objeto é
projetado e o objeto que pode ser projetado para dentro do continente; a este último designarei pelo nome
de contido. A natureza insatisfatória dos dois termos
aponta para a necessidade de mais abstração. (Bion,
1962/2004, p. 90)*

O par conceitual "continente-contido" foi desenvolvido por
Bion de modo progressivo a partir de uma série de três artigos,
escritos anteriormente: "Sobre a arrogância" (1957), "Ataques aos
vínculos" (1959) e "Uma teoria do pensar" (1962). Neste último
artigo, texto seminal, Bion expôs suas teorias sobre a natureza
do pensamento e da capacidade de pensar e ampliou o conceito
kleiniano de *IP* para além de uma fantasia onipotente, mas como
um método de comunicação primordial, seja na relação primitiva bebê-mãe, seja na relação analítica. Ressalta-se a importância
da personalidade do analista como polo receptor do inconsciente do paciente pelo uso de suas próprias emoções. Este salto epistemológico introduz um novo fundamento lógico nas concepções
de Bion, fornecendo uma eficácia extraordinária à psicanálise, ou
seja, operacionalizando-se a noção da *transformação da experiência pelo processo de continência.*

III. Da continência à experiência emocional em Transformações

O desenvolvimento teórico e clínico de Bion já lhe havia permitido formular sua teoria do pensar, sobre o aprender da experiência emocional, os elementos de psicanálise, a teoria das funções (função α, elementos α e elementos β) – que permitiu diferenciar realidade sensorial e realidade psíquica – e explicitar a importância do objeto externo na constituição do sujeito e no desenvolvimento do bebê. Essas experiências se dão por meio da função de *rêverie materno*, análoga ao sonhar do analista em função analítica e, finalmente, elaborado a sua teoria observacional *Transformações* (Bion, 1965/2004).

Nesse texto, Bion enfatizou que não se tratava de mais uma teoria sobre psicanálise, mas, fundamentalmente, de uma contribuição à métodos de observação em psicanálise. Em outras palavras, com o desenvolvimento da teoria das funções, Bion elaborou a noção de elementos de psicanálise e, consequentemente, a possibilidade de que esses elementos, ao emergirem na sessão clínica, pudessem ser categorizados na Grade, contribuindo para o aprimoramento da intuição psicanalítica.

Ele discriminou a realidade mental como tendo duas qualidades distintas: a realidade mental sensorial e a realidade psíquica (não sensorial), com a elaboração de uma referência básica que permitiria acesso à mente: a teoria da função α.

Assim, os elementos do mundo sensorial, denominados *elementos β* (estímulos proveniente dos órgãos dos sentidos e as emoções), necessitam sofrer um processo de transformação para terem acesso à vida psíquica. Essa é a tarefa da *função α*: processar os elementos sensoriais ou β em *elementos α* e assim os "terminais sensoriais" ficariam abertos à vida psíquica.

Há uma significativa mudança de vértice e restaura-se a importância do objeto externo na estruturação da personalidade do bebê, por meio da função de *rêverie* materna. Ou seja, a atividade da *função α* da mãe que, recebendo as projeções de *elementos β* de seu filho, as acolhe, "desintoxicando-as" dos elementos sensoriais, e os devolve a seu filho de modo assimilável (Bion, 1962/2004).

Todavia, *o divisor de águas* em relação à evolução dos conceitos psicanalíticos e a mudança do vértice da função analítica realizada por Bion manifestam-se claramente na sua obra *Transformações*. Esta pretendeu ser não mais uma teoria de psicanálise, mas basicamente *uma teoria de observação* dos fenômenos mentais do pensamento. Estabelece-se a presença de um par conceitual, extraído do modelo matemático: transformações e invariantes e surge a metapsicologia de Bion, a metapsicologia do "*O*" e suas vicissitudes, a partir do conceito kantiano de Realidade (e/ou Verdade) última.

Bion formulou sua teoria de *Transformações*, compreendida em duas áreas, segundo um recorte seletivo e pessoal da autora deste texto:

1) A primeira área é constituída de transformações que produzem conhecimento, expandem a mente e são identificadas como *K* (do inglês *knowledge*, acompanhado do sinal de +, ou seja, +*K*), portanto a ampliação dessa área significa crescimento e desenvolvimento psíquico.

2) A segunda área é constituída de transformações que são produto de mecanismo de compulsão à repetição, de aspectos destrutivos e invejosos da personalidade e são classificados com o sinal −*K*. Toda a produção mental ligada ao funcionamento de aspectos mais primitivos da personalidade, cujos estímulos não foram processados pela *função α* ou, se o foram, são despojados de todo sentido e significado, vai se constituir, em ordem crescente de deformação da percepção, nas transformações em −*K*. Estas são:

a) *Transformações em movimento rígido*, que vêm a ser identificadas como a transferência freudiana e que ocorre sem grandes deformações da percepção, frequentemente associadas ao núcleo edipiano (análogas à transferência em Freud).

b) *Transformações projetivas*, que englobam o funcionamento da identificação projetiva patológica e que se constituem no modo mais deformado da percepção, com apagamento dos limites e das relações *self*-objeto; tendem à vivência de fusão e processos identificatórios, intensos e violentos, sem barreira de contato (análogas ao funcionamento psicótico na dimensão ressaltada por Klein).

c) *Transformações em alucinose*, um conceito formulado e desenvolvido por Bion. Corresponde à deformação em maior grau da percepção e com produção de falsas concepções e falsos pensamentos, aproximando dos fenômenos psiquiátricos de alucinação e delírios e que se "sustentam" na base de emoções intensas e primitivas.

Na série de transformações que envolvem trabalho analítico, a área abrangida no campo da *Transformações em +K* constitui-se nas operações de produção de conhecimento, dando-se através da condição interna do analista, sua capacidade negativa (estado de mente não saturado de memórias, desejos e compreensão) e disponibilidade empática para com o paciente.

Portanto, ocorrem ciclos de movimentos mentais de $O \rightarrow K$ e de $K \rightarrow O$. No interior dessa dinâmica de processo criativo, cujas categorizações estão no nível de *elementos de psicanálise*, pode-se alcançar a configuração do *objeto psicanalítico*, derivado mais complexo que os elementos.

318   DA TRANSFERÊNCIA E CONTRATRANSFERÊNCIA À EXPERIÊNCIA...

Transformações em conhecimento, implicando capacidade de continência (do analista) e disciplina na observação, na busca de preservação da função analítica, livre para seu exercício, já que os aspectos "demoníacos" da personalidade atacam e buscam destruir a capacidade de pensamento da dupla.

Em seguida, com as evoluções que podem levar às transformações em +K, ao alcançar tal estado que é provedor de crescimento psíquico, necessita-se resgatar a condição da capacidade negativa, na direção de $K \rightarrow O$, para que novo ciclo de desenvolvimento se faça presente.

Portanto, para a manutenção do ciclo criativo entre as duas mentes em funcionamento na sessão psicanalítica, as *Transformações em conhecimento* implicam sempre a *capacidade de continência* do analista, *disciplina na observação dos fenômenos psíquicos* e a busca da preservação da *função analítica*, livre para seu exercício.

Precedendo a teoria das *Transformações* (1965) e constituindo a sua trilogia epistemológica, junto com *O aprender com a experiência* (1962) e *Elementos de psicanálise* (1963), Bion desenvolveu a noção de "elementos psicanalíticos". Estes seriam comparáveis a uma molécula composta por vários átomos, elementos básicos e simples os quais se constituem para formar unidades de ideias e sentimentos que se passam no vínculo entre analista e analisando. Podem ser representados nas categorias da Grade. Os elementos de psicanálise são desenvolvidos por Bion em seu texto *Elementos de psicanálise*, mas apenas ao longo de sua obra é que podemos extrair que eles se constituem em oito elementos.

1) Relação dinâmica *continente-contido* na sua interação com o conceito de identificação projetiva de M. Klein.

2) Oscilação Posição Esquizoparanoide (*PS*) e Posição Depressiva (*PD*), em ambos os sentidos *PS«PD*; destaca-se o

conceito de *fato selecionado*, utilizado do matemático francês H. Poincaré.

3) Vínculos *L* (*love*), *H* (*hate*) e *K* (*knowledge*).

4) Relação entre *Razão* (*R*) e *Emoção* (*E*).

5) Pensamento e Ideia.

6) Dor e Sofrimento.

7) Relação entre Narcisismo-Socialismo.

8) Comunicação e Linguagem.

Baseado nos primeiros elementos de psicanálise, a relação dinâmica *continente-contido* em sua interação com o funcionamento da identificação projetiva e a expressão da *ansiedade* na sua oscilação $PS \leftarrow \rightarrow PD$, emerge o campo da experiência emocional em processo de *transformação*, levando o paciente à possibilidade de vir a aprender dessa vivência e daí ao crescimento psíquico.

Na situação analítica sob o vértice do aprender com a experiência emocional (*EE*) em curso, desenvolve-se a capacidade de suportar a turbulência emocional na *PS* (atitude de paciência do analista) e alcançar a *PD* (atitude de segurança) na formulação do que foi vivido e pensado. Ao relacionar-se, no espaço clínico, os elementos de psicanálise, realiza-se a sua articulação segundo os vínculos *L, H* e *K*, e o "mistério do desconhecido" em parte pode se fazer conhecido pela dupla analítica, no interior *do* campo clínico, na constituição dos *objetos psicanalíticos*.

Uma outra contribuição seria a correlação com a noção de "cesura", que me parece fundamental ser estabelecida, pela sua oposição pertinente às identificações.

Indagações a serem objeto de atenção dos colegas:

320 DA TRANSFERÊNCIA E CONTRATRANSFERÊNCIA À EXPERIÊNCIA...

1) Considerando a transferência como tendo sua inserção clara no trabalho clínico freudiano e tomada como estruturante da relação analítica e sua contraparte, a contratransferência (a transferência do analista para com seu paciente) como instrumento indesejável a operar na clínica, como situá-los em relação à teoria das transformações de Bion? A *transferência* como continente da experiência emocional? A *contratransferência* como recurso disponível ao analista para a realização de sua função específica?

2) Em decorrência dessas primeiras indagações, importaria o nome que se possa dar aos fenômenos existentes na sala de análise (como *transferências* ou *identificação projetiva*) tanto quanto ao uso que se possa fazer deles, desde que possam promover *insight*?

3) Qual a dinâmica da relação *continente-contido* e sua correlação com as noções de *IP* comunicativa e patológica?

4) As *transferências* e as *contratransferências* podem ser categorizadas como experiências emocionais em $+K$?

5) Na evolução de $K \rightarrow O$, qual a importância da capacidade negativa?

Bion escreveu: "deve-se resistir a qualquer tentativa de se agarrar àquilo que é conhecido com o fim de alcançar um estado mental análogo ao da posição Esquizoparanoide" (Bion, 1970/2006).

Essas observações e sua consequente realização nos ajudam a evoluir de $O \rightarrow K$, mas em que medida apenas o abandono de K pode nos direcionar ao vértice de O?

A oscilação $PS \leftarrow \rightarrow PD$ – mesmo no interior de uma espiral de desenvolvimento e crescimento psíquico – envolve, em algum momento, a noção clássica de regressão? Neste caso não se está falando de mecanismos de defesa patológico, mas de um ciclo contínuo de expansão mental.

Referências

Bion, W. R. (1955). Language and the schizophrenic. In M. Klein, P. Heimann and R. Money-Kyrle (ed.). *New Directions in Psychoanalysis* (pp. 220-239). London: Tavistock Publications.

Bion, W. R. (1984). *Second thoughts*. London: Karnac. (Originalmente publicado em 1967).

Bion, W. R. (2004). *Aprendendo com a experiência*. Rio de Janeiro: Imago. (Originalmente publicado em 1962).

Bion, W. R. (2004). *Elementos de psicanálise*. Rio de Janeiro: Imago. (Originalmente publicado em 1963).

Bion, W. R. (2004). *Transformações: do aprendizado ao crescimento*. Rio de Janeiro: Imago. (Originalmente publicado em 1965).

Bion, W. R. (2006). *Atenção e interpretação*. Rio de Janeiro: Imago. (Originalmente publicado em 1970).

Bion, W. R. (2018). *A Memoir of the Future*. London: Routledge. (Originalmente publicado em 1975) .

Freud, S. (1969). *A interpretação dos sonhos*. Rio de Janeiro: Imago. (Originalmente publicado em 1900).

Freud, S. (1969). *Três ensaios sobre a teoria da sexualidade*. Rio de Janeiro: Imago. (Originalmente publicado em 1905).

Freud, S. (1969). *Formulações sobre os dois princípios do funcionamento psíquico*. Rio de Janeiro: Imago. (Originalmente publicado em 1911).

Freud, S. (1969). *Recomendações aos médicos que exercem a psicanálise.* Rio de Janeiro: Imago. (Originalmente publicado em 1912).

Freud, S. (1969). *Os instintos e suas vicissitudes.* Rio de Janeiro: Imago. (Originalmente publicado em 1915).

Freud, S. (1969). *O ego e o id.* Rio de Janeiro: Imago. (Originalmente publicado em 1923).

Joseph, B. (1990). *Transferência: a situação total.* Rio de Janeiro: Imago. (Originalmente publicado em 1985).

Klein, M. (1985). *Uma contribuição aos estados maníaco-depressivos.* Rio de Janeiro: Imago. (Originalmente publicado em 1935).

Klein, M. (1985). *Notas sobre alguns mecanismos esquizóides.* Rio de Janeiro: Imago. (Originalmente publicado em 1946).

Money-Kyrle, R. (1996). *Contratransferência Normal e alguns de seus desvios.* Casa do Psicólogo Ed. (Originalmente publicado em 1956).

Rezende, A. M. (2000). *O paradoxo da psicanálise: uma ciência pós-paradigmática.* São Paulo: Via Lettera.

Rezze, C. J. (1997). Transferência: rastreamento do conceito e relação com transformação em Alucinose. In *Ensaios Clínicos em Psicanálise.* Rio de Janeiro Imago.

Roudinesco, E., & Plon, M. (1998). *Dicionário de Psicanálise.* Rio de Janeiro: Jorge Zahar.